吴国平操盘论道五部曲系列丛书



2.0版

# 把握价值

操盘论道基本曲

知名私募基金经理用心之作

吴国平◎著

SPM
南方出版传媒
广东经济出版社
·广州·

图书在版编目（CIP）数据

操盘论道基本曲．把握价值：2.0版/吴国平著．—广州：广东经济出版社，2016.8
（吴国平操盘论道五部曲系列丛书）

ISBN 978-7-5454-4712-5

Ⅰ.①操…　Ⅱ.①吴…　Ⅲ.①股票交易-基本知识
Ⅳ.①F830.91

中国版本图书馆CIP数据核字（2016）第169683号

出 版 人：姚丹林
责任编辑：易　伦
责任技编：许伟斌

| | |
|---|---|
| 出版发行 | 广东经济出版社（广州市环市东路水荫路11号11～12楼） |
| 经销 | 全国新华书店 |
| 印刷 | 广东省农垦总局印刷厂（广州市天河区棠东横岭三横路11-13号） |
| 开本 | 787毫米×1092毫米　1/16 |
| 印张 | 15 |
| 字数 | 220 000字 |
| 版次 | 2016年8月第1版 |
| 印次 | 2016年8月第1次 |
| 印数 | 1～4 000册 |
| 书号 | ISBN 978-7-5454-4712-5 |
| 定价 | 39.00元 |

如发现印装质量问题，影响阅读，请与承印厂联系调换。
发行部地址：广州市环市东路水荫路11号11楼
电话：（020）38306055　37601950　邮政编码：510075
邮购地址：广州市环市东路水荫路11号11楼
电话：（020）37601950　营销网址：http://www.gebook.com
广东经济出版社新浪官方微博：http://e.weibo.com/gebook
广东经济出版社常年法律顾问：何剑桥律师

# 作者简介

**主要成就：**

2006 年 5 月，被媒体评价为奥运版“牛市宣言第一人”。

2006 年 9 月初至 10 月底，以两个月超 150% 收益的成绩在“操盘纪实”大赛中夺得冠军。

2007 年，被《理财周报》评为“2007 中国理财年度人物”。

2008 年至 2009 年，完成了《吴国平操盘论道五部曲》经典操盘书籍体系。

2009 年开始，成为各大知名高校投资研修班的主讲讲师或首席讲师，同时开始正式培养第一代贴身弟子。

2010 年 12 月，被“中欧国际工商学院”邀请为其学员做演讲，并在 2011 年 4 月初成为在中欧工商学院做深度授课的最年轻的学者，获得高度好评。

2012 年，被《证券日报》评为“最靠谱”基金经理。

2013 年初，其期货实战成绩在半年内获得超 10 倍的骄人收益率。

2014 年，新浪财经专栏评论，其证券准确率和前瞻性达到九成以上，实战成绩首屈一指。

2015 年 10 月，《吴国平对股市的六大思考和出牌救市建议》获得北大商业评论“我为证监会支招”有奖征文第一名。

2015 年，参加《大众证券报》和财信网第二季度荐股大赛，以“26 个交易日涨幅 107%”的收益赢得第一名。

2015 年，在水晶球财经网，连续三次获得选股冠军。

2015 年，在金融界旗下爱投顾大师赛中拿下个人赛和名人赛双料冠军。

2016 年，开始实际落地打造最亲民私募孵化和最干货供应平台“私募国中岛”，并开通微信公众号：私募国中岛。

**已经出版的书籍：**

2010 年 2 月，吴国平操盘论道五部曲系列丛书——《看透 F10》《把握价值》《抓住形态》《看穿盘面》《跳入权证与期货》。

2010 年 8 月，吴氏赢利系统——《期指攻略》。

2011 年 5 月，操盘论道五部曲浓缩版——《主升浪》。

2011 年 7 月，吴国平实战操盘大讲堂系列丛书——《看透分时图》《市场与个股的心理博弈》《看穿主力思维》《量能与均线》《透过 F10 挖掘牛股》。

2011 年 10 月，主力操盘案例系列丛书——《主力选股策略》《主力建仓策略》《主力拉升策略》《主力出货策略》《主力全局运作策略》。

2013 年 3 月，吴国平、陈旭师徒二人合著——《寻牛——如何挖掘投资主线》。

2014 年 3 月 1 日，《150 万到 1 亿：操盘手日记第一季》。

2014 年 5 月 15 日，《短线金手：私募实战赢利系统剖析》（吴国平、陈旭）。

2015 年 5 月 1 日，《短线金手：涨停狙击战法深度解密》（吴国平、陈旭）。

2015 年 7 月到 8 月，《主力出货策略》《主力选股策略》《主力拉升策略》《主力建仓策略》《主力布局策略》（吴国平）。

2015 年 11 月，《“大海日出”操盘实录：吴国平团队培养成功启示录》。

未来，我们坚信，做到极致就能创造奇迹。一切将拉开新的篇章，期待一起开启下一路口的奇迹……

新浪微博：吴国平财经

个人微信公号：财经听国平

平台微信公号：私募国中岛

联系邮箱：wgp168@ vip. 163. com

# 再版序一

## 厚积薄发：五部曲跨越 6 年多的思考

《吴国平操盘论道五部曲》是我经历了2006到2007年这两年的大牛市后，在2008—2009年写成的，更多是在休息、沉淀后期的2009年写的，然后在2010年正式出版。

至今跨越了6个年头，这6个年头，世界变化不小。记得那时候，还没有微博、微信，当时最流行的是博客，现在微博和微信成了主流，视频直播等也渐渐发力。世界变化极其迅速，让你有点目不暇接。

或许也正是如此，近几年市场的行情变化也显得极其迅速——2015年上半年的牛市，2015年下半年的崩盘，来去都是如此急速。

时代虽然在急速变化，市场也随着变化万千，但对于投资的本质而言，其实一直都没变，你能否挖掘到牛股的关键因素，依然是相通的。技术的研究方法和思考逻辑，本质是没有太多变化的，更多的只是小的、局部的方式方法随着市场的变化进行一定的完善而已。

因此，回头去看这套"操盘论道五部曲"，本质的东西其实依然是相通的，只是现在环境有所改变，局部、细分的东西需要与时俱进而已，但对于思想本身，过去的依然具有相当的价值。甚至可以说，如果现在重新再写，未必能沉淀出过去的那种思想，现在的思想更多的是在过去的基础上，进行各种完善和提升。

接下来，我要透过视频教学的方式，让它的价值更好地绽放出来。当然，我觉得这对自己也是一种总结、一种梳理。过去的思想我需要温故知新，需要结合最新的市场状况，以更好的方式展现在读者面前，让我们一起继续成长、前行。

过去的书，我们不会做太大的修改，尽可能保持原来的风味，因为它具有穿越时间的思想价值，也是最好的基础教材。所谓经典，就是尽可能地保持原汁原味。

美国很多关于技术分析的书籍，再版无数次，历经几十上百年而经久不衰，关键就是其内在的思想价值能够穿越时间。这里，不谦虚地说，我觉得我的思想也有那样的价值。

记得在2010年出版这套书籍的时候，我就提出了一个理念，那就是金融文化的理念。现在回头来看，至少在资本市场，应该说，我是属于那种非常有前瞻性的人，可以不夸张地说，也应该是提出这理念的第一人吧。

记得当时自己还特意成立了一个文化公司，构建大格局出版中心，为的就是更好地把我的一些金融文化理念能最终一项项落地。但是，当时的环境对这块是没有概念的，也是不热衷的，所以，一直在具体落实上很难执行，做得不尽如人意。

现在环境变了，流行的载体变了，要实际落地并做好它的基础有了，剩下就看你怎么去做了。

我正在做过去出版的所有书籍的教学视频，其实，就是为了我的金融文化梦能最终落地、生根、发芽，这是我一直怀有的执着情怀。

多年来，我坚持每年都出版几本书，至今已出版了差不多30本，准备出版的书籍还有20多本。可以不夸张地说，资本市场做私募的人群里，我们的书籍出版是做得最好的，细分市场我们是第一名。未来我们要继续扩大这种优势，直至最终实现我的金融文化产业梦。

在至少6年的时间里，收到很多读者表达感激和感谢的来信，微博上也有很多留言对我所出书籍的肯定，这是能够持续下来的一种动力。毕竟，书籍本身所创造的经济效益是根本没法跟资本管理所创造的经济效益相比拟的，之所以能坚持至今，除了自己内心的喜好和情怀外，更多的是读者的支持和鼓舞所带来的动力。

另外，在这6年的时间里，我也培养了一些人才。从我刚出版书籍开始，跟随我一直成长的人才不下6个，这6个人为我们的金融文化更快地展开、更好地推广、更深入、更落地打下了坚实的基础。毕竟，任何事情只靠一个人是很难做出多大成绩的，但只要是一个不错的团队，厚积薄发，在某个时刻所带来的能量绝对是惊人的。

与此同时，全国各地受我书影响的职业投资者也很多，在私募行业的人也深受我书籍思想的影响。我深深感受到，更大的使命将摆在我前面，没错，那就是打造一个平台——最亲民的私募孵化平台，最强大的干货内容供应平台，这不就是我要做的吗？2016 年，我把酝酿了几年的私募国中岛想法逐步落地。私募国中岛就是一个平台，一个最亲民的私募孵化和干货供应平台。“私募国中岛”也是我们的微信公众号，一切都将从这里全面展开。更光明的未来必将在远处等着我们。

煜融投资董事长

私募国中岛岛主

“私募国中岛”（微信公众号：smgzdao）是最亲民私募孵化和最干货供应平台。

# 再版序二

## 让我们成为你的引路人

这是我们的再版书，虽然对其中的内容有部分更新，但就算不更新，经典依然是经典，对于新读者而言，其价值依然是非常突出的；对于老读者，更多的是温故而知新。

为了让更多读者能够更好地去理解书中的内容，我们结合市场各种工具的变化进行了新的尝试，也有了新的突破。过去读书，有了教材，但还需要名师来指导，才能更快更好地吸收书中的内容，完成蜕变。读者都希望作者能够亲自授课，互联网时代提供了这种可能，线上视频教学就是我们未来要给予大家的增值服务。

未来我们将拿原来在线下各知名大学比如中欧商学院、中国人民大学、浙江大学、广东金融学院等花高价上课的内容，搬到线上来，几万元的课程内容将转变为几千几百元甚至免费。我们将开辟网络视频教学，围绕我们的书籍，为读者做好增值服务。

视频教学，将结合市场最新的动态案例来阐述知识点。书就是教材，虽然书中的案例是旧的，但对于明白要点不构成任何阻碍，同时再结合网上的最新案例及我们视频上的讲解和点拨，读者思想上的突破是必然的。所以，不论是老读者还是新读者，在学习的过程中，最好加入到我们的视频教学中来，以帮助自己更好地提升和突破。书是静态的，我们的教学是结合市场而发的，是动态的，价值可想而知。怎么加入？很简单，请关注我们微信公号：私募国中岛！不论你是新读者还是老读者，只要认购了这本书，我们都将免费送你一集线上的视频教学课程。

什么是私募国中岛？简单一句话来概括就是：最亲民的孵化平台和最干

货的供应平台！这本书是敲门砖，一块敲开证券市场本质的敲门砖，希望我们成为你最好的引路人……

煜融投资董事长

私募国中岛岛主

“私募国中岛”（微信公众号：smgzdao）是最亲民私募孵化和最干货供应平台。

# 序一　行在资本市场中

我和国平认识，是在万科公司组织的一次活动中。从认识而相识，从相识而相知，从相知而相惜，毫不避讳地说，我对国平的喜爱可谓与日俱增。

国平是那种少见的胸怀大志、脚踏实地而又朴实无华的孩子。这样的孩子，即便像我这样阅人无数的老江湖，一辈子也都见不到几个。这样的孩子，即便像我这样素来以挑人毛病为乐的坏人，也会打心里喜欢。

呵呵，这样的孩子，注定会成为事业和命运的宠儿。如果你信上帝，那你当然应该相信上帝是公平的！所以，我不会神秘兮兮地说，国平，你养得一副美髯，相貌不凡，准保大成！所谓性格决定命运也是谬误，品格才真正决定命运。

胸怀大志方能胸襟开阔、为天下先。脚踏实地才能早点从梦想中醒来，进而去实现梦想。朴实无华才能海纳百川、凝聚团队。有此三样品格，好比怀有三样宝器者，想不成功都难！就算经历挫折，挫折也是肥料，可助东山再起。

呵呵，前面说的是国平之为人。现在要说一下其文。所谓文如其人，“我手写我心”，摆在案前的《吴国平操盘论道五部曲》系列丛书，既是国平的心血之作，又是其人格的表现，是浮躁的书市上不可多得的佳作。

先说胸怀大志（胸襟开阔、为天下先）这一条。时至公元2010年，江湖上已尽人皆知，股指期货的推出在中国已是倒计时。这意味着中国资本市场将深度市场化以及越来越国际化。股指期货并不改变股市的长期趋势，但一经推出，股市波动将大大加剧，如国平书中所讲，一月之内收益翻倍或全部赔光是完全可能的事情，这对散户的操作水平将是极大的考验。中国股市的游戏规则一旦变化，赢家输家也将重新洗牌。过去，股神说过“退潮时才知道谁没穿裤子”，其实，大浪时也将抛出一批没穿裤子的。在大浪来前，认真学一点操盘之道，穿上游戏裤，积累重新下海游戏的本钱，实在是最重要的事情。国平的书，可谓是面向中国新资本时代的先锋之作。

再说脚踏实地这一条。遍览国平的书，你会发现尽是他自己的操盘心得。他从业的每一步都是踏踏实实走下来的，而他的书也是这样认认真真、一步一步写下来的。没有空洞的理论，全是实战的功夫；没有陈腐的见解，全是智慧的珍珠；没有对洋人的崇拜，没有引经据典卖弄知识，全是实实在在、招招见血的经验。想要学真本事，而不是徒得谈资的人，一定要读读国平的书。

再就是朴实无华这一条。读国平的书以及接触他的为人，你会发现他骨子里有一种不服输、不屈不饶的精神，但实在难得的是，他又很谦卑，对人不卑不亢、对市场深怀敬畏。他的文字，则潇潇洒洒，娓娓道来，全无一丝的造作，有些地方，甚至透着孩子般的透明和挚诚，让我乐不可支！如果你喜欢一位坦诚、赤诚、性如明月的朋友，那你一定会喜欢国平的书，并且有可能成为他的朋友（至少是通信朋友）。

国平的书是一个完整的系列，既有谈如何把握股票内在投资价值的，又有谈市场趋势以及盘面信息的，还有详细介绍如何理解F10奥秘的，更有介绍权证与期货操作的。可以说，这是一套中国股市实战操作的百科全书。一卷在手，仔细精研，一定会大有心得，至少可习得驾驭中国股市的本领，甚至于摩拳擦掌、跃跃欲试。

我真的很高兴看到一批行在中国资本市场中，与中国资本市场共同成长的中华宠儿。原因很简单，我偏激的骨子里是不相信海外投行尤其是西方投资银行家的。我认为中国经济未来最危险的就是走上日本式泡沫经济的道路，而中国财富最危险的敌人就是海外金融机构以及投资银行家。此外，国人还知道，落后就会挨打，而中国最需要锻炼出本领来避免挨打的领域不是军事，而是金融，特别是资本市场领域。因这个缘故，我特别盼望着包括国平在内的中国一代土生土长的投资金融家们兴起，御敌于国门之外，保护好父辈们通过改革开放辛辛苦苦数十年创造起来的财富。

是为序！

**北京科技大学经济管理学院教授　赵晓**

# 序二　真诚自见风流

国平兄的大作终于在两年的期待中呱呱坠地了，厚厚的五本书，着实是近年证券类书籍鲜见的大手笔，由衷恭喜他。

和国平相识，纯粹属于神交，或者说是一种情怀。

2007 年大约 10 月份的时候，那是《理财周报》刚创刊三个月的时候，一切都显得如此生涩和吃力。而对刚刚转行的我来说，资本市场几乎是一片深不可测的黑洞，那时我还是一个记者。

那时候盛传股指期货即将推出，市场正是疯狂得火上浇油的时候。在某周的周一例会上，副主编罗老师谈及此事的时候，突然神情严肃地扫了一圈会场说，我周末的时候在深圳跟吴国平喝了一次茶，他说再这么下去，股指期货是“80 后”翻身唯一的机会了。

一语惊醒梦中人。

当时股指正在驶向 6000 点的高速路上一路狂奔，对绝大多数依旧一贫如洗的“80 后”来说，百年一遇的股市机遇已经绝尘而去——也正是如此焦灼的情绪使得为数众多的“80 后”成为 6100 点最顽固的站岗者。我清楚地记得，当时不少媒体都报道了在各大校园中小股神正雨后春笋般地冒出来。

但这是极不正常的。吴国平这句话突然让我的“80 后”同事感到的是荒谬、绝望和恐慌。

吴国平是谁？我问老罗。

江湖人称“少帅操盘手”，曾经以前瞻性预测 2007 年大牛市而名动华南私募圈，重要的是 1980 年生。

这让我心生疑惑，此人到底有什么三头六臂的能耐，竟能若此？

从那以后，理财周报资本市场版的稿件中开始不断出现吴国平的小专栏，或者理财周报记者的采访言论。我记得我们曾经策划了一期《鬼K线股票》，一时洛阳纸贵，其中跨版的十大“鬼K线”股票点评，就是我请吴国平操刀的，那是我第一次拨通他的电话，电话那边一个劲的说：“没问题没问题，好的好的。”古道热肠，诚以待人，这就是国平，也是他这套书区别于其他书籍的最重要品质。

直到今天，我们的资深记者张伟湘，动不动就抓起电话：“喂，吴老师吗？哦，那个你怎么看今天的大盘啊，暴涨啊……”

如果说，“80后唯一机会论”和“鬼K线”，是我对国平的前两个深刻印象的话，最深刻的印象应当是一只股票——海信电器。在这个股票的判断上，充分体现了他的投资功力和哲学。

尚在2008年8月的时候，我们做过一期市场策略的采访，采访了多位知名市场人士，也询问了他们看好什么公司，其他投资家推荐的公司到现在我已经完全失去了印象，唯独记得国平看好的公司。他说：“我看好海信。”

这个说法显得十分标新立异，甚至有点怪异，因为家电板块被边缘化已经非常之久了，而海信也看不出有什么利好的支撑。他说：“我看好它的未来。”

曾经因为这个事情，有热心读者打电话给我，说国平曾经“忽悠”过他关注海信电器，但是一直不涨，他被搞烦了，也根本不知道是因为什么。老实说，那时候我也是不清楚，我对那位读者说，我们等着时间来验证吧。

而现在，我们都应该知道答案了。

一直到后来我接管了《理财周报》资本市场部的工作之后，我才与国平真正谋面，也才把这个压了很久的疑问抛出来。他说：“我做了这几件事：去公司调研，看公司高管的作风和战略，看他们对ST科龙的处理方式，研究股权激励实施，研究F10尤其是他的液晶项目运行状况，最后我发现这家公司很健康，很清晰，厚积薄发。”

就这么简单。够了。这是很多基金经理没有做到的事情。

他从大学就开始操盘，历经数次牛熊波折而未灭，青涩过、莽撞过、浮躁过、绝望过，但却没有走入歧途，心态越来越宽和，投资手法越来越大气，智慧也越来越纯熟。

而现在，他把他这几年的想法和经历一并奉献给了读者，我想说的是，这是一本跟资本市场平行的书，来自于市场又回到了市场，与市场血肉相连。他没有像很多“技术派大师”那样写神功秘笈，玄之又玄，凌驾于市场；也没有像“江湖骗子”那般东拼西凑、投机鬼吹。

他以五部曲的规模，系统地阐释了他的投资哲学。他的哲学一点都不复杂，稍微有投资知识的人都能读。整套书娓娓道来，只说他切身的体会，说人心的沉浮。

这套书的规模和结构，的确是开创了一个新的历史标记，对诸多细节的铺写让人身临其境，平凡中贮藏着真知灼见。而我觉得最为重要的是，我从书中读出了难得的真诚，真诚自能动人，真诚自风流。

祝国平成功！

《理财周报》首席编辑　江勋

# 序三　一个不像“80后”的“80后”

认识国平是因为他的文章，2006年上证综合指数从1500点附近起步到后来的“半夜鸡叫”引发的“5·30”震荡，这个年轻人几乎没有看错。在瞬息万变的股市中寻找若隐若现的脉搏，这对诸多的市场老手都是一个巨大的考验，而吴国平用其独特的视角来揭示行情发展的能力让我对他刮目相看。

2006年，在参加腾讯网证券频道主办的“私募基金论坛”之后，他被《北京商报》誉为奥运版“牛市宣言第一人”，他的人气在2007年也达到一个高峰。2008年A股市场连续暴跌，亲历股市“悲欢离合”“千金散去”的我本以为年轻的吴国平也将很难“幸免”，2008年3月我前往深圳参加当年的“私募基金论坛”，在会场旁边的一个贵宾休息室，他笑着告诉我，“股市虽有受伤，但更多的是一份坚定，目前重心正在期货市场进行博弈”。从他的言语中，我看到了更多的沉淀与收获。

2009年他告诉我，他要写书，要写他自己的投资和生活，要用他的书来表达对投资的理解和对金融人生文化的感悟，要结合自己的亲身经历带给广大的投资者一些帮助，初衷很简单。他曾经征求过我的意见，我一口气说出我的看法，尤其是在“有用”的立意上，甚至有些苛刻。2010年初，他的书稿终于成型。《吴国平操盘论道五部曲》系列丛书基本满足了A股投资者由初级进入高级的知识结构需求，也反映了作者本人对投资、对生活的认识更趋理智和成熟。吴国平在完成著作的同时，也完成了他自身投资境界的突破。知识是用来分享的，不是用来炫耀的，也不是一个人用来自己发财的，从这个意义上来讲，这套书的出版，也让我看到了吴国平自身品质高度的蜕变。在媒体呆的时间长了，总会有一些喜欢挑刺的臭毛病。尽管我不认为这是一本每个人看完都能赚钱的书，它也不一定是适合每一个人的投资灵药。

但是，我在字里行间看出这是吴国平真正用心去写的一套书。书里面有他大量的实战案例，有成功的也有遗憾的，我相信每一个读完这套书的人都能体会到吴国平的睿智、机警、谦逊与平和。

这就是吴国平，一个不像“80后”的“80后”！

腾讯财经　韦洪波

# 序四　期待国平走得更精彩

国平是我校2003届的毕业生。他毕业后投身资本市场，正所谓“生逢盛世”。新世纪的第一个十年，无论是中国还是世界，资本市场风起云涌，以极其澎湃的力量给人们带来前所未有的冲击，也令国人比以往任何时候都更加关心与资本相关的知识。“全民皆股”是近年来国内证券市场的生动写照，在“股海”中惘然四顾的人们，渴望能有一些指引帮助他们去看懂其中的奥秘。

国平的这套书，出得正是时候。这是一套有关证券投资交易实践操作技巧的书籍。一方面，其体系具有较好的系统性，涉及公司基本面的分析、股票价值的分析、股票技术形态的分析、股票交易盘面的分析、权证与期货交易的分析，等等；另一方面，其内容具有很强的实操性，是国平长期投资实践的经验探索和总结。这对那些在操盘系统分析上仍未完善的投资者来说无疑是大有裨益的！

作为一所培养应用型人才的本科院校，建校60年来，我校为社会培养了数万名金融、保险、证券等方面的专业人才。这群莘莘学子，活跃在祖国的大江南北，为国家尤其是华南地区的金融事业奋力奉献，他们以优异的业绩为母校争得了荣誉。国平就是这千千万万学子中的一员。

新世纪之初，经济社会正经历着极其深刻的变革，与之伴随的是大学生就业难、房价居高、创业多艰等社会现象，反映了当前社会部分青年的境况不如人意。而国平作为“80后”的年轻人，却始终秉承着一种不断学习、不断实践、不断奋斗的朝气，实在难能可贵。为国平作序，正是对这种宝贵精神的肯定和赞赏。

2010年恰逢广东金融学院建校60周年，这是母校的甲子之庆，看到许许多多像国平这样的学子成为社会的有用之才、成为经济改革大潮的弄潮好手，母校深感欣慰，也期待国平今后的路走得更加精彩！

广东金融学院院长 刘庄

# 自序　听君一席话　胜读十年书

“听君一席话，胜读十年书”是我在成长过程中感受颇深的一句名言，现在把它送给广大的读者朋友。我在私下也有个小小的愿望，希望本套丛书对投资者来说，能有“胜读十年书”的价值。

## 一、带着平静心面对书与股海

夜客访禅登峦峰，
山间只一片雾朦胧。
水月镜花，
心念浮动，
空不异色，
色不异空。
回眸处灵犀不过一点通，
天地有醍醐在其中，
寒山鸣钟，
声声苦乐皆随风，
莫要逐云追梦，
拾得落红，

叶叶来去都从容，

君何须寻觅僧踪。

读书让我明白“学海无涯”，佛学使我感知“博大精深”，股市令我清楚“股海无常”，这“常”，就是“常态”的意思。

股海，就是因其没有“常态”，其波动性带来的机会与风险才更显魅力非凡，使无数人为之竞折腰。很多人，面对股海，面对“无常”的状态，心往往也跟着“无常”起来，于是，情绪跟着股海走也就成了“常态”，生活由此就可能进入了一个难以平静的状态。那是会让人偶尔失去理智的状态，就如武侠小说中谈到的练武功一样，一旦不能把持自己，就很容易走火入魔，这是危险的。

身在“无常”股海中，成为最后大赢家的最难因素是什么？答案其实已经不言自明，就如武侠小说中的绝世武功那样，只有把持住自己，潜心静气地去修炼，才能达到最终的成功。投资境界的高低跟武功境界的高低，有些路是相通的，原理也类似。

希望你能带着一颗平静的心面对本套丛书，太浮躁，可能看不了几页，也不会有什么太多的启迪与收获。看书如此，把握股海，何尝不是如此？静静地感知这“无常”股海，既是我的操作思想，也是对读者的期望。

利用五部曲来构建每个人适合自己的赢利系统，是本套丛书的核心理念。只要你们能建立起适合自己的赢利系统，资本市场就会逐渐掌握在你们手中。

## 二、图书有价，操盘赢利系统无价

图书有价，思想无价。在本套丛书中，我将毫无保留地把我十多年来积累的操盘经验和思想系统地展示给广大读者，读完它，你就会明白我的投资系统是一个什么样的状况。真实而力求震撼投资者的内心深处，这就是我想要达到的效果。

《吴国平操盘论道五部曲》系列丛书共分五本，分别是《操盘论道入门曲——看透F10》《操盘论道基本曲——把握价值》《操盘论道深入曲——抓住形态》《操盘论道升级曲——看穿盘面》与《操盘论道升华曲——跳入权证与期货（心理）》。

在资本市场能否长久生存，关键就是要建立一个赢利系统。“冰冻三尺，非一日之寒”，赢利系统的建立是一个不断沉淀的过程，是一个循序渐进的过程，更是一个不断升华的过程。所以，这必然是一个相对长期的工程。妄想速成的投资者，最终能学到的仅仅是花架子而已，经受不住时间的检验。

本套丛书也经历了不断沉淀、循序渐进与不断升华的过程，只要投资者细心读下去就会发现，不论是书本身的结构还是内容的编排，都有这样的特点。不谦虚地说，本套丛书是我的用心之作，里面包含不少自己过去秘而不宣的思想，其中蕴涵的价值，绝对能够在目前国内证券市场之中大放异彩，当然，这最终需要投资者的检验。只是，就我自己的感受而言，本套丛书蕴涵的价值是——无价。

既然那么有价值，本来应该秘而不宣的东西，为何要公之于众呢？道理不复杂，一是写书过程就是自我系统的巩固、完善与提升的过程，这对自我赢利体系的升华是有极大帮助的。二是本套丛书让我的价值得到了更大的体现，人活着不就是要充分实现自我价值吗？人的生命相对宇宙而言，犹如一粒尘埃，但，我坚信每粒看似毫不起眼的尘埃都各有自己的使命，我是属于资本市场的，我的使命就在于此。图书有价，操盘赢利系统无价，希望本套丛书能给读者带来收获的喜悦。

## 三、各册图书的不同点逐一阐述

本套丛书共五本，各册图书内容不同，结构相似，下面对每本书的不同点进行逐一简要阐述：

**1.《操盘论道入门曲——看透F10》**

F10是我们操作股票软件时经常接触但又常被大多数人所忽略的地方，其包括的范围很广，例如公司概括、股东研究、主力追踪、行业分析、高层治理、财务分析、公司报道、百家争鸣、分红扩股等等，可以说，这里面的内容就是上市公司基本面的一个大综合。

很多人可能只是找到上述栏目中的几个自己认为能看得懂的或者是自己认为较为重要的看一下就算了，但是，蜻蜓点水式的阅读，一是无法形成系统化的研究，二是很容易忽略掉真正具有价值的基本面信息。重视基本面，其实就应该从重视F10的阅读与研究中开始，这里的信息虽然是公开的，但内涵却是大有乾坤，懂它的人很容易就能够挖掘出真正有价值的基本面信息出来，从而在具体博弈过程中占据先机。

我们不妨让自己系统地去看待F10，在这本书中，我也毫无保留地把自己对F10的系统方法展示给读者，希望读者通过书中由浅入深、由点到面、由远及近的剖析方式，感悟并掌握F10系统，这将会给你的投资过程带来巨大益处。

本书共分三章：

第一章对F10的各个要点逐一简单剖析，让读者能够形成初步印象以及打好建立系统的基础。

第二章对F10的关键要点、重点进行深入剖析，让读者能够深入F10的精髓之中，从而起到印象加深、系统开始逐步形成的作用，并激发举一反三的潜力。

第三章对F10的具体运用作了全面详细的剖析。此处以大盘、中盘以及小盘三种不同类型的上市公司为例，逐一展开，详细剖析，让读者最终形成对F10较为完善的认知系统，从而使读者在未来投资的过程中，对F10的阅读与研究能力能够有质的飞跃。

看透F10的过程就好比是恋爱到结婚的过程，虽然繁琐，但却必要，如果你想要幸福的话。按部就班，循序渐进，全面了解，其实并不是一件坏事，尤其是在做长期投资打算之时，更是如此。很多资料，你看多了，熟悉了，自然就会生出一种感觉，那是一种直觉。如果你曾经为本书而废寝忘食过，恭喜你，你升级了。读书有“由厚到薄”的过程，看透F10也同样如此。

不管你是否在F10这块领域建立了自己的认知系统，透过上面书中的三章内容，我相信，你都会有或多或少的收获，因为这是我投资经验的精华沉淀，是毫无保留的用心之作。读了这本书，你一定会有“听君一席话，胜读十年书”的感觉的。

## 2.《操盘论道基本曲——把握价值》

投资时，很多人都会谈到价值，但“价值”到底是什么？我们应该如何看待它？如何把握它？这些问题都是投资者需要解决的，也是把握市场的一种基本功。

本书第一章探讨的是“看透价值的基本思路”，从股票是什么谈起到最后价值的心理博弈，虽然这个章节内容不算多，但却少而精，学习完这个章节，会对价值有个基本的认识。

第二章探讨的是“价值概念的深入”，明确提出价值的组成部分为“本身的价值”与“交易的价值”，并结合案例进行剖析，同时对其衍生出来的如“破净”等思想进行总结。

第三章是“价值概念的升华”，在价值体系中占据重要地位的“成长性”的秘密以及消息对价值的影响，在本章毫无保留地总结出来，价值的“轮回”与“变异”为本书的结尾，使得本书对“价值”的论述成为一个完整的体系。

### 3.《操盘论道深入曲——抓住形态》

形态是在市场波动过程中投资者必须面对的一个重要环节，也是一种运用最广泛的股票技术分析手法。它看似简单实则复杂，看懂容易，但要娴熟运用很难。本书是我对这一领域长久以来的积累与总结，把形态方面的系统毫无保留地展示出来，因为我深知，只要形态把握好，一切都可以变得简单，利润就可以说是尽在我们掌握中了。

第一章，“形态就是形态”，这里将结合具体个股波动来阐述形态的两大种类，一类是反转形态，另一类则是持续形态。每一类形态都将分为若干个具体形态；每一个具体形态，在此，我都是重点剖析形态本身而非其他，结合具体个股的波动来逐一作出具体的对比描述。这章的内容可以说是形态的基本，是必须植入脑海之中的，对此需要做到条件反射般的反应。

第二章，“形态系统把握”，这章一是对反转形态的重点进行深入系统的剖析，二是综合地对持续形态进行系统剖析，结合各种具体的案例，把形态的系统串联起来，最终形成一个更为真实、具体、实用的形态体系。在这里，把看似繁杂的各种形态，用不同的视角作了全新而深入的阐述，尤其是对持续形态的把握。最后把各种形态联系起来，形成一个综合的思路，会让很多东西都变得清晰起来，这在具体实际操盘过程中，其价值会显得尤为珍贵。

第三章，“形态的综合战役”，这章将结合大盘股、中盘股与小盘股三种不同的类型，展开三大战役，把前面的形态体系深刻融入三种具体不同类型的品种上，让整个体系更具实战价值，发挥出最大的威力。根据我过去经验的总结，告诉你形态在不同类型、品种上的把握，做到具体类型具体剖析，总结出看似无规律市场背后的规律特征，从而让我们在具体操盘上占尽先机。这一章，可以说是形态融会贯通后的升华篇。

**4.《操盘论道升级曲——看穿盘面》**

盘面的内容虽然包罗万象，归根到底反映的还是具体市场或具体品种的波动，透过盘面波动去看透其本质。这不仅需要长期经验的累积，更需要系统地去剖析波动背后的真相。盘面上的功夫是要落到实处的，来不得半点虚假。书本有价，盘面功夫无价。

第一章，“盘面的基本交易思路”，这里透过如何去把握好市场的感觉以及市场的脉络等内容，建立起对盘面系统的基本认识。把握好对市场的感觉与脉络是盘面的基本要素，其具体的策略与心得则是把握好盘面的辅助工夫。这一章重在理解，其意义是建立盘面系统的地基。

第二章，“盘面系统逐个击破”，这章展现的是我过去积累、总结出的如何去看大盘以及把握强势股等具体盘面特征的心得，再结合案例深入剖析所显示出来的成果，其中每一小节内容在具体实战过程中都具有相当分量的价值，需要读者用心体会、感悟。第二章是把盘面整个系统更深入地提升上来，尤其是“避风港”以及强势品种中的操盘思路，一旦掌握好，势必对市场盘面的理解有更高升华的认识。

第三章，“盘面运用的三把宝剑”，内容涉及上下影线、缺口以及时间窗口三大领域。上下影线是研究K线过程中，我认为最为关键的环节，在这一环节上攻破它，对于其他K线而言，就有着举一反三、触类旁通之效果，因此，要把这里作为系统中一个重要武器对待。缺口很普遍，但很多人却不太明白缺口背后的具体含义，有些在特定环境下出现的缺口对研判和把握市场常常能够起到奇效，因此，我也把它列为系统中一个重要武器对待。时间窗口带有相当的神秘色彩，在这块上很大一部分投资者要么是钻牛角尖走进死胡同，要么就是只知其一不知其二认识肤浅。透过我长期操盘经验的总结，尝试着为读者揭开其神秘的面纱，让它也成为盘面系统中一个不可或缺的重要武器。

**5.《操盘论道升华曲——跳入权证与期货（心理）》**

建立研判与把握市场的赢利系统需要一个过程，前面四部曲分开来为独立的小系统，综合起来则成为复合的大系统，威力将远超4个1相加带来的效果。要建立起一套真正属于自己的赢利系统，绝非一招一夕所能达到，欲速则不达，厚积才能薄发。同时，我们更应认识到很多原理在不同市场上道理都是相通的，因此，运用也是大同小异，但随着市场的变化，有些要求也必然要随之有所加强与升华的。期货市场是需要在基本功扎实的背景下再提升才能在里面真正有所成就的领域。第五部曲《跳入权证与期货（心理）》，就是要让读者认识到资本市场的博大精深，学无止境。在学会举一反三的过程中，更需要一颗谦卑的心。

第一章“权证的世界”，第二章“期货的世界”，我以自己过去操盘的案例再结合赢利系统展开剖析，目的就是要让读者认识到这里的水到底有多深，它是一个比股票更考验人的领域。

我们要知道，股票上的很多技术其实都来源于期货，不是有句话说“能做好股票的人未必能做好期货，但能做好期货的人肯定能做好股票”，这里反映的就是期货领域更考验人，更需要全面的系统才能生存的思想。毕竟期货上的风险与机会是成倍放大的，对资金管理以及风险控制等都要有更高的要求。

第三章“重点出击与综合运用”，这里既有权证和期货，还有期货与股票的综合运用，可以说，是一个集各种领域于一体进行深入浅出操盘论道的一章，对一些基础相对薄弱的人而言，可能在阅读过程中会有些吃力，但对于有一定基础的读者而言，这里会找到让你感到更精彩的价值。

## 四、全套五本书的相同点阐述

第一本至第四本书的第二章与第三章里，在编排上，其内容章节里，都会涉及到五大环节，分别是：基础认识、操盘论道、温故知新、课后习题以及市场随笔。这五大环节是五本书中的相同点，虽然这些环节具有共性，但每本书具体的内容都会带给大家不同的惊喜与收获。特作如下简单阐述：

### 1. 基础认识

这个环节体现的是一种基本功，是最浅度的认识，也是必须要清楚的常识性内容。放在最前面，就好比打好地桩一样，接下来盖大楼才能平稳而起。这个环节的内容虽然不多，但里面提炼出来的思想却是不可或缺的，把基础环节认识清楚后，剩下的学习往往能达到事半功倍的效果。

### 2. 操盘论道

这个环节的内容是全书精粹，几乎集中了所有重要的学习内容，采取结合各种案例图的形式，深入浅出地把一些需要形成体系的内容表达与提炼出来，让读者在反复阅读学习的过程中，自我的能力能够得到不断的提高与升华。有些内容可能会让人感觉比较长，但这却是深入剖析后进行总结的一种体现，其内容都是我本人十几年来的心得精粹，我毫无保留地展现给读者，值得读者好好珍惜与把握。

### 3. 温故知新与课后习题

这两个环节体现的是一种巩固与自我提升的意图。我们知道，要把他人的思想精华真正掌握在自己手中，仅仅靠看书中的重点与感悟，那很快就会忘记，很难真正融合到自我体系之中。真正要掌握好，不但要靠不断的巩固与思考，而且必须有个沉淀的过程。我在上大学时对这点感受颇深，那时候，为了把学习到的一些证券技术真正掌握于心，除了实战感受外，靠的就是勤于做笔记与勤于思考。因此，在系统自我完善的过程中，这样的学习方法也是必不可少的。作为过来人，我希望这里设计的两个环节，对于那些处于学习提升阶段的读者，千万别忽视，用心且耐心完成之。只要经历了这个沉淀过程，绝对会有质变的感觉。

### 4. 市场随笔

“功夫在诗外”，市场随笔这一环节体现的就是这样的一种意境。透过我的市场随笔，希望能够让读者对市场有更多更深的感悟，从而与系统学习相得益彰，最终形成“无功胜有功”的境界。

很多时候，你对生活的态度，你对世界的看法，你对未来的思考，这些都将会影响到人最终对股市的判断和操作，尽管看似不那么明显，却往往是关键所在。我是个比较多感的人，因而也就不时会有一些随感，这些都真实反映和体现了我阶段性的内心世界，希望能够给读者带来“心灵鸡汤”般的感觉。投资是一件极其辛苦的事，它的艰难在于不论什么情况下，赚钱或是亏损，都需要战胜“小我”，持续做出最倾向于正确的选择并最终取得胜利。

随笔反映的是一种心态、一种心情、一种思想，多写随笔，就我的体会而言，对自我系统的完善与提升有着不可或缺的效果，因此，市场随笔，希望读者能够在其中找到共鸣，找到启迪，发现价值。

## 五、最后的期盼

我浮躁过，也沉淀过，失败过，也成功过，每个人或许都要在不断起伏之中才能寻找到真正的自我。很庆幸，自己在过去几轮牛熊阶段过程中活下来了。

见过不少投资者面对市场的那种盲目，也见过不少大学生对资本市场的那种无知，看着自己比他们多一些经验和感知，很迫切地想帮帮他们。体现自我价值的想法一直都有，本套丛书的诞生，就是希望能为资本市场投资理念的改善尽一点自己的绵薄之力，希望这套书能够给读者带来理念与心灵上真正的震撼与收获。

当然，有时候，我认为有价值的东西，未必他人也这样认为。就好像投资一样，当投资的标的无法一时绽放光芒的时候，往往容易被打入冷宫。无论如何，是否有价值，需要市场的检验；不管怎样，这套我的用心之作，出版面世相当一段时间后，希望还能有人谈及。如果届时还有人说，吴国平写的书真是不错，那就谢天谢地了。

最后，如果有人认为我还有点水平，能够胜任他人师傅的话，那就不妨好好去完成书中的一些作业，不是说要完成全部，最少要能够完成一部分，字数达到2000字以上则可。完成后欢迎以邮件的形式发送到我的作业反馈邮箱：wgp168@vip.163.com。不一定每封邮件都会回复，太多的话，毕竟个人精力有限，但我会尽可能地一一去回复那些用心完成作业的读者。这里能否得到回复其实就犹如很多人刚开始找工作一样，每次出击不一定就成功，但只要用心出击了，机会才可能有，否则，连基本的机会也不会有。这世界很多时候就是需要不断反复地碰壁尝试之后，才有可能真正把握住属于自己的大机会，这也是我人生历程中的一种启迪。当然，如果还有读者有书以外的想法要交流的话，也请发信到 wgp168@ vip. 163. com 上来吧。

最后的最后，我想说的是，资本市场的海洋很浩瀚，我也仅仅是其沧海一粟而已。人虽然渺小，但思想却可透过渺小的个体无限度地延展开去，“听君一席话，胜读十年书”，书本有价，操盘赢利系统无价！《吴国平操盘论道五部曲》系列丛书，希望能让你衷心喜欢！

“输得起”是赢得一切的资本，
“笑到最后”才是真正的大赢家！

吴国平

# Contents 目录

## 第一章　看透价值

一、股票到底是什么　/　3
二、看价值就是看它的未来　/　4
三、如何进一步探寻股票的价值　/　5
四、股票价格与股票价值的关系　/　7
五、什么是市盈率　/　9
六、我们更应看重动态市盈率　/　10
七、具体如何分析静态市盈率、动态市盈率　/　11
八、估值最高境界——心理博弈　/　12
九、总结：别成为冲动型交易者　/　14

## 第二章 价值的深入

第一节　概述　/　19
一、价值认知　/　19
1. 本身的价值　/　19
2. 交易的价值　/　19
二、学习前的心态　/　20
第二节　案例解读：从“最低”到“最高”——解读江西铜业从最低 8.95 元到最高 78.2 元的全过程　/　21
一、全景图　/　21
二、分解图一　/　21
1. 操盘思路　/　21
2. 要点　/　23
三、分解图二　/　24

1. 操盘思路 / 24
2. 要点 / 25
四、分解图三 / 26
1. 操盘思路 / 26
2. 要点 / 27
五、分解图四 / 28
1. 操盘思路 / 28
2. 要点 / 29
第三节 案例解读“最高”到“最低”：解读江西铜业从最高78.2元到最低8.27元的全过程 / 30
一、全景图 / 30
二、分解图一 / 31
1. 操盘思路 / 31
2. 要点 / 33
三、分解图二 / 33
1. 操盘思路 / 33
2. 要点 / 34
四、分解图三 / 35
1. 操盘思路 / 35
2. 要点 / 36
第四节 解读中国石油上市后的价值回归 / 38
一、基础认识 / 38
二、操盘论道 / 39
1. 解读要点一 / 39
2. 解读要点二 / 40
3. 解读要点三 / 41
4. 解读要点四 / 42
三、温故知新 / 43
四、课后习题 / 43
五、市场随笔 / 44
1. 看清主角顺应趋势 / 44
2. 新股战机三要素 / 45

3. 选择好股票 / 47
4. 转变 / 47
5. 股市如游戏 / 49
第五节 “本身的价值” / 51
一、基础认识 / 51
二、操盘论道 / 52
1. 市盈率与大环境 / 52
2. 银行利率与银行存款市盈率 / 54
3. 净资产与重置成本 / 56
三、温故知新 / 57
四、课后习题 / 57
五、市场随笔 / 58
1. 感悟 / 58
2. 五点随感 / 58
3. 喜欢雪，那种能够让人清醒的味道 / 60
4. 好心态是成为大赢家的前提 / 61
5. 用下棋心得去看资本市场 / 62
第六节 论道“交易的价值” / 64
一、基础认识 / 64
二、操盘论道 / 65
1. 钱太多与市梦率 / 65
2. 博傻与三点思路 / 67
3. 政策与技术 / 68
三、温故知新 / 69
四、课后习题 / 70
五、市场随笔 / 70
1. 有些功夫是在市场外的 / 70
2. “动”与“静” / 71
3. 让自己拥有平和自然的心态 / 72
4. 寂寞者往往都是最终的胜利者 / 72
5. 喜欢简单中蕴涵复杂 / 73

第七节 “破净”的操盘论道 / 75
一、基础认识 / 75
二、操盘论道 / 77
1. “破净”的选择原则 / 77
2. 行业选择与“破净”后策略 / 81
三、温故知新 / 84
四、课后习题 / 85
五、市场随笔 / 85
1. 心如蓝天会很美 / 85
2. 开车亲密接触后的感触 / 86
3. 帮别人就是帮自己 / 87
4. 从沉迷 QQ 游戏谈起 / 88
5. 静夜思 / 89

## 第三章 价值的升华

第一节 看透成长性的秘密 / 93
一、基础认识 / 93
二、操盘论道 / 95
1. 成长性三强对比 / 95
2. 成长性大牛股调整的规律 / 108
三、温故知新 / 111
四、课后习题 / 112
五、市场随笔 / 112
1. 起伏中看股票与人生 / 112
2. 你停下来思考过吗 / 113
3. 漫谈“感觉” / 114
4. 从台湾选举赌盘想到的 / 115
5. 从广州中大布匹市场想到的 / 116
第二节 “真的大消息”对“价值”的影响 / 118
一、基础认识 / 118
二、操盘论道 / 119

1. 大杨创世带来的启迪（图40～图47） / 119
2. 包钢稀土带来的启迪（图48～图57） / 129
三、温故知新 / 139
四、课后习题 / 140
五、市场随笔 / 141
1. 不妨研究一下“水” / 141
2. 集中火力吃大波段 / 142
3. 漫谈股市“火”的影响 / 142
第三节 看透“价值”的“轮回”与“变异” / 144
一、基本认识 / 144
二、操盘论道 / 145
1. 指数“价值”的“轮回”与“变异”（图58～图62） / 145
2. 各种上市公司价值的“轮回”与“变异” / 151
3. 总结 / 160
三、温故知新 / 164
四、课后习题 / 166
五、市场随笔 / 166
1. 输得起才有可能最终赢得一切 / 166
2. 不确定性与熊牛操作之别 / 167
3. 别那么世俗 / 169
4. 回顾过去展望未来，看新生代 / 170



## 附录 吴国平的“价值”

一、年轻的“80后” / 175
二、我的学业：兴宁一中 / 176
三、我的学业：转折 / 177
四、“好”朋友 / 178
五、“街头霸王” / 180
六、漫画 / 181
七、周星驰 / 182
八、与股票第一次亲密接触 / 183

九、理解与熟悉股票市场 / 184
十、坚定信念 / 185
十一、我的“初体验” / 185
十二、心跳的感觉 / 187
十三、私募基金雏形 / 187
十四、放弃与选择 / 188
十五、股票书籍 / 189
十六、以退为进 / 190
十七、质变 / 191
十八、近朱者赤 / 193
十九、图书馆与社团活动 / 194
二十、创业失败 / 195
二十一、工资的跳级 / 196
二十二、很有勇气 / 198
二十三、路还长 / 199

后记一　吴国平转型新开始的自白 /201
后记二　我为什么是私募国中岛一定成功的核心竞争力 /203

# 第一章　看透价值

价值是什么？在投资的时候，很多人都把价值挂在嘴边，真正的价值到底是什么呢？有没有时间效应？有没有统一标准？仁者见仁，智者见智。第一章，我将给大家提供一种看透价值的基本思路，让我们的“价值”之路就从它开始吧！

## 一、股票到底是什么

股票到底是什么？

按照比较理论的解释，我们得到下面的答案：

（1）股票是股份证书的简称，是股份公司为筹集资金而发行给股东作为持股凭证并借以取得股息和红利的一种有价证券。每股股票都代表股东对企业拥有一个基本单位的所有权。股票是股份公司资本的构成部分，可以转让、买卖或作价抵押，是资金市场主要的长期信用工具。

（2）股票代表着其持有者（即股东）对股份公司的所有权。这种所有权是一种综合权利，持有者不仅有权按公司章程从公司领取股息和分享公司的经营红利，还有权出席股东大会，选举董事会，参与公司经营管理的决策。从而，股东的投资意愿通过其行使股东参与权而得到实现。同时，股东也要承担相应的责任和风险，如参加股东大会、投票表决、参与公司的重大决策、收取股息或分享红利等。同一类别的每一份股票所代表的公司所有权是相等的。每个股东所拥有的公司所有权份额的大小，取决于其持有的股票数量占公司总股本的比重。

（3）股票一般可以通过买卖方式有偿转让，股东能通过股票转让收回其投资，但不能要求公司返还其出资。股东与公司之间的关系不是债权债务关系。股东是公司的所有者，以其出资额为限对公司负有限责任，承担风险，分享收益。股票是社会化大生产的产物，已有近400年的历史。作为人类文明的成果，股份制和股票也适用于我国社会主义市场经济。公司可以通过向社会公开发行股票筹集资金用于生产经营。国家可通过控制多数股权的方式，用同样的资金控制更多的资源。目前在上海、深圳证券交易所上市的公司，绝大部分是国家控股公司。

综合上面三点，通俗点来讲，股票其实就是一种代表对股份公司的权利并可以自由转让的有价证券。当然，结合“投资股票其实就是投资该股票所代表的股份公司未来”这句话来讲，股票也可以说就是“等于”股份公司，你持有该股份公司股票数量的大小则决定你在该股份公司所占据的份额。因此，股票其实也就是一种股权凭证，你看好该股份公司未来的发展，那么，你就可以买进该公司股票，从而成为该公司的一分子，充分享受其未来成长带给你回报的喜悦。

## 二、看价值就是看它的未来

股市上涨，说“估值合理或过低”，股市暴跌，说“归根结底还是估值过高”，这是一般机构面向公众投资者最常见的说辞。

涨的时候，什么都是合理的，跌的时候，什么都是不合理的。但是，无论如何，价格总是围绕价值转，虽然有时偏差的程度还比较大，但不管怎样，我们还是需要探寻真正的价值究竟是什么。

按照传统的观念，市盈率高低往往是判断价值最重要的因素，太高则价值不合理，太低则价值合理。但问题是，什么样的市盈率才是合理的呢？这又是一个很难一下子道得明的问题，毕竟在不同的环境、不同的市场，往往会有不一样的评价标准。

在进一步具体探讨股票价值的时候，我们可以先回到一个真理上来：投资股票就是投资它的未来。就好像我们投资一些传统行业，不就是投资它的未来吗？

如果你判断未来服装行业大有可为，那么，你完全可以把你的资金或者你自己的人力介入到该行业中去，从而去把握该行业的机会。而你初期投入的资金与人力大小以及未来收获的回报大小，则取决于你对该行业的熟悉程度以及你是否具有比较好的前瞻力。

如果你不是特别熟悉该行业，而仅仅是知道该行业的未来，那么你介入的成本可能就会相对比较高，而且最终的回报也会相对比较小；如果你比较熟悉该行业同时也非常清晰该行业的未来，你介入的成本则会变得相对较小，同时最终的回报也会相对比较高；如果你不仅熟悉该行业同时也有非常好的前瞻性，敢于在大部分人都还没有深度介入进去的时候先进去，那么，你就完全有可能在该行业中最终取得相当重要的地位，获得相当高的市场份额，从而最为充分地获取该行业的回报。

在这里，我认为，介入成本的大小以及对未来的判断准确度，将是影响你投资该行业最终获取多少回报最关键的两大要素。介入成本太高，肯定会压缩你的利润。比如你介入该行业的成本是200万元，而熟悉该行业懂得运作的人其介入成本仅50万元。一样都是进入，但各自的成本有非常明显的差异，这也将直接影响到未来发展过程中的竞争力。就算发展一样快，但最终的利润除去介入成本，也明显是后者占优了。而对未来的判断准确度，则肯定会影响你的企业发展速度。比如你认为今年行业的某产品畅销程度顶多就是1000万件，你也就围绕这个估量去定生产；而另一个人则认为今年这行业的某产品由于几个你完全忽视的因素，畅销程度将达到至少1亿件。从而制定非常积极的生产策略，最终市场也确实是达到了1亿件以上；结果会如何，谁的企业发展速度会更快已经不言而喻了。因此，对未来的判断准确性也非常重要。

或许说得有点远了，回到股票上来，但道理其实是相通的，毕竟投资股票本质上就是投资该股票所代表的股份公司的未来！因此，按照刚才的思路，它本身所处行业未来的发展，以及其未来可能的地位，应该成为你投资其未来的两个非常重要的判断指标。这两个判断指标分析得越准确，你最终的投资成果就会越丰厚。



## 三、如何进一步探寻股票的价值

既然了解了股票是什么，那么，现在就进一步来探寻股票的价值吧。我想，到了现在，你应该可以明白，股票的价值，不就是该股票所代表公司的价值吗？

那么，我们现在要做的就是怎么去评价一个公司的价值，正如“投资股票就是投资该股票所代表的股份公司的未来”这句话所体现出的理念一样，去评价一个公司的价值，更多的是评价其未来，而一个公司的未来如何，往往都是仁者见仁，智者见智，需要时间来证明。不过，也正是一个公司的未来本身所具有的不确定性，造就了其股票在资本市场上阶段性的波动。君不见，过去美国网络股行情大好的时候，不就是因为当时投资者大大透支了网络企业的未来，太过于看好网络企业的未来，才使得投资者不论什么价格都敢于疯狂买入，从而造就了网络股神话的吗？而当时间逐步推移，投资者渐渐开始真正了解什么是网络，也看到了网络企业进一步发展的状况，最终才明白太过看好了，大大透支未来了，因此，股票价格出现了回归价值的泡沫破灭之旅，诞生了当时网络股崩溃的现实。

那么，如何去判断未来呢？不妨了解过去，感受现在。判断一个公司的未来我们需要了解它的过去，更要感受它的现在。了解它的过去可以让你更清晰地去认识它，而感受它的现在则可以让你更为直观地去熟悉它。注意细节，注意公司的诸多细节，细节决定成败。从细小的一些东西里你可以发现一些人所忽略的东西，而这些东西在很多时候将很可能是非常重要的，有时候甚至还是决定性的。就好像商机是需要敏锐的鼻子去捕捉一样，如果你仅仅是看到大家都能看到的东西，那么你去把握的东西也肯定是大家也都能把握的，而这并不是我们所要追求的。我们要把握的是大部分人可能都忽略的东西，把握大部分人都不能很好把握的机会，只有这样，才具有较大的价值，“物以稀为贵”嘛。

举例来说，你在分析公司过去与感受公司现在的时候，你会很容易统计出这个公司目前大概能有多大的价值，比如它本身的房产估值大概多少，产品库存估值大概多少，银行存款大概多少……所有看得到的资产都相加减去它本身目前的负债，那么也就大概得出了比较直观的价值了。但这些都是大家能看到的，没有什么稀奇，这些信息有价值，但不能够让你很清晰地看到它真正的价值。

你是否可以进一步地去发现一些很多人忽略的信息呢？如公司的无形资产：品牌价值。有个很经典的关于无形品牌价值的例子，那就是可口可乐的故事。里面说道：“如果全世界的可口可乐工厂突然在一天内都没了，但是只要可口可乐的品牌还在，那么，可口可乐就还能东山再起！”这就是无形资产的价值啊！这个对一些公司来说，是隐藏其中的一个非常好的价值，但却往往被人忽略。

还有如公司的人力资产：人的价值。看看公司的灵魂人物是谁，这很重要。人是决定一个公司发展的最关键因素，没有很好的人，再好的公司也很难突破性地发展下去。就如史玉柱一样，失败过而且摔得很惨，但他人还在，他的团队还在，他在网游领域东山再起，最终成功上市，又一次演绎了一段神奇。这就是人的重要性，如果不是史玉柱与他的团队，试问刚开始他们运作网游项目的时候，风险投资会感兴趣吗？公司未来发展如何关键看公司谁在掌舵。分析透掌舵者，或许你也就看透了这个公司未来的大部分了。

上面举了两个比较容易忽略的信息，当然，还有很多，不过需要你更细地去挖掘。挖掘的点越多，分析就会越充分，你也就越可能站得比别人更高点。只有让自己尽可能站高点，才有可能使自己对该公司的未来看得更远点。换言之，你的视野大小将决定你对该公司未来把握的判断程度。

因此，我们在具体分析一个公司价值的时候，别太过于表面，而要更多地深入去分析。一旦你深入分析后，当你发现大部分人目前对它的估值是远低于你心中价值的时候，那么，一个非常不错的投资机会可能就这样诞生了。当然，要获取最终回报，是需要时间的，但无论如何，你至少已经站得比较高，在未来视野上已经先人一步了。

当对一个公司分析过去，感受现在后，发现该公司具备比较好的潜在价值时，就要好好看看其本身所代表的股票是否具备比较好的投资价值。看哪些要素呢？当然是看其股票价格了，看看这时候其价格是高于、等于还是小于股票所反映公司的价值。如果等于或小于，尤其是当下股票价格小于当下其公司价值的话，你要做的就是准备好并大胆介入进去了。




## 四、股票价格与股票价值的关系

怎么判断什么价格可以买进？我觉得很重要的一点就是按照目前你设想的发展状况，对于该公司未来几年的状况你能否有个比较好的估算。比如，今年公司价值是 1 亿元，但按照你对它的全面分析（这更多的是充分结合潜在价值后的分析），你感知到再过 3 年，该公司将会至少值 10 亿元以上。有些企业就是如此，尤其是本身具有一定无形价值的企业，随着市场份额的急剧扩大，那几何式的增长方式是很多人想都不敢想的，就如我们经常听到的一些例子，什么什么企业，从几十万元级别，短短10年左右就发展成十几亿元上百亿元规模的航母。这样的公司有不少，我们并不奢望在最初级别就参与进去，那也不现实，尤其是在资本市场中的二级市场，毕竟可以上市交易本身就是发展到一定规模才有可能。不过，我们是完全能够在其价值为1亿元左右的时候介入进去的。就如很多成功的网络公司一样，如百度等，你在其成长阶段是完全有机会介入进去的，也是完全有机会去分享其巨大成长的。

因此，现在就有必要讨论下股票价格与股票价值的关系了。本质上来说，价格最终是肯定要围绕价值来运行的，或者说，价格最终不会偏离其本身的价值太远。因此，我们在看股票价格的时候，很关键的就是要把握好其价值，看透它本身的价值。而对于股票价值而言，我认为需要关注两点：当下价值与未来价值。简单来说，当下价值就是目前这公司能够值多少钱（别忘了把无形资产等一般人容易忽略的因素也估算上）。如果得出的结果换算每股价值远高于其目前每股交易价格的话，那么，你可以高度关注它。但是，这并非是最关键的因素，最关键的是你要估算出其未来价值，你要想象到在3年、5年甚至更长时间其有可能达到的价值。这是非常重要的，也是最根本的。要知道，投资股票就是投资它的未来！

有些公司的当下价值对比其当下股票价格，或许显得非常不错，但未来价值可能就令人难以乐观起来，如一些处于衰退初期的公司。那么，类似这样的股票，其短期价格对比当下价值虽然看起来好像有不小的诱惑力，但中长期而言，目前的价格也是具有非常大的风险的，资本市场股价的波动往往会提前反映一些公司的周期发展。面对这样的品种，我们需要做的更多是观望，去寻找具有未来价值的品种，而不是盯在其当下价值上来决定你的交易。相反，有些公司当下价值相比其目前交易价格显得不那么具有诱惑力，如一些处于成长周期的公司。类似这样的股票，虽然短期而言，其交易价格看起来具有一定的风险性，但中长期来看，目前的交易价格完全是有可能被低估的，毕竟其未来价值有可能超出你的想象。因此，面对这种情况，我们需要做的很简单，那就是充分研究其未来价值，如果得出的结论是未来价值将远高于当下交易价格，那么，你需要做的就是要找合适的机会潜伏进去，等待更大的回报。

## 五、什么是市盈率

市盈率是某种股票每股市价与每股盈利的比率。

市盈率 = 普通股每股市场价格 ÷ 普通股每年每股盈利

上式中的分子是当前的每股市价，分母可用最近一年盈利，也可用未来一年或几年的预测盈利。市盈率是估计普通股价值最基本、最重要的指标之一。一般认为该比率保持在 20～30 之间是正常的，过小说明股价低，风险小，值得购买；过大则说明股价高，风险大，购买时应谨慎。但高市盈率股票多为热门股，低市盈率股票可能为冷门股。

静态市盈率是市场广泛谈及的市盈率，即以目前市场价格除以已知的最近公开的每股收益后的比值。

通常，我们喜欢利用市盈率的多少来判断一只股票价值有多大。市盈率到底是一个什么指标？代表着什么意思？有什么样的内涵？我们应如何去看待和理解呢？这些都是很具有现实研究与探讨意义的。

首先，解释一下市盈率的概念。市盈率是一个反映股票收益与风险的重要指标，也叫市价盈利率，体现的是企业按现在的盈利水平要花多少钱才能收回成本。它是用当前每股市场价格除以该公司的每股税后利润，其计算公式如下：

市盈率 = 股票每股市价 ÷ 每股税后利润

即：市盈率 = 股价 ÷ 每股收益

在上海证券交易所的每日行情表中，市盈率计算采用当日收盘价格，与上一年度每股税后利润的比值称作市盈率Ⅰ，与当年每股税后利润预测值的比值称作市盈率Ⅱ。不过，由于在香港上市的公司不要求作盈利预测，故 H 股板块的 A 股（如青岛啤酒）只有市盈率Ⅰ这一项指标。所以说，一般意义上的市盈率是指市盈率Ⅰ。

一般来说，市盈率表示该公司需要累积多少年的盈利才能达到目前的市价水平，所以市盈率指标数值越低越小越好。越小说明投资回收期越短，风险越小，投资价值一般就越高；倍数大则意味着翻本期长，风险大。美国

1891—1991 年的 100 年间，市盈率一般在 10 ~ 20 倍，日本常在 60 ~ 70 倍，我国股市曾有过成千上万倍的个股市盈率，但目前在 20 ~ 30 倍左右。必须说明的是，观察市盈率不能绝对化，仅凭一个指标下结论。因为市盈率中的上一年税后利润并不能反映上市公司现在的经营情况；当年的预测值又缺乏可靠性，比如过去曾经有一些上市公司在公开场合就公司当年盈利预测值过高一事向广大股东道歉；此外，处在不同市场发展阶段的各国有不同的评判标准。所以说，市盈率指标和股票行情表提供的都只是一手的真实数据，对于投资者而言，更需要的是发挥自己的聪明才智，不断研究创新分析方法，将基础分析与技术分析相结合，才能作出正确的、及时的决策。

## 六、我们更应看重动态市盈率

其次，市盈率分为静态市盈率与动态市盈率。静态市盈率被广泛谈及也是人们通常所指，但我们更应关注与研究动态市盈率。

市场广泛谈及的市盈率通常指的是静态市盈率，即以目前市场价格除以已知的最近公开的每股收益后的比值。但是，众所周知，我国上市公司收益披露目前仍为半年报一次，而且年报集中公布在被披露经营时间期间结束的 2 ~ 3 个月后，这给投资人的决策带来了许多盲点和误区。毕竟过去的并不能充分说明未来，而我们投资股票更多的是看未来！

动态市盈率的计算公式是以静态市盈率为基数，乘以动态系数。该系数为 $1 \div (1+i)^n$，其中 $i$ 为企业每股收益的增长性比率，$n$ 为企业可持续发展的存续期。比如说，上市公司目前股价为 20 元，每股收益为 0.38 元，去年同期每股收益为 0.28 元，成长性为 35%，即 $i = 35\%$，该企业未来保持该增长速度的时间可持续 5 年，即 $n = 5$，则动态系数为 $1 \div (1+35\%)^5 = 22\%$。相应地，动态市盈率为 11.6 倍［即：52（静态市盈率：20 元 ÷ 0.38 元 = 52）× 22%］。两者相比，差别之大，相信普通投资人看了会大吃一惊，恍然大悟。动态市盈率理论告诉我们一个简单朴素而又深刻的道理，即投资股市一定要选择有持续成长性的公司。因此，我们不难理解资产重组为什么会成为市场永恒的主题，以及有些业绩不好的公司在实质性的重组题材支撑下成为市场黑马。

## 七、具体如何分析静态市盈率、动态市盈率

如果一家公司受到投资收益等非经营性收益带来较好的每股盈利，从而导致其该年静态市盈率显得相当具有诱惑力；如果一间公司该年因动用流动资金炒股获得了高收益，或者是该年部分资产变现获取了不菲的转让收益等，那么对于一些本身规模不是特别大的公司而言，这些都完全有可能大幅提升其业绩水平，但这样更多是由非经营性收益带来的突破增长，我们需要辩证地去看待。非经营性的收益带给公司高的收益，这是好事，短期而言，对公司无疑是有振奋刺激作用，但这样的收益具有偶然性，不可持续性。资产转让了就没有了，股票投资本身就具有不确定性，没有谁敢绝对保证一年有多少收益。因此，非经营性收益是可遇而不可求的。

我们判断一间公司是否具有投资价值，关键还是看其经营性业绩，毕竟这里的收益具有一定的持续性。偶然的非经营性收益固然能够增加该公司的价值，但这更多的是短期效应。就好像一个人突然中了彩票一样，对这个人来说，确实是大大提高了其短期的生活水平，但长期而言，关键还是要看其是否具有持续增长财富的能力。否则，中了的彩票的奖金迟早有一天会全部花光的。

因此，我们可以大胆去判断偶然的非经营性收益大幅增长，会在一定程度内影响到该股的波动，而且往往具有相当的剧烈性。对于不少资金而言，这个题材是完全具备短期疯狂炒作基础的，这也就可以很好地解释为何有些公司，在转让资产前后市场会热衷炒作。不过，短暂的疯狂，最终还是要回归价值，这也就可以解释为何有些靠非经营性收益增长带来业绩的上市公司，往往在短暂疯狂过后就长时期沉寂了，毕竟没有实际的东西来支撑它长期发展。我们要看的是本质，而不是偶然外在的光芒，这很重要。

在此，建议投资者在具体研究一些公司业绩的时候，更多的是要从其经营性收益带来的业绩去考虑问题，看其长期是否具有比较可观的动态市盈率。为何巴菲特能够把握住一些大牛股呢？其实，是因为他看到了一些公司长期具有比较可观的动态市盈率。股市波动是很复杂的，而且阶段性的状态

呈现的样子还让很多人眼花缭乱，但是，不管怎么乱，该公司到底值多少钱，最终还是要靠业绩说话的。如果你计算到有间公司5年后的业绩是现在的5倍甚至10倍以上，而且还会保持比较稳定的增长，不就是找到了金龟子了嘛。如果你心中能够计算到类似这样的“底”，那么，假设现在市场仅仅是以其当下业绩算出的市场平均市盈率来作为其交易价格参考的话，比如其每股收益0.1元，当下市场平均市盈率为30倍，其目前的价格也仅仅是3元左右波动，而你已经看到其未来会有可能达到1元的业绩，那么，一旦到了那个时候，就算按照20倍市盈率来算，也至少能够值20元，而这价格也至少是现在价格的7倍左右，更别说按30倍甚至更高的市盈率去计算了。因此，当你分析到这个时，你要做的就是大胆买进它，别管它平时的波动。等到业绩达到你预期的1元的时候，你不是最大的赢家才怪！在这里，关键是需要有双能够看得透又看得远的眼睛。这看似简单，却也蕴涵大道理。

透过上面静态市盈率与动态市盈率的分析，我想说的是，在具体判断一只股票是否具有比较好的投资价值的时候，我们虽然要很好地去研究其静态市盈率，但更为重要的是要好好研究其动态市盈率，这才是决定其最终价值的关键因素。

市场每时每刻都处于千变万化的境地，我们要承认这充满魅力的不确定性带来的波动，但更要透过这波动去寻找一些确定的东西，一些值得我们去充分把握的机会，也只有如此，赢的机会才会变得触手可及，才能让你赢得“胸有成竹”。



## 八、估值最高境界——心理博弈

在一般情况下，我们可以按照一些条条框框去“套”，去分析我们所有股票的价值，看哪些是合理的价格，哪些是不合理的价格，然后利用这些信息来指导我们去把握市场的波动。但现实往往没有那么简单，具有相当大的不合常理性，有时候还具有很大的难以解释性，这个时候，我们就要具备更深入研究与分析的能力了。在此，我想引入心理博弈！

确实，一只股票的价值我们可以根据市盈率来得出其大概的合理范围，但至于其价格，则并非如此。比如，过去有只新股叫“全聚德”，其发行市盈率就已经达到了22.33倍，上市首日交易最后收盘价为42.33元，市盈率竟然达到了102倍。不过这还没有结束，不久，到了2008年1月4日，其股价达到又一阶段性高点78.56元。至此，其市盈率则已经达到了惊人的近200倍的程度，够夸张吧，这就是心理博弈带来的结果。

为何能够让股价在短期走出如此惊人的走势呢？这是心理预期与市场多空双方博弈的结果。上面所说的市盈率都是指静态市盈率，也就是当下的，但未来的呢，也就是动态市盈率如何呢？“北京烤鸭全聚德”这举世闻名的品牌，让大众对其未来充满了极大的期望，换句话说，其动态市盈率可以让人感觉很有诱惑力，也正是有了这点比较好的心理预期，对运作资金而言，该股具备了很好的炒作基础。但这毕竟是传统行业，要真正实现蜕变，并不是一朝一夕的事情，更多的是需要长时间的积累与比较好的机遇。有些东西还是具有非常大的不确定性，这所谓具有诱惑力的动态市盈率本质上也是具有相当迷惑性的。它只可在大众群体头脑处于比较发热过程中才可以最大限度地发挥出效果来，一旦大众冷静下来，势必会给其价格带来沉重的压力。不过，不管怎样，可以从开盘交易最后价格42.33元到接下来阶段性的又一高点78.56元，这期间的价格变化本质上就是心理博弈带来的结果。当然，接下来，其又从78.56元，一路调整到2008年4月22日其阶段性的一个低点：收盘价35.97元（收盘价格都已经破了其上市收盘价格），则从另一个侧面反映了在心理博弈过程中，一旦空方，或者说大部分人的心理预期又往悲观方面发展，市场本身修正带来的杀伤力有多么恐怖。

上面这个例子，用一般的分析方法，是很难去把握其机会以及回避其风险的。这时候，我们需要谨记一点，那就是当你看不清楚的时候，最好的策略就是“不要动”，以不变应万变在这个时候不失为一上策。我们也要记住，我们不打没有把握的仗，对对方不是特别了解的时候，贸然出击，有时候得来的未必是机会，而是风险！

当然，如果你能够比较好地去分析大众内心层次那种微妙的心理波动，那么，你是可以做一种资金上的投机博弈去充分展现你的身手的。然而，这里有一点，那就是你有多大能力就做多大的事情，量力而为，别过度，拿输得起的钱去博弈，也只有如此，你才可能最终赢得一切！

## 九、总结：别成为冲动型交易者

价值几何，很多时候，都是道不清说不明的事情，尤其是对于一些类似艺术品之类的东西。在资本市场里，尤其是那些非传统行业的品种，价值的评估往往因不同的评判标准差距会非常大。

一件艺术品，如果你仅仅从其成本构造来看，往往都不值几个钱，但如果你融入其历史、文化以及存世量等，那么，其价值则成几何级式的增长，天价也就顺理成章了。最终，外行的看热闹，内行的则看门道了。因此，价值是什么，我们并不能一概而论，特定情况下也有例外的时候。

为何出现例外？就是价值的转移，就是把一件艺术品环绕在其外的价值包含进来，这有点像无形价值，不过这比起无形价值还更虚幻。因此，就算你把围绕在其外的价值包含进来了，不一样的人的估值也是千差万别的。现实中，我们不也经常看到一些艺术品，在竞价的时候，从几百万元最终竞价到几千万元甚至上亿也是常有，这就是估值差别带来的结果。不过，无论如何，这个领域不是一般人所能涉足的。如果你不懂而硬要拿钱去装懂，那么，你最终买回的很有可能是赝品，或者你成了最后的冤大头，想找下一接盘者就怎么也找不到了。

在股市里，很多非传统行业的品种，也是非常注重围绕在其外的价值并把它包含进来然后疯狂炒作，最后让不明就里的人也冲进来，成了最后的冤大头。如网络股，非常典型，网络公司本身价值也就那么几百上千的概念，但由于其涉足的网络领域非常具有前景，这时候，很多人就把那前景包含的价值都放在这网络公司里了，好像那些前景注定是属于他的一样。其实，哪有那么简单！在价值转移的状况下，其估值一下子就以亿为单位了，价格也就开始疯狂了。为何很多人创业热衷网络，也是由于资金市场对网络这个世界的“高估值”啊！

有疯狂，有不理性的成分，就一定有泡沫，最终也就一定会面临泡沫破灭的一天。美国网络股的兴衰过程其实就已经给我们上了一堂非常深刻而具有价值的课了。只是，人的情绪总是会在特定环境中不断反复的，换句话说，类似网络股那种兴衰的过程还是会周而复始地进行的，就是换了个形态而已，比如把网络变成通信能源等题材来炒作了。

我们不仅要看到传统的价值估值方式，也要明白这世界还是存在很多例外的，而很多时候真正的暴利机会可能就蕴涵在这例外之中，只不过是我们是否懂得提前一步去把握。

交易的目的是为了让资金增值，因此，如果你能把握好这类似艺术品的股票价格波动，那是无可厚非的。只是，切记，千万别盲目，做任何投资或投机都是要有原则与计划的，违背原则与计划的状况，想借一时冲动的交易带来收获的想法，最终的结果往往是相反的。记住，冲动型交易的投资者往往都是这些类似艺术品的股票的最后接盘者，毕竟，泡沫总是有破灭时，破灭之时往往也就是最疯狂之时，那时，又会有多少冲动型交易者呢?

# 第二章　价值的深入

# 第一节　概　述

## 一、价值认知

### 1. 本身的价值

本身的价值更多的是依据市盈率的多少来衡量，这是一种内在价值。

内在价值是大部分人所致力去研究去分析的，当然，这其中也存在一些片面的思路，一般人的主要弊端在于过于拘泥于静态方面的内在价值，往往忽视或忽略了其动态的内在价值。如何判断一个上市公司的动态内在价值，是研究一个企业“本身的价值”的关键所在。

静态的内在价值看报表则可，动态的内在价值则需要更多智慧。记住，本身的价值具备相当的持续性，只要该企业的价值进入较为合理的“本身的价值”范围内，那就是非常好的投资阶段了。我们在那时投资，最终输的只会是时间而已。

### 2. 交易的价值

交易的价值更多的是依据市场流动的资金多少来衡量，这是一种外在价值。

很多人忽略或者根本不知道外在价值。为何一只个股在不同时期的起落差距有时候会相当大呢？除了上面谈到的“本身的价值”波动较大以外，很重要，也是很关键的就是“交易的价值”也在发生着巨大变化。不妨回顾一下过去的市场，流动性越充沛，很多个股是不是越容易出现躁动？在流动性充沛的背景下，有时候权重品种都能够疯狂涨停。这更多的是交易的价值在发生着积极作用，道理不复杂，资金太多，需要宣泄，一些品种能够容纳大资金进出，就成了选择的标的，阶段性资金疯狂涌入也就促成封死涨停的状态了（当然，疯狂过后往往也就快见顶了）。记住，交易的价值，不具备持续性，往往都是昙花一现，呈现一种脉冲式的波动。在交易的价值进入高峰阶段时进入投资是去找死；在交易的价值进入低谷阶段时进入投资有两种情况：一是依然找死（因没有交易的价值），二则是去挖金（因交易的价值有望出现回暖）。

## 二、学习前的心态

有些东西并不是懂得越多就越好，相反，你只要抓住几个点不断深入去研究，研究，再研究，最终吃透它，慢慢就能够触类旁通了。“全才”不会比“专才”更厉害，“专才”到了一定阶段必然会顿悟为“全才”，但一开始就想做“全才”最后往往会什么“才”都得不到。

资本市场条条道路通罗马，关键是要看你初期选择什么道路去罗马，学习也是一样的。现在谈价值，抓住本身的价值与交易的价值不断深入研究，研究，再研究，最终吃透它，那么，你就毕业了，至少在资本市场价值领域你具有一定的造诣了。

这就是深入学习价值前的心态。

# 第二节　案例解读：从“最低”到“最高”——解读江西铜业从最低 8.95 元到最高 78.2 元的全过程

## 一、全景图

在这里，主要是透过“本身的价值与交易的价值”来解读江西铜业的一个大波段行情的始末，具有片面性，但却非常有针对性，为的是让操盘者能更清晰地认识到透过“价值”解读个股的思路，从而最终能够举一反三，水平有所提高。

在具体操盘过程中，“价值”分析是其中一个重要环节，不可或缺，对此要有清晰认识。对“价值”分析得越透彻，将越有利于整个操盘最终的结果。一场战役的胜败，固然要有全局思维，但更要懂得局部战役影响全局的道理。图 1 是全景图，下面将会有不同阶段的放大图，先有全貌，再具体分解，逐个击破，跟打仗一样。

## 二、分解图一

### 1. 操盘思路

（1）“横久必跌”或“横久必涨”，除了要了解其之前的趋势如何之外

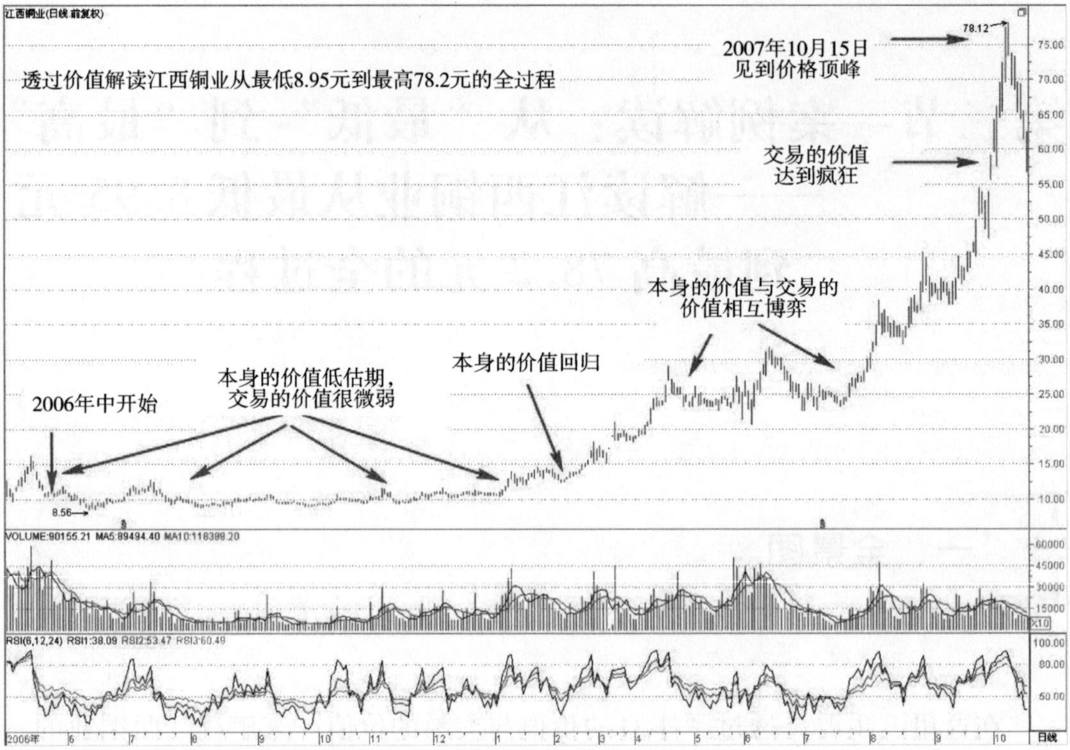
江西铜业(日线 前复权)
透过价值解读江西铜业从最低8.95元到最高78.2元的全过程
2007年10月15日
见到价格顶峰
交易的价值
达到疯狂
本身的价值与交易的
价值相互博弈
本身的价值回归
本身的价值低估期，
交易的价值很微弱
2006年中开始
78.12
8.56
VOLUME:90155.21 MA5:89494.40 MA10:118389.20
RSI(6,12,24) RSI1:38.09 RSI2:53.47 RSI3:60.49
日线

图 1

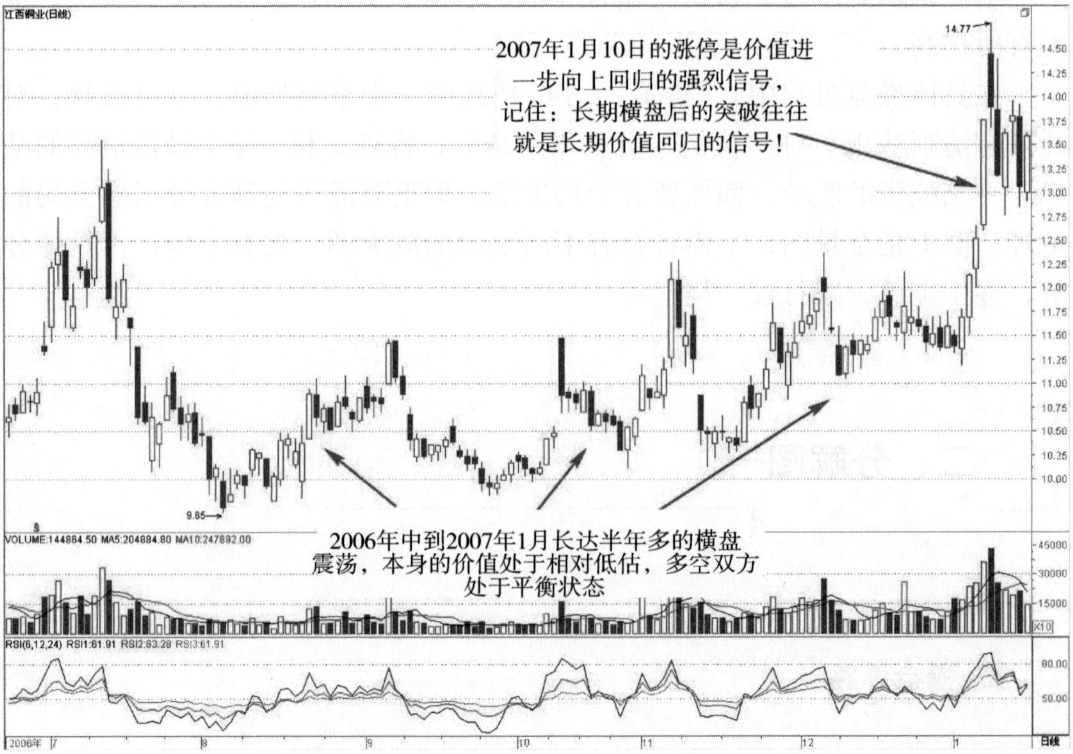
江西铜业(日线)
2007年1月10日的涨停是价值进
一步向上回归的强烈信号，
记住：长期横盘后的突破往往
就是长期价值回归的信号！
14.77
9.65
2006年中到2007年1月长达半年多的横盘
震荡，本身的价值处于相对低估，多空双方
处于平衡状态
VOLUME:144864.50 MA5:204884.80 MA10:247892.00
RSI(6,12,24) RSI1:61.91 RSI2:83.28 RSI3:61.91
日线

图 2

（在这里之前是已经有过一波上涨的了），最重要的还是要看透其本身的价值到底几何（这里可参考专门分析价值的章节），同时要明白整个大的市场环境处于什么阶段（那时市场环境刚好是一个牛市进行中的阶段）。

（2）前期趋势向上，本身的价值处于低估状态，同时大盘的环境相对较好，三个条件其实只要有其中两个条件满足看涨的话，这里的横盘就完全足以构成“横久必涨”的条件。这里横了大半年，三个条件都看涨，可以说，“横久大涨”的概率已经非常大了。

（3）在这里，横盘时间往往较长，其中的原因一是为了更好地打好形态上的基础，二则是为了更好地吸纳筹码同时抬高整个股价的重心。如果你极度看好，想早早潜伏进去，那么，此时最需要的就是耐心与坚定，因为在潜伏的过程中，很可能市场有一些更好的机会不时展现在你眼前，很多人往往就是耐不住寂寞，最终离场走人。

对运作资金的主力而言，在这个横盘阶段，消灭的就是那些没有耐心与不坚定的筹码持有者。请记住，运作主力一旦选择好操盘品种，只要已经深度介入，一般情况下，是不可能贸然转移目标的（一不现实，二没必要），其是最耐心与坚定的，只要支撑上涨的大的构成要素没变，运作主力势必会运作到底。

（4）当波动开始逐步脱离震荡区间，而且出现逼空推进，特别是出现涨停突破的信号，那么，此时就是告诉你，主力运作资金要开始展开大的征战了，往上的空间将完全打开，此时，最好的策略是：场外者大胆在震荡中杀进，场内者在震荡中继续坚守！

（5）面对这样三者信号都上涨的品种，只要大的市场环境没变，你务必要树立吃大波段的思路，别看到涨了20%或者更多点就满足了，千万不可！你要明白，既然主力运作资金敢于在大半年时间都无所作为，憋得越久，未来能量的释放就必然越大，否则，怎么对得起过去的沉静呢！

### 2. 要点

（1）敢于潜伏，别怕震荡，要有耐心与坚定。

（2）志存高远，别被未来20%或更多点的收获所满足，要树立至少1倍以上的思路。

（3）憋得越久，最终爆发的能量就越恐怖。看准一只会大爆发的股票，定要树立做大波段的思路。其大波段到底有多高？记住，绝对比一般人想象得要高，耐心等交易的价值达到疯狂时再寻找出局机会即可。

## 三、分解图二

1. **操盘思路**

（1）很多品种长期横盘，涨停突破后，往往不会马不停蹄地飞奔上去，可能还需要一定的震荡，主要是为了收集更多的浮动筹码。

（2）由于涨停突破后，其本身的价值开始会被更多投资者或机构来挖掘，场外势必也会有不少资金蠢蠢欲动想进来，而场内的则有些耐不住寂寞要出去，多空双方就形成了相对平衡，阶段性继续震荡一段时间也就成了需要了，这跟第“（1）”点谈到的震荡为了收集更多筹码不矛盾，因“（1）”本质上也是想进来的资金，只是这资金是“加仓”而已。

（3）交易的价值体现，就是市场让股价开始进入疯狂状态的阶段（见图3）。

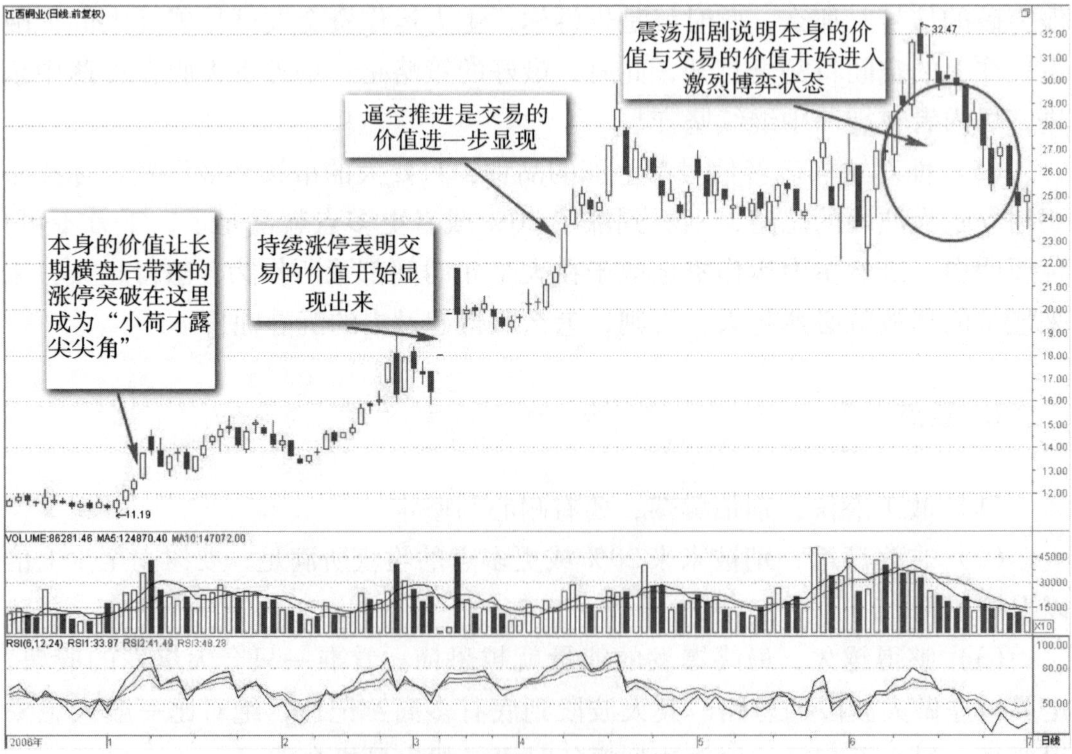


图3

连续两个涨停，一是部分看中其本身的价值资金的抢筹，二则更多地是由于市场资金太多，交易的价值让不少人根本耐不住慢慢吃筹码的寂寞，干脆就猛烈上攻封涨停，而且连续两个涨停，这样至少能保证之后冲高震荡的过程中会有相当多的筹码自动交出来，因这市场很多人短期看到有十几二十个点的收益还是非常满足的，也会非常愿意交出筹码的，这正中攻涨停者下怀。

（4）交易性的价值开始体现出来后，逼空推进会慢慢进入一个常态，因此，一旦开始得到交易性的价值支撑，股价就进入一个“资金为王”的时代。只要资金够充沛，就可以让股价涨了再涨，让人不敢相信，直到最后大部分人都受不了刺激，蜂拥而进，而那时，行情也就快到尾声了。

（5）交易的价值让股价逼空推进往上拓展空间的过程中，奉行“本身的价值”投资理念的投资者，看着股价有点失控地往上走，比起过去价值低估时期已经上涨1倍有多。此时，必然会有一部分较为谨慎的投资者急切想套现离场，因为他们根本不认同交易的价值，此时，两股力量就进入一个激烈的博弈阶段。

（6）请记住，两股力量博弈最终肯定是只有一方胜利的，此时，一定要充分结合市场的环境，客观分析，再结合技术上的分析，一旦有一股力量认输，你要有壮士断臂或者是继续疯狂起舞的勇气。

2. **要点**

（1）长久横盘涨停突破后，往往还有最后一段时间的震荡。

（2）交易的价值体现往往就是在横盘突破再震荡后股价连续涨停或疯狂逼空推进的时候。

（3）疯狂过后，本身的价值与交易的价值两股力量往往会有个激烈博弈的阶段，此时，要懂得分析最后的结果，务必要有两颗心：一是壮士断臂，二则是继续疯狂。

# 四、分解图三

## 1. 操盘思路

（1）震荡横盘的目的是为了选择方向，当本身的价值与交易的价值两者产生激烈博弈带来震荡横盘的时候，要看清楚，市场大的环境是否依然积极，这种震荡是否是强势震荡，中期均线系统等技术指标是否依然完好等，这些都将极大影响到方向选择。

（2）图4最终显然是“交易的价值”取得了胜利，空间也伴随着涨停突破再次被打开，此时，对于做大波段顺应趋势的投资策略而言，那就是继续任由其震荡向上，要有勇气让手中的利润更大化。既然看准了，那就大胆

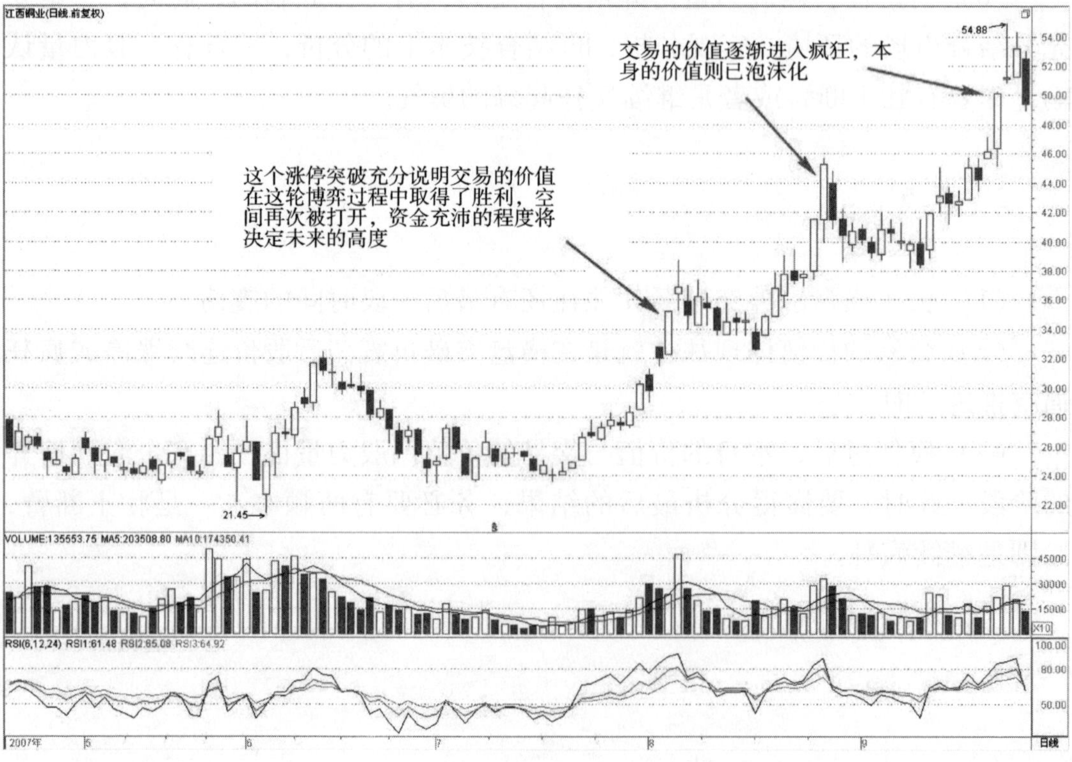


图4

做下去才是上策。只是，真正要做到，要具备相当淡定的心态才行，因此，到了这时候，心态的状况开始决定你能否继续运作下去。

（3）进入“交易的价值”逐渐疯狂状态的时候，你需要切记的是，“交易的价值”最终都是会回归“本身的价值”，“交易的价值”带来的更多的是泡沫。泡沫什么时候破灭的一个重要判断标准就是看什么时候进入极度疯狂的状态。比如，在“交易的价值”过程中还持续放量逼空大涨，那么，此时，你就要警惕了，要准备随时撤出。

（4）当然，最好的策略就是紧盯上升趋势线，只要上升趋势线的下轨没有击破，那么就任由这泡沫无限放大。你来到这个市场，本质上是要获取差价，既然市场支持泡沫的无限增大，那就不妨坚定地运作下去。

（5）主力运作资金在这个阶段，考虑的是如何更好地套现，只要市场环境允许，流动性依然异常充沛，那么，最好的操盘策略就是让股价变得更为疯狂，最后让场外资金忽略风险，蜂拥而入，那时，就是最好的退出时机了。所以，你会看到在交易的价值进入最后疯狂状态下，会伴随着巨量换手，那其实就是主力资金撤，场外资金进的具体表现了。

### 2. 要点

（1）“本身的价值”与“交易的价值”激烈博弈的过程中，要关注大环境，了解格局是否强势，大趋势有没改变等特征，这些有助于判断最终的方向。

（2）“交易的价值”带来的是泡沫，泡沫最终会破灭，但没有破灭前，就耐心好好享受泡沫疯狂增大的快乐。市场需要泡沫，泡沫无限增大也就是利润空间无限增大的阶段。

（3）关注泡沫什么时候达到顶峰。切记，一定要明白“交易的价值”最终还是会回归到“本身的价值”的，泡沫破灭后的杀伤力是很大的，要懂得在最为疯狂的时候休息，这样才不会最后坐了个过山车，一上一下回到原点。

# 五、分解图四

## 1. 操盘思路

（1）股价的极度疯狂是最容易让人忘却风险的，因为那时候，更多人的情绪都被带动至一种盲目的状态。运作主力在最后阶段往往也最喜欢把股价逼空至让人盲目的状态。如图5，股价在突破50元这一重要关卡以后，则进入天马行空的状态，让人憧憬100元，此时，巨量逼空推进100元过程就是运作资金最好的套现时机了。具体在操盘过程中，一定要明白这些道理，如此你方能在最后疯狂阶段保持一颗相对平和的心，从而从容应对。

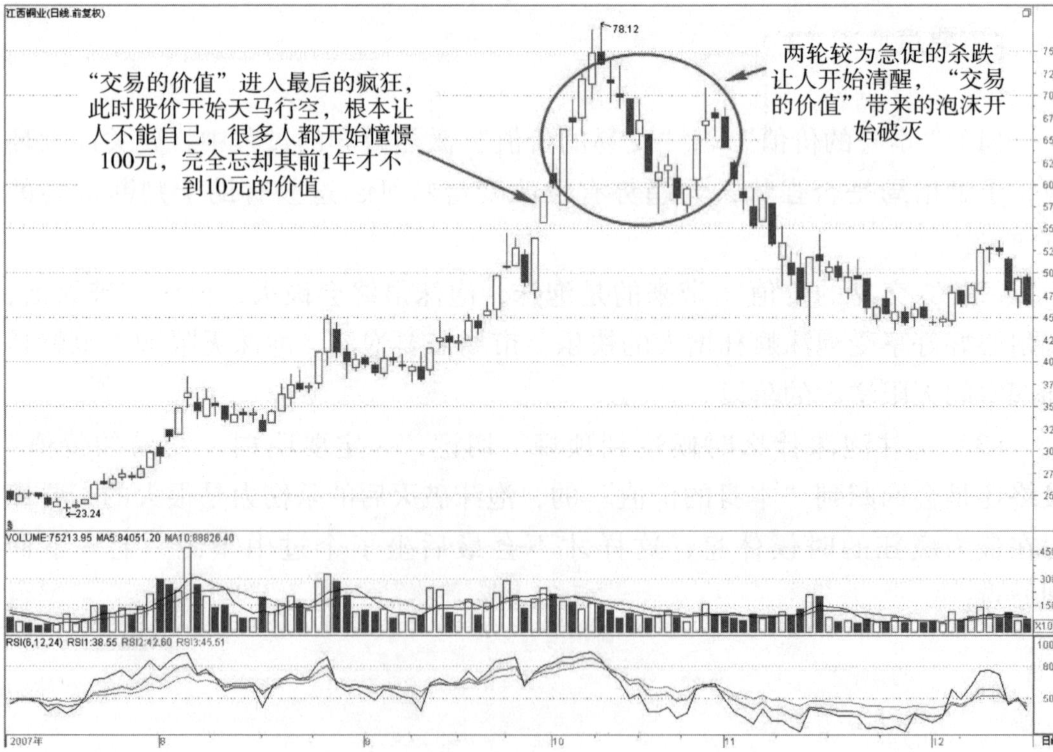


图5

（2）当然，天马行空阶段最大的特征就是你很难预测到什么时候才是最高点，这很考究功夫。不过请务必记住，没有人是能够真正卖到最高点的，你只要卖到相对高点就足矣，因此，这时候，如何判断什么时候是相对高点的最好方式就是看大趋势线，一旦震荡回落击穿，那就坚定走人保住利润。如图5圆圈圈中的区域，当第二波回调跌穿那条长期上升均线，也就是大的上升趋势的下轨线时，你就要跟它坚决说拜拜了。或许有人不舍得，毕竟那离最高点已回落超过20%，但请别忘记他的初始启动价值位置可是在10元附近，“本身的价值”与“交易的价值”激烈博弈阶段也只是在25元附近，一旦价值回归到“本身的价值”，怎么样都比目前回落超过20%的价格60元附近要低一半还多！

（3）别只看比前面高点回落了有多少，更要看比后面支撑还高多少！一旦趋势改变，杀伤力绝对是超乎想象的。作为操盘者要明白的是，既然涨可以很疯狂，跌完全也可以很疯狂，甚至更疯狂。所以，一旦趋势改变，你要有绝对的勇气走人，犹豫最终只会让自己得到的更少，伤害更大！

2. **要点**

（1）面对极度疯狂要有一颗相对平和的心，切不可被股价的疯狂波动带进盲目的境地，一旦如此，最终失去的将不仅仅是自我那么简单。

（2）出局点很艺术，如果没能力出到接近最高点，那么势必要出到相对高点；别只看目前出局点离最高回调有多少，更要看目前出局点比以后回归可能的低点高多少！

（3）从容、果断与勇气是这个阶段最需要的心理素质。

# 第三节　案例解读“最高”到“最低”：解读江西铜业从最高 78.2 元到最低 8.27 元的全过程

## 一、全景图

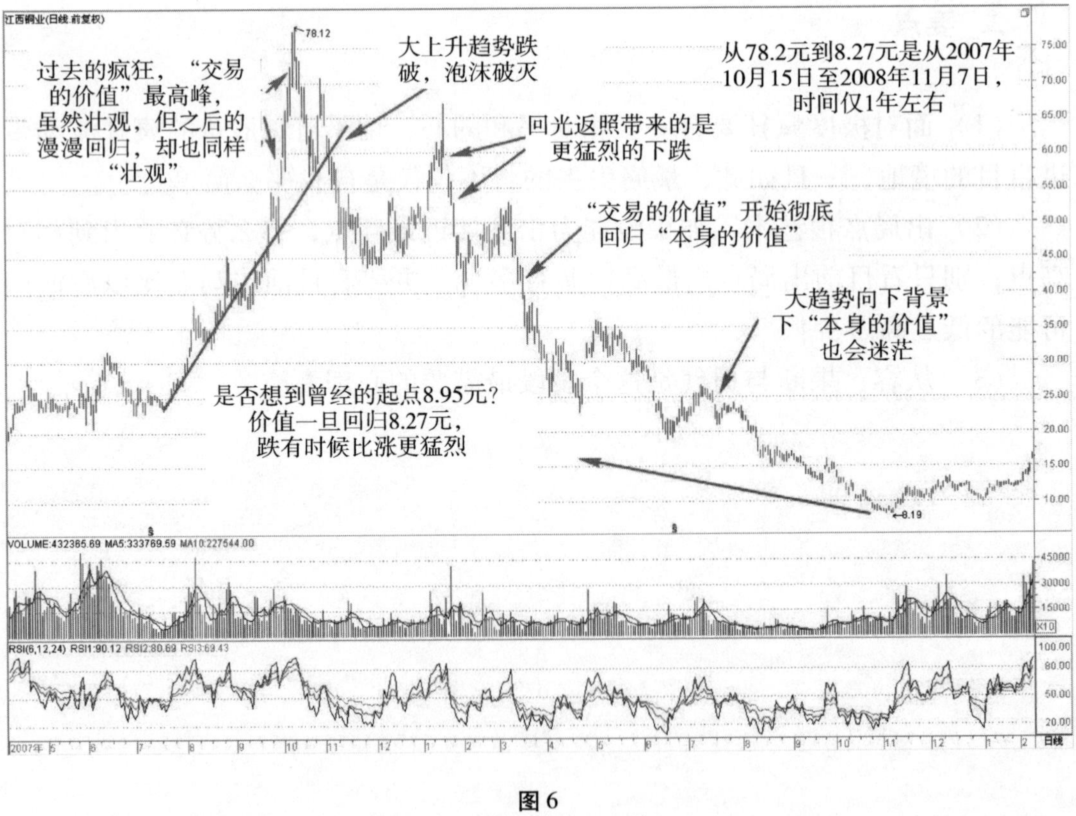


图 6

（1）任何事物都是具有相对性的。既然涨起来可以很疯狂，同样的，一旦失去涨的基础，那么，就完全可能打回原形，甚至更为惨烈。江西铜业的大起大落就是这样的一个很好的例子。在具体操盘的过程中，你不仅要看到涨的前景，更要想到跌的未来。操盘的本质就是低吸高抛，话虽简单，但具体过程中却充满了智慧与艺术。

（2）一旦一个品种从过去涨的大升浪转变为跌的大趋势，请务必记住，不论是时间还是空间上，都绝对不会一步到位。从波浪的角度来说，至少也要经历3浪的下跌。因此，一旦出局，请务必要有充分的耐心，等待真正的建仓区域。当然，在这过程中，每每暴跌向下的阶段性波动过程中往往都会伴随一定的反弹，那是机会，可以考虑在较为有把握的前提下适当运作，但切记不可恋战，以及投入过多兵力，因为一旦出现无法控制的非常走势，你就完全可能套进去，那就非常得不偿失了。在大的下跌浪中，总的一个思路就是好好欣赏，偶尔轻仓做点反弹，但绝对要有止损意识！

（3）“交易的价值”回归直至归零，“本身的价值”迷茫直至价格低于价值甚至低很多。只有当市场的价值体系被彻底打乱了，市场真正的大机会才会蕴涵其中。就如在涨的过程中，只有当其本身的价值也被彻底打乱了，才能够真正进入疯狂阶段，真正的大风险也就暗含其中了。跌就让人崩溃的价值体系，涨则让人疯狂的价值体系，就是“本身的价值”与“交易的价值”都往一个方向达到极致带来的结果。

## 二、分解图一

### 1. 操盘思路

（1）股价疯狂的过程，也就是“交易的价值”极度泡沫的过程，此时，要做的就是顺应趋势，任由它疯狂。只是要记住一点，在特别狂热阶段可以适当减仓，如果判断不出哪里是特别狂热阶段，而又想要最终全身而退的话，那么最好的方法就是紧盯大趋势线下轨，即较近的那根长期均线。一旦如图7那样出现破均线，回调新低出现，那么，你要非常明确的是：“交易

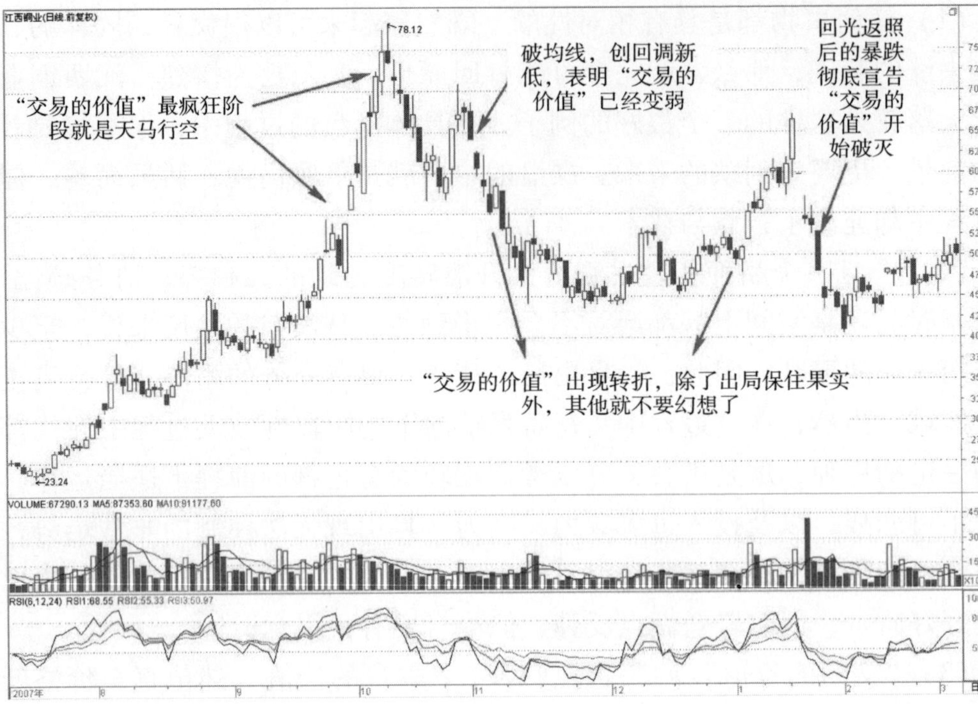


图 7

的价值"已经开始变弱，这是转势的信号，接下来你要做的就是千方百计尽可能全部清仓。如果信号又得到进一步确实的话，那么，根本不用考虑，清仓休息，因为大跌的序幕即将要拉开了。

（2）"交易的价值"初期开始减弱，往往还有强弩之末的威力，换句话说，仍会有资金不甘认输，进行反扑，但一旦"交易的价值"开始发生微妙变化，就意味着运作主力开始坚定出局了，此时，很多反扑动作最终都会演变成为回光返照。对于运作主力而言，最后阶段也会尽可能配合回光返照的动作，因为这样可以最大限度地把筹码出在相对高点。真正操盘得当的主力，最终往往是可以在相对高位的回光返照过程中把仓位全部清掉的。

（3）股票开始脱离主力资金的关照，甚至大面积地出货清仓，这也就意味着交易价值开始破灭。没有强烈流动性支撑的股价，就会如断了线的风筝一样，摇摇欲坠，有时候伴随急速的下滑，杀伤力显露无遗。这个阶段，绝对不是做反弹的时候，别去接落下来的刀口，太快太锋利很容易伤到自己，耐心欣赏是此时的最好策略。记住，"交易的价值"一旦出现转折，除了出局保住果实外，其他就不要幻想了！

2．**要点**

（1）疯狂过后总是要经历沉静，什么时候最为疯狂判断不了，那就盯紧大趋势线下轨，一旦破位，切记，要保住果实了，走人休息是接下来唯一的选择。

（2）回光返照阶段是给你最后的逃命机会。切记：别贪婪。那些最后的晚餐，是给喜欢幻想的人吃的，做个冷静之人，在回光返照阶段要耐得住寂寞！

（3）交易价值一旦破灭，杀伤力是非常惊人的，初期阶段下跌过程中，千万别去做反弹，因为此时整体的价格区间也仅仅是大下跌浪的开始，一不小心就可能陷入恐怖的深渊之中，不值得。

## 三、分解图二

1．**操盘思路**

（1）交易价值破灭后，市场会有个慢慢熊途的过程，此时必然是跌多涨少，重心不断下移。当然，跌多了自然会有一定反弹，而且力度有时候会比较激烈，就如图 8 的反弹，拉了两个涨停上去。但请记住，一定要看清大趋势，就算两个涨停上去，大下降通道依然没有任何改变，此时只有波段的交易性机会，但绝没有真正意义上的投资机会。

（2）一旦继续步入下跌过程之中，大涨拓展开来的空间很容易就被持续下跌的回归价值动作所覆盖，反弹都是昙花一现，低了还可更低是这个阶段的特征，具体操盘上切记不可恋战，速战速决，设好止损！

（3）回光返照过后，“交易的价值”迅速消失，股价可以在不长的时间里，出现让人惊叹的缩水，就如图 8，从 60 多元到 19 元，经历多少交易日是很容易数得清楚的。

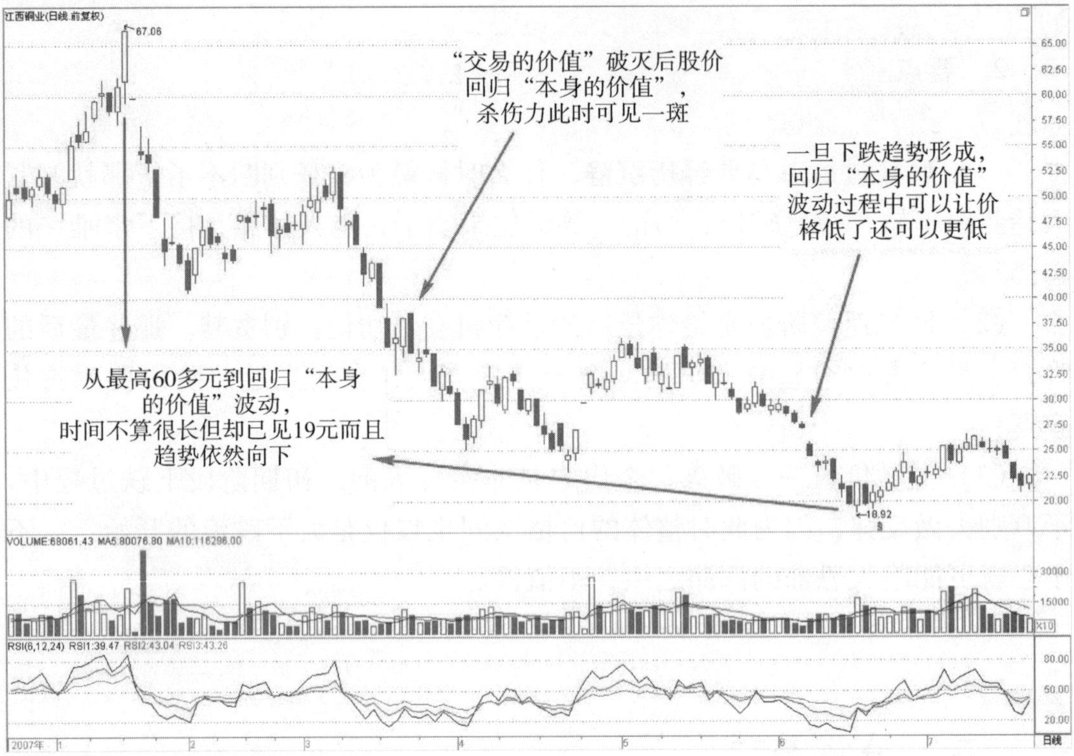


图 8

（4）一旦下跌趋势形成，你就别想着市场会很快见底了。此时，本身的价值也会因悲观的情绪而大打折扣。如果说上一波行情本身的价值能够在 19 元附近维持住，那么，一旦趋势转变，这 19 元附近也必然会缩水，缩水多少，这无定论，但有一点是值得参考的，那就是上一波行情的起点价格，那处于本身的价值低估阶段。很多时候，从什么地方开始就回到什么地方去。当然，那里也并不一定就能支撑得住，但至少那里曾是起点，具有相当的价值低谷特征（前提是上市公司本身比起过去起点没有太大的负面转变）。

2. 要点

（1）交易价值破灭后，在持续下跌过程中，只存在阶段性的反弹交易性机会，不具备投资性机会。此时，把握的时候定要懂得适量资金快进快出设好止损。

（2）反弹时较为激烈是正常的，因为很多人以为跌很多了，可以进场了，但请明白，一旦向下趋势形成，没有新的大运作资金进场，交易的价值没有恢复前，一切都不要幻想，结果最终都是残酷的。

（3）时间不长，但股价完全可能拦腰斩半还不止，这就是恐怖的杀伤力，宁愿错过激烈的交易性机会，也不要陷入深渊之中。这市场，赚钱不容易，但亏起来却非常容易，别把自己太当一回事！

## 四、分解图三

### 1. 操盘思路

（1）当市场不断反复下跌，看不清楚到底跌到什么地方才真正具备阶段性见底的时候，你需要观察的特征是，看看下跌的速度有没降低。如果下跌的速度从较为急速开始变成较为缓和，长期而言，这是个积极信号，但记住，却不是马上见阶段性底的时候。市场失去价值支撑的时候，会经历一段磨死人的阶段，只要把大部分人都磨死了，市场真正的大机会才有可能重新诞生。

（2）股价已经拦腰斩半还多了，为何还要继续疯狂跌呢？道理跟涨了还涨是一样的，只是这里变成了跌了还跌而已。千万不要贪便宜，在大的下降趋势面前，一切便宜都可能仅仅是暂时的，市场完全有可能有更便宜的股价展现在你眼前，所以此时的操盘，最好的策略就是耐心等待！

（3）由于磨死人阶段本可供交易性的机会并不多，能做的就是耐心等待市场从缓和下跌逐渐转变为横盘震荡，也只有股价开始进入横盘震荡了，才说明多空双方达到一定的平衡。充分换手后，横久了才具备再起较大波澜的基础与机会。

（4）磨死人阶段到了尾声，你会发现市场可能进入一个崩溃的状态（如图9），股价击穿上波价格的起点，那是对人内心的一种摧残，人此时会变得极为脆弱，恐惧的心理将会占据全身，把基本的“本身的价值”也忘却后，可能只能想到未来变成更低廉的、没有底部一样的价格（只会想到风险而没有一丝机会的意识）。这时，记住，你要开始贪婪了，别人恐惧就是你

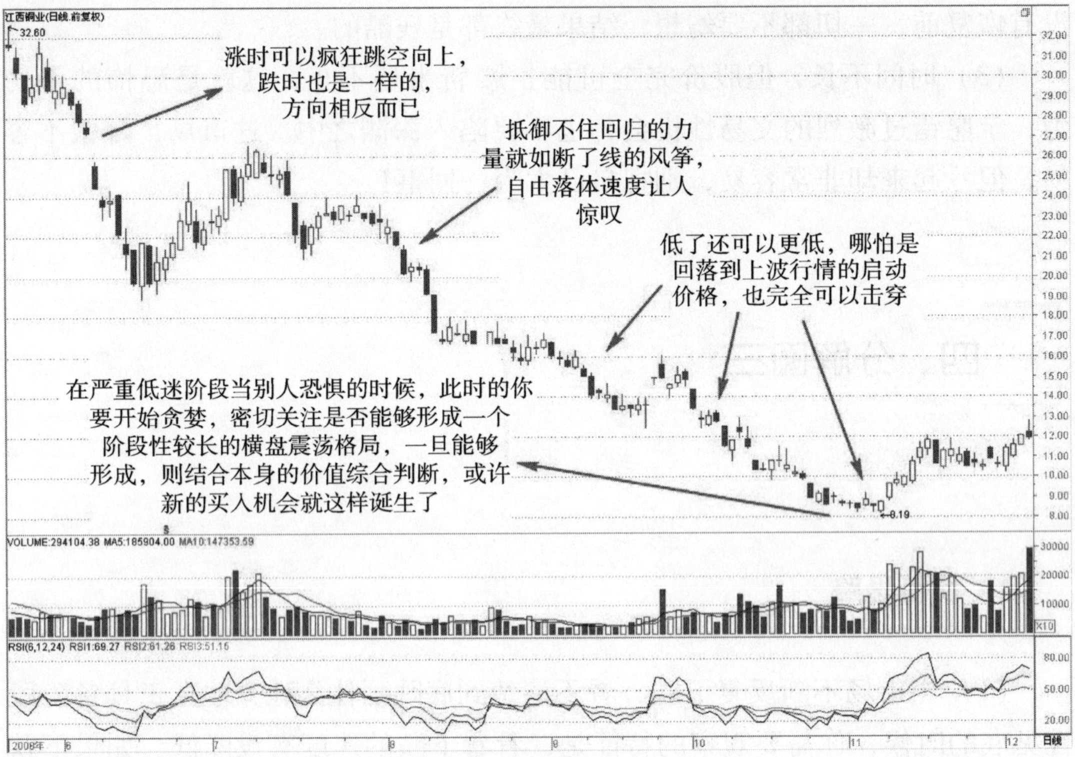


图 9

贪婪的时候，即此时是具备较大阶段性波段投资机会的时候了！

（5）很多人往往都是死在股价开始回暖的黎明前，因此，你要切记的是，当市场进入一个恐慌下跌，磨死人状态时，你反倒是要开始兴奋起来了。因为慢慢会有很多廉价的筹码疯狂抛售给你，一旦这个最后抛售浪潮过后，阳光将会重新降临这个世界。缓和下跌的尾声开始进入恐慌抛售阶段的时候，记住，就是你开始大胆建仓而且逐步加重仓位准备大赚一票的时候了！

2. 要点

（1）观察好下跌速度是否有所缓和，观察市场是否进入磨死人阶段，观察市场是否进入恐慌抛售阶段，这些都有助于你判断市场是否出现一个中期阶段性可供大胆进行投资的信号。要学会逐步实行人弃我取策略，在这个阶段，是长期大反弹战略建仓的开始！

（2）别死在黎明前，这是给很多坚守不到最后的股民说的。在这里，作为要准备抄阶段性底部的操盘者而言，要做的就是大胆冲进黎明前的黑暗，做个我不入地狱谁入地狱的“佛者”。

（3）控制好仓位。这个阶段虽然可以开始逐步建仓，但却不是一下子把仓位全部建好的时候，这时只是试探性建仓的时机，更多的时机仍需要耐心等待进入横盘震荡区域。别太急，欲速则不达，操盘也是如此！

# 第四节　解读中国石油上市后的价值回归

## 一、基础认识

很多时候，中国人的特点决定新股一步到位。中国人的赌性相对较强，盲目性也就比较突出，尤其是在市场较为狂热之时，表现更为突出。上市新股很多首日价格非常夸张，本质上就是“交易的价值”一步到位了。

新股上市前不同大环境将带来截然不同的结果。新股上市前的大环境一定要清楚，是相对疯狂还是相对低迷。大环境相对疯狂意味着“交易的价值”占据主导地位，此时，风险较大，就算短期能够持续上扬，也定要快进

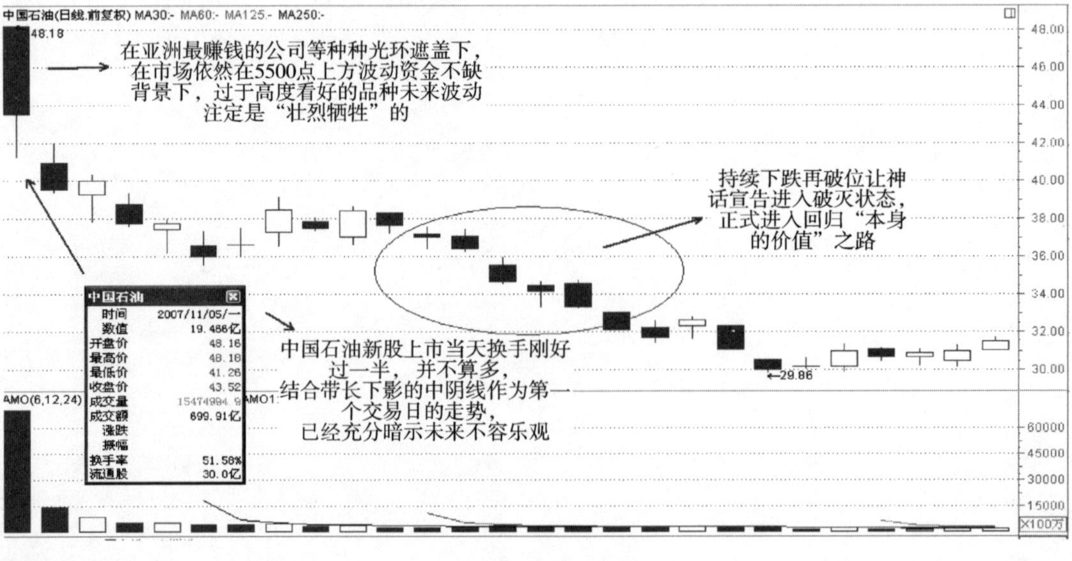


图 10

快出，一旦最终回归“本身的价值”，可能几年都翻不了身。大环境相对低迷则意味着“本身的价值”占据主导地位，此时，风险较小，但短期不一定有太多交易性机会，只是，中期而言，一旦“交易的价值”出现并进入疯狂，那么，此时的上市价格将成为非常诱惑的相对点。

疯狂意味着风险，恐惧则意味着机会。记住，大部分人疯狂的时候，就是风险来临的时候；相反，大部分人恐惧的时候，就是机会来临的时候；在贪婪中恐惧，在恐惧中贪婪，是非常贴切的描述。

## 二、操盘论道

### 1. 解读要点一

（1）“越好”就越要“欣赏”。

上市之初越多光环笼罩，越多人看好，往往也就是“交易的价值”一步到位的征兆。这个阶段，作为理性的操盘手，要做的就是：欣赏！

（2）机构机制注定新股太疯狂曲高和寡。

中国石油上市当天换手并不大，同时冲高回落收出带长下影的中阴线，这说明一是很多机构的兴趣不大，二是很多人采取了趁机套现的策略（主要是机构）。记住，机构虽然有时候也疯狂，但更多的时候还是相对冷静的。尤其是面对新股，其背后肯定是有一套机制来制约那种冲动的。新股不比非新股，只要研究决定买入，那么就肯定买入。市场疯狂阶段，机构新股研究决定买入的价格往往是大幅低于真正上市交易价格的。因此，机构本身的机制没有办法对新股做出太过疯狂的举动。

（3）散户行情一旦崩溃恐慌，抛盘就难免。

散户行情的一个重要特点，就是群龙无首，最终崩溃。如图 11 所圈部分，当市场无法展开较强反弹之后，那种失望过后带来的恐慌抛盘，注定让“交易的价值”泡沫破灭，回归“本身的价值”行动就难以避免了。

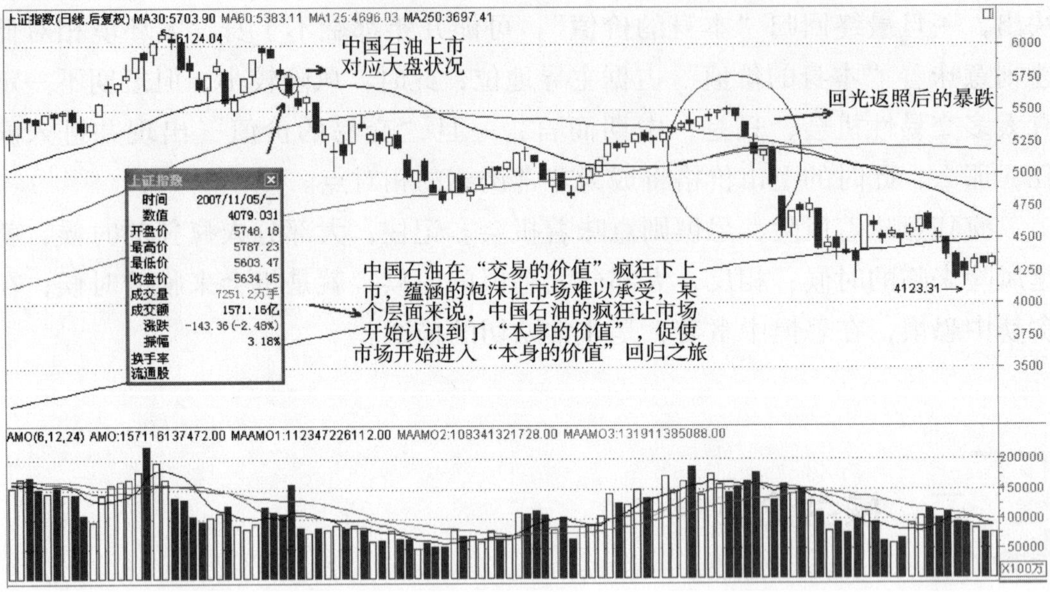


图11

## 2. 解读要点二

（1）航母供应是很好地抑制流动性过于疯狂的方法。

中国石油是航母级别的品种，其所需要的资金量是异常惊人的，特别是以40多元价格横空出世，被吸走的资金量绝对能够起到抑制流动性过于疯狂的作用的。

（2）航母一旦开始在疯狂中人“水”，剩下的最多就是回光返照了。

当大市处于“交易的价值”较为疯狂的状态时，市场空间能否继续向上拓展，关键看市场的投入资金是否能够持续上升。当中国石油这一航母进场后，脉冲式爆发地流入后剩下的则是给予市场难以承受的流出效应。因为市场此时开始恐惧未来将有更多的中国石油进场，场外资金固然多，再怎么多也难以抵挡这可能没有限度的航母供应。一旦供应量大于需求量，泡沫破灭后回归“本身的价值”，这是谁也无法不正视的恐惧。对于市场而言，转折大戏难以避免地展开了，而回光返照出现最后的挣扎则就成了盘面上最后的“晚餐”了。

（3）“死刑”的特点。

记住，市场进入疯狂状态后，大盘股开始发行，并且也进入疯狂状态，那么，基本就可以给市场“死刑”的宣判了。

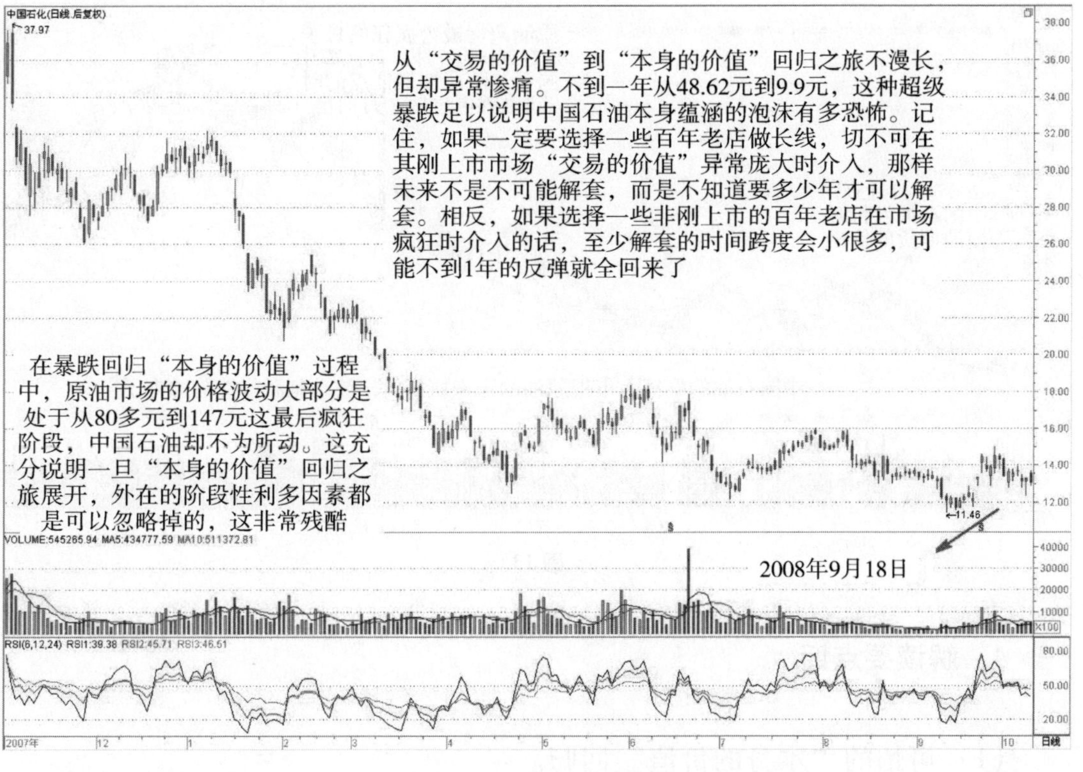


图 12

3. **解读要点三**

（1）“交易的价值”恐怖的崩溃。

在大环境转折背景下，如果说 1 年时间缩水 50% 还能理解的话，那么，1 年时间缩水后仅剩 1/5，那就真的够恐怖了。中国石油，上市之初被大部分人认为将是完美品种的化身，结果却是如此地震撼人心。这就是“交易的价值”过度疯狂后带来的结果。暴跌回归过程中，国外原油市场的最后疯狂都丝毫不能给予中国石油太多抵抗的资本，这反映出市场一旦下跌趋势形成，“交易的价值”崩溃后带来的杀伤力有多么恐怖。

（2）身在庐山不识庐山真面目。

任何所谓好的品种，都有可能出现令人难以承受的暴跌。试想，百年企业雷曼兄弟和通用汽车都已经破产了。试问，这资本市场还有什么不可能的？只是你在当时是否有足够清醒的心而已，能否抵御住诱惑而已。人很多时候都是身不由己，身在庐山不识庐山真面目更是常有的事。

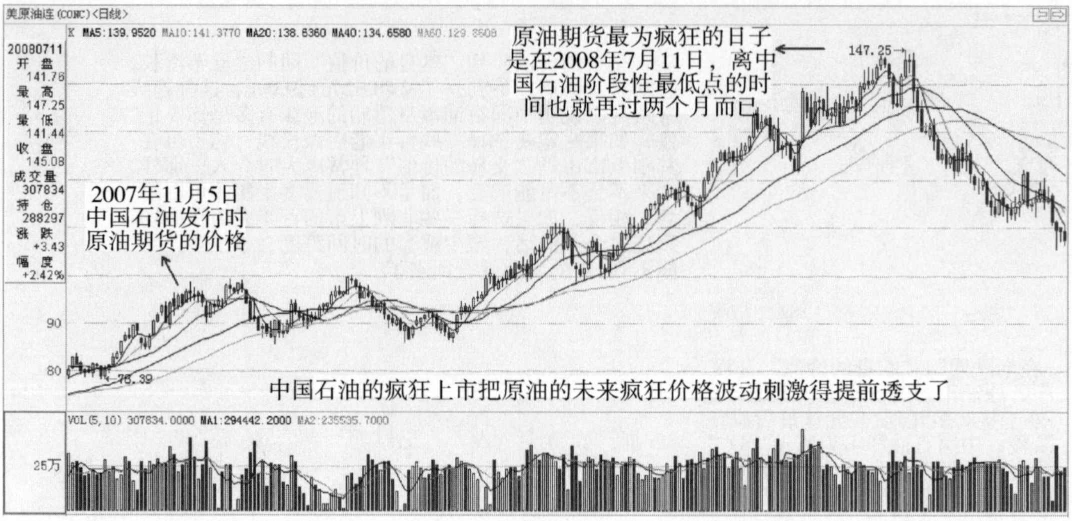


图 13

### 4. 解读要点四

（1）可怕的“本身的价值”回归。

观察中国石油的价格波动，很容易就可以发现，当中国石油进入漫漫跌途中，原油期货还依然在经历着疯狂，直到中国石油阶段性见相对低点前两个月，原油期货的波动才达到最高潮 147 元，本来应跟石油价格波动的中国石油却丝毫没有一点联动的味道。上市首日价格过度透支未来，带来的“本身的价值”回归，你说有多可怕！

（2）看不透就放弃，有舍才有得。

要看透这市场并不容易，在错综复杂的各个市场中找到一些蛛丝马迹，找到一些值得参考的信息，需要操盘手相当的思考。这不仅是充分考验脑力的市场，更是充分考验心理的市场。疯狂之中要保持相对冷静，谈何容易，尤其在当中国石油上市后原油期货依然那么精彩的背景下。只是，不管如何，远远高于“本身的价值”，就算出现再精彩的“交易的价值”，最终都是昙花一现而已。太多人看好，看不透的时候，继续操盘就还不如好好休息，宁愿放弃！这个市场，有舍才有得。

## 三、温故知新

冲动是魔鬼，操盘前务必做好评估。中国石油的整个历程告诉我们，不论是“本身的价值”回归也好，还是密切留意大环境是否疯狂也好，或者是看不透就放弃，我们在具体操盘之前，都要有个比较详细的评估，看是否值得操作。这个评估务必要在相对冷静的环境下进行。很多时候输可能就输在在具体操盘前没有进行一定的评估，太冲动。

牢记历史，懂得类似状态的应对之策，操盘水平就提升了。中国石油的过去是一堂非常宝贵的风险课程，这值得好好反复品味。人的交易心态在类似环境下往往都是惊人地相似的，因此，在很多类似的状况下实际的波动状况也是类似的。换句话说，透过中国石油你可以看到未来类似的新事件发生。再进一步说，如果你想要提升自己的水平，那么，你就牢牢记住中国石油的整个历程，当面对类似情景之时，切记，坚决看空做空就是了，操盘水平就是这样提升上去的呀。

## 四、课后习题

（1）试着找出与中国石油类似的价值回归品种。

（2）从类似品种中去谈谈它们的相同点与不同点，看能否各谈出至少5个以上。

（3）要很好回避中国石油的风险，最好的策略是什么？

## 五、市场随笔

### 1. 看清主角顺应趋势

如何看市场，其实就像如何看电视连续剧一样，有主角，也有配角，有导演，也有群众。每一分子都是市场组成的一部分，就如每一成员都是组成电视剧的一个角色，地位分工虽然有所不同，但需要大家一起来演绎才能最终成就一个不错的艺术作品，成就值得骄傲的证券市场。

在证券市场里，主角就是大盘指标股，这就如电视剧里设置的主角一样，具有举足轻重的地位，是不可或缺的，不仅处于领军的位置，更是起到灵魂的作用。因此，研究大盘指标股的具体波动相当有必要。作为其他充当配角的“人物”，如有色金属板块、商业板块、汽车板块等，处于一种从属的地位。换句话说，只有主角有发挥的空间，配角才可能有表演的空间。如果阶段性出现喧宾夺主的状况，比如明明大盘指标股在不断进行着调整，作为配角的一些板块却在持续不断地出来表演，吸引眼球，那么，最终的结局很简单，那就是被市场 PK 掉。在电视剧里，如果配角太过突出的话，那么，主角或者导演就完全可以利用它们自身的影响力，最终让它们消失在银幕上，毕竟真正的说话权都在主角和导演身上，配角持续不断地“争宠”，难免就是残酷出局。生活上或工作中，建议那些刚开始作为配角角色的人，要尽量看清“主角”和“导演”的意图，他们没有让你小试牛刀的时候，最好还是收敛点，否则在不恰当的时机选择不恰当的动作，最终的结果就是适得其反，一开始就丧失了表演的机会，未来一旦有让你崭露锋芒的时候，你早已经断送了机会。把握机会要选择恰当的时机！

在主角都还处于休息状态的背景下，配角贸然出来表演的风险是很大的，除非配角有足够的后台支撑，否则最终惨淡收场是不可避免的。这就很好理解为何在大盘指标股低迷过程中，市场委靡不振的背景下，偶尔出现一些局部的热点，最后也仅仅是昙花一现了！

明白了主角的影响力后，关键就是如何具体把握主角动向的问题了，这显然不是一两句话可以说完的。正如研究市场那样，复杂与简单是并存的，就简单而言，有一点是需要牢记在心里的，那就是“顺应趋势”。

比如大盘指标股明明已经持续上扬了三四天了，这已经是一种非常明显的上攻动作信号了，换句话说，已经是在表演了，那么，作为配角就没有必要反着做了。跟进表演，顺应目前的趋势无疑是最重要的。因为，很可能，就是目前这波开始有所动作的机会，也是接下来动作更为巨大的机会，从而使得自己最终把握住了机会，成为市场最后的赢家。

机会不是经常有的，趋势也不是随便就形成的。不过，一旦形成趋势，一旦机会闪现，要做的其实很简单，顺应趋势，把握机会，或许成功就从那一瞬间开始。

### 2. 新股战机三要素

2006 年 6 月 19 日，作为恢复新股发行的第一股中工国际，上市后被爆炒，不仅赚足了眼球，更使投资者对于新股上市首日可能获得的高盈利充满憧憬。

回顾历史，每当新股上市首日，都会吸引大批短线资金高度关注。资金往往想从中寻找到短线获取超额利润的机会，但大部分的短线资金往往适得其反，不是高位被套，就是无奈斩仓出局，能够获利的可谓凤毛麟角。但新股机会一旦把握得当，短期的暴利机会依然相当具有诱惑力。资金都是追逐利润的，在强大的诱惑面前，虽然明知道可能有巨大风险，但也想着巨大的风险背后的巨大机会，对于短线资金来说，这是一块必然要争夺的“乐土”。

随着全流通下新股发行的重启，未来新股将陆续登场，如何把握新股的战机成了摆在投资者眼前最为现实的问题。市场在变，新股的作战策略也必须随之而变。对中工国际一步到位的炒作方式，投资者其实已经可以感觉到“新”的味道。

从大的方面看，如果市场处于牛市阶段，那么，新股开盘就跌破发行价的机会几乎是不可能的。在具体对新股操作策略进行分析前，首先就得排除这种几乎不可能的低开走势。而剩下的新股开盘演绎方式，无外乎就是高开高走、高开低走、高开平走这三种方式。一般情况下，高开高走说明不少资金非常看好该新股，场外资金采取高举高打的作战策略；高开低走则说明中签者较为看淡该新股，场外资金采取逢低吸纳的作战策略；高开平走则说明多空双方处于僵持阶段，短期仍需进一步观察，场外资金采取默默吸纳的作战策略。

具体研究新股是否具有市场机会，就是要研究该股是否有大资金介入，介入的程度是否够深。毕竟，这个市场本质上来说就是资金为王的世界，没有大资金较深程度的介入，新股要想呈现比较好的短中期机会是不现实的。

上面谈到的三种新股走势只是一个表象，究竟如何判断是否有主力资金较深程度介入呢？换手率是一个很重要的参考指标。

由于新股刚上市，其价格具有很大的不确定性，且首日上市的股价振幅巨大，一般的投资者刚开盘不敢贸然介入，即使有集合竞价参与，往往也采取保守策略而挂价偏低。因此，首日开盘后的前5分钟、前15分钟参与买入的往往以主力机构为主。主力机构若看中某只新股，会利用开盘后的5分钟、15分钟趁广大散户犹豫、观望之际，快速介入收集筹码。所以，前5分钟、前15分钟及前30分钟的换手率及其股价走势，往往能说明该新股是否有市场大主力介入，预示着后市股价的走向。

一般情况下，5分钟换手率在20%以上，15分钟换手率在30%以上，30分钟换手率在40%以上，这样积极的换手状况，都是值得高度关注的。短时间内如能出现比较可观的换手，一方面说明中签原始筹码迅速减少，另一方面则说明欲炒作筹码的迅速增加。作为欲炒作的主力资金而言，如果没有充足的筹码拿在手中就迅速展开疯狂拉升显得相当不现实。因此，判断新股能否有一定的短线机会，最重要的一点就是换手是否够充分。一般情况下，新股成功换手接近60%之时，欲炒作的主力资金才有比较大的欲望进行疯狂拉高脱离成本区的动作。

另外，投资者要明白的是，三种不同的市场走势，在不同市场运行格局下，最终的结果肯定会不一样。未来市场会出现的运行格局，无外乎就是以下三个阶段：①牛市的推升阶段；②牛市的回档阶段；③牛市的横盘运行阶段。三个不同的运行阶段，应该有不同的市场策略，会带来不同的机会。对于欲炒作新股的大资金来说，市场处于不同的阶段，会采取不一样的策略。需要提醒投资者的是，“相反策略”是主力资金惯用的手法。短期市场越是比较捉摸不透的时候，新股往往越有机会，主力资金才能最为从容地收集到更多的筹码。

新股上市后的走势具体如何演绎，虽然千变万化，但归根结底就是一种博弈。投资者一方面要明白是否有主力资金介入，另一方面则是要清楚介入资金的大部分成本处于什么位置。判断大部分成本区的方法很简单，那就是看看单日成交量最为集中时的均价线。那可以看成是主要成本区，在成本区附近上下浮动十个点，都仍具有相当的介入价值。毕竟资金介入后最终的目标就是获利，而这最终的利润，如果连10%以上的空间都没有的话，资金还有介入的必要性吗？答案不言自明。

值得一提的是，真正会大涨的新股，往往都是出乎市场大部分人所预期的。如果某只新股开盘后的价格就高于市场大部分人所预期的话，那么，这样品种是值得去重点关注的。毕竟市场最终胜利的都是少数人，要想成功把握到新股的机会，就要做寂寞者才敢做的事情，过去长江电力上市后的状况就是一个很好的案例。

总之，上市后的开盘价是否让人“大跌眼镜”、上市开盘后换手是否充分、介入价位是否接近主力成本区，是投资者具体分析和把握时不可忽视的因素。我相信，只要投资者能够很好地去研究，并以具体问题具体分析的态度去分析上述三个因素，在新股机会的把握上将有更大的概率。

### 3. 选择好股票

什么是好股票？

有人说会涨的股票是好股票。会涨的就是好股票吗？

几乎每个股票阶段性都会涨，那每个股票都是好股票吗？

显然并非如此。

对个人而言，来到资本市场，目的是什么？

我最肯定，大部分人的目的都是为了获取利益。

答案似乎已经出来了。

不就是能让人获利的股票就是好股票吗？

什么是好股票？

只要明白了你的目的，那么你就应知道答案了。

只不过，很多时候，我们喜欢把简单问题复杂化而已。

### 4. 转变

2008年4月22日破3000点后，

市场很快就逼近了3700点，

花费时间也就是那么6个交易日。

破3000点到近3700点，反弹幅度超过了20%，

幅度不小，速度也挺快，起落之间有几人能想到，

4月22日还是一片看空声，6个交易日后，五一驾到，股市气氛也似乎跟随假期喜庆起来，看多做多似乎又逐步回到了大家的视野。

转变，就在这仅仅6个交易日。虽然时间短，但急剧的情绪变化似乎又让人感到这时间并不短。

悲伤痛苦与开心喜悦的转变，有时候快得就是那么令人有点不知所措。

非常道，非常态，非常市，多少投资者，却在这起落间无可奈何花落去。

坚定，

坚定，破3000点之时需要，

坚定，迅速大反攻之时需要，

坚定，逼近3700点更是需要，

坚定，五一过后还是非常需要，

坚定，暴跌过后就是要它成为唯一的主旋律，

坚定什么，仁者见仁，智者见智，但不管如何，成功有时候就是需要它。

面对诱惑多份坚守，

面对股市里那么多可供操作的品种，

当你买进了其中一只，暂时表现平静，

而此时又发现另外自己关注可供操作但没买的品种表现异常突出，

对比已买入这只，难免会有被“突出品种”诱惑的冲动。

是放弃“已买”追逐“突出”，还是继续坚守“已买”呢？

短线行为者，放弃“已买”追逐“突出”机会很大。

中长线行为者，继续坚守“已买”机会很大。

不一样的性格，将决定其面对诱惑的态度。

当然，还会有第三种人，那就是本身对自己个性都还没认清的人。

面对两个选择机会各占50%概率的状况，这时候，可能偶然的外力，比如一个建议者的一句话，就会促使天平最终往那句话的方向去走了。

个性很重要，在把握机会前，不妨先弄清楚自己的个性。

然后结合自己的个性，采取不同的策略，但有一点被市场验证有效的是，中长线行为者，往往都是最后的大赢家。

所以，面对诱惑，多份坚守，别丢了西瓜去捡芝麻，也许最终会有更大的意想不到的收获。

### 5. 股市如游戏

现在的竞技游戏，如魔兽、守卫剑阁等，大都遵循一个原则，那就是要由弱变强，由小变大，最终让自己控制的兵或将能够有横扫天下的实力。

开始，你只是那么一个小将，等级处于最低层次，只有不断去战斗，你才能积累更高的经验值，从而让自己的实力变得更强。

玩的奥秘，就在于谁能够更好地操纵自己的将与兵。这需要计谋，更需要耐心，让自己的将与兵很好地跟敌人周旋。比如，当你拼斗到快没有多少"血"的时候，你可能就要及时退守，回到总部，让自己的生命重新变得满"血"。打一下，回一下，带着一些兵，突击一下，回撤一下，或者有机会就深入敌方大杀一下。总之，你要做的就是想尽办法去杀敌，在这个过程中让自己变得更强。

随着时间的推移，随着战斗的持续，你的层次会变得越来越高。有意思的是，当你到达相当层次的时候，你会发现原来刚开始的自己是那么的弱小。不过更重要的是，正是有过去那弱小时候坚持不懈积累的经验，才能够让自己最终产生质变的效果。

原来可能要好几刀才能消灭一个小级别的敌人，到了相当层次，可能你一刀就消灭了好几个小级别的敌人了。当然，随着自己的不断升级，敌人也会有所提升，总之，就是要让你越玩越有味道，否则，敌人层次一直保持不变的话，很快分出胜负，那玩这游戏就没有太大的意义了。

做股票，何尝不是玩游戏？

做股票，可能刚开始的时候，很多人都是小资金在运作股票，随着时间的推移，能力的提高，有些人就可能开始出现升级动作，脱离过去那种层次，资金变得更为庞大。

在这过程中，要很好地成长不就是如游戏那样，要懂得策略与耐心吗？

人生路上，道理也是相通的，看看李嘉诚或者巴菲特的成长史，不就是从一个小将开始的吗？刚开始的时候，只能依靠自己的能力逐步积累往更高层次进军的资本，慢慢地，逐步让自己变得更为强大起来。当量变达到质变的时候，再回头看过去，是多么神奇与不可思议啊！就如游戏一样，刚开始要好几刀才能消灭一个小兵，到了后来，变得只需要一刀就可以消灭很多低层次的小兵了。巴菲特刚开始也就是只能动用十万美金的规模，而到了后来，成百上千亿美金都在其手中掌控，对比一下，这是何等巨大的区别！李嘉诚也是如此，从刚开始的一穷二白的小伙子，到后来能够影响世界的商业巨人，不正是神话的体现吗？

只要坚持到底，能够一路走下去，结果可能是非常令人惊叹的。但刚开始的时候，都是那么的渺小，一切就在那慢慢积累的过程中产生蜕变。

这也让我想到了一个故事，是一个关于复利的故事。里面谈到一个国王要满足一个智人的要求，而那智人说，只需要在这 64 格的棋盘中，第一格放 1 粒米；第二格放第 1 格数量的 2 倍，也就是 2 粒；第 3 格，放第 2 格数量的 2 倍，也就是 4 粒。如此类推，按照这样的规则，把 64 格的棋盘都放满就可以了。国王听后感觉太简单了，也就答应了，可后来，当慢慢越往后放的时候，才发现，如果真的要把这 64 格都填满的话，那等于是天文数字，是不可能实现的。

人生或做股票不就是如此吗？刚开始的时候那么弱与小，但如果能够持续地每年都让自己变得强大一些，随着时间的推移，那“复利”带来的累计效果，不就是那“天文数字”吗？

# 第五节 “本身的价值”

## 一、基础认识

（1）动态的、回收成本的周期、投资回报是否合理，都是“本身的价值”的重要组成要素。

“本身的价值”是一个动态的价值，并不是说一成不变，这在具体深入论道的过程中是务必需要清晰的一个要点。

“本身的价值”更多是依据市盈率的多少来衡量，这是一种内在价值。为何要用市盈率作为判断“本身的价值”的主要标准呢？

道理不复杂，因为市盈率可以非常清晰地告诉你，你的投资按照现在每年的收益大概多少年可以收回成本。

投资的本质讲的就是回报，回报是否具有吸引力，关键就是看成本回收期的长短，越短时间内回报越高说明投资越成功。

“本身的价值”本质上体现的就是合理的投资价值，合理的投资价值的表现形式就是合理的投资回报了。

（2）交易过程中，价格高低衡量价值大小。

不论是“本身的价值”还是“交易的价值”，最终体现价值的多少，都需要金钱来衡量。虽然有些东西是金钱所不能够衡量的，但在资本市场，在交易的过程中，基本上没有什么东西是不能够用金钱来衡量的。可以说，价值的大小最终是要看金钱的多少，也就是价格的高低来体现。

（3）不同环境“本身的价值”不一样。

“本身的价值”放在不同环境下，具有不同的评估方式，也就具有不同的评级。就如一个球星的身价，他处于不同状态下的身价是绝对不一样的。

因此，我们首先就需要弄清楚当下的环境，如此才能作出更为精确的价值评估。

市盈率为何重要？

要知道，它所体现的是企业按现在的盈利水平要花多少钱才能收回成本，就是等于你的投资按照现在每年的收益大概多少年可以收回成本。

动态市盈率为何是关键呢？

每年的收益是动态的，你不能说今年这企业每股赚1元，明年依然如此。
明年可能赚2元，也可能亏1元。
会告诉你，你的投资收回成本的时间是加速还是延缓了！
加速意味着回报高了，延缓意味着回报低了，延缓到极致可能就是没有回报了，你能说动态市盈率不是关键吗？

图 14

## 二、操盘论道

### 1. 市盈率与大环境

（1）“本身的价值”必须建立在好投资基础上，市盈率的把握很关键。

每个人投资，最终都是想赚利润。不过，在赚到利润前，首先要先收回成本，成本都收不回来，就别谈赚取利润了。

市盈率之所以重要，就是告诉你收回成本的具体时间，当然，这有静态与动态之分。时间很重要，时间就是金钱，如果一个公司需要相当长的时间才能收回成本，一般情况下，这个公司就不值得投资，除非是有特殊意义的投资，否则从纯商业思路考虑的话，投资这个公司就绝对不是一个好投资。

最重要的是，这里面还蕴涵着很大的风险，因为资金都是弃“坏”流“好”的。当股票价格过高，市盈率太高，最终资金的选择只能是流出，流向回报更好的股票或其他投资上去。那时，一旦资金疯狂流出，股票价格必然也将大幅回落，最终回落到一个相对大家都能够接受的范围，“本身的价值”回归就是如此。

（2）三种环境下的“本身的价值”评估策略。

作为操盘手，面对公司“本身的价值”，静态市盈率需要清楚，这可以让你知道现在公司的“理论价值”，但你更需要研究动态市盈率，这可以让你知道现在这公司的“实际价值”。

静态市盈率看过去就知道，动态市盈率则必须看未来，而且仁者见仁，智者见智，这就给予“本身的价值”极大的波动空间。此时该如何作出投资策略呢？很多人就此被搞迷糊。

记住，看大环境！

如果是熊市，一般情况下，你绝对不能高于静态市盈率来评估它“本身的价值”，就算你看出它“动态”真的比“静态”要高很多，你也不要冲动地去高估它。熊市环境下，“本身的价值”是要大打折扣的，跌了可以再跌，你的投资务必要控制在“静态”评估之下，这样才能够最终让你捡到便宜。根本不用担心没人会卖给你，因为在熊市过程中，大把人会非理性不计成本地抛售股票。

如果是牛市，一般情况下，你要坚决高于静态市盈率来评估它“本身的价值”，就算你看出他“动态”真的比“静态”要低不少，你也不要理智地去低估它。要明白，牛市环境下，“本身的价值”是要有一定溢价的，涨了可以再涨，你的投资务必要控制在“静态”评估之上，这样才能够最终让你卖到好价钱。根本不用担心没人会跟你买，因为在牛市过程中，太多人会非理性不计成本地买入股票。

如果是平衡市，一般情况下，平衡地去评估就是了，不高估也不低估，就保持平衡去把“本身的价值”估算一下就可以了，至于是买是卖就围绕着估算价格高抛低吸吧。

利息率（利率）：利息（通常指一年）与本金的比值。
银行存款利息率：一般情况下，表明的是资金的最低使用效率。

如果把市盈率的概念结合到银行存款利息率这里，那么，我们就很容易得出银行存款市盈率的概念。

银行存款市盈率对股票市盈率具有很大的比照作用。

通货膨胀或通货紧缩是在具体考虑投资回报过程中必须考虑的问题。

图 15

“本身的价值”

熊市更多看静态但要明白动态，牛市更多看动态但要清楚静态。

通货膨胀或通货紧缩是影响“本身的价值”的潜在要素。

“本身的价值”除了看市盈率，也要清楚通货状况。

图 16



### 2. 银行利率与银行存款市盈率

（1）股票市盈率是否合理要结合银行利率来比较。

既然“本身的价值”很大程度上要结合市盈率这个指标，那么，股票市盈率处于什么样的状况下，才是合理的呢？

此时，就要把银行的利率引进来探讨了。我们都知道，银行就是做资金流转赚存贷利差生意的，我们把资金交给银行，银行都会给我们一个利率（这里通常指一年），比如3%的利率。也就是说，资金在银行存放一年银行将给予我们3个点的利息回报。

银行也是要赚钱的，银行既然给你一年3个点的利息回报，就说明它至少能够以高于3个点的利息回报贷出资金，从而最终实现差价收入。

举个例子，如果我们把资金放到银行就有3个点的利息收入，那么，如果要让资金不存银行投资其他，是不是必须要高于这个利息收入才行呢？没错，那是肯定的。换句话说，银行存款利率就成了我们资金使用的最低效率了！如果投资的上市公司1年的回报都达不到银行利息回报，那是不是高估了？那还不如把资金存进银行来得实在。

（2）银行存款市盈率要考虑通货膨胀与通货紧缩。

进一步思考，如果按照银行的利率，多少年才能赚到跟本金一样的资金呢？这里，是不是跟市盈率联系上了，用本金除以利率不就是可以定义为银行存款市盈率了吗？银行存款市盈率跟股票市盈率一对比，你就明白，目前你的股票是高估了还是低估了，如果连银行存款市盈率都比不上，你说，其投资价值是否要大打折扣？

当然，在谈银行存款市盈率的时候，我们必须把通货膨胀或通货紧缩的因素考虑进去，否则，那也将成为“理论”上的银行存款市盈率了。实际上的银行存款市盈率是必须要把这数据加上去的。

通货膨胀背景下，钱会开始变得不值钱，购买力下降，严重的时候，银行利率会抬头，不断上涨，以收缩流动性，抑制通货膨胀。在这过程中，股市的一些抗通货膨胀的股票会得到资金的关注，甚至抢购。此时，很多股票“本身的价值”体现的价格将因通货膨胀而出现暴涨的状态。

通货紧缩背景下，钱开始变得值钱，购买力上升，严重的时候，银行利率会低头，不断下降，以增加流动性，抑制通货紧缩。在这过程中，股市的一些无法抵御通货紧缩的相关股票会被不断抛售，甚至不计成本。此时，很多股票“本身的价值”体现的价格将因通货紧缩而出现暴跌的状态。

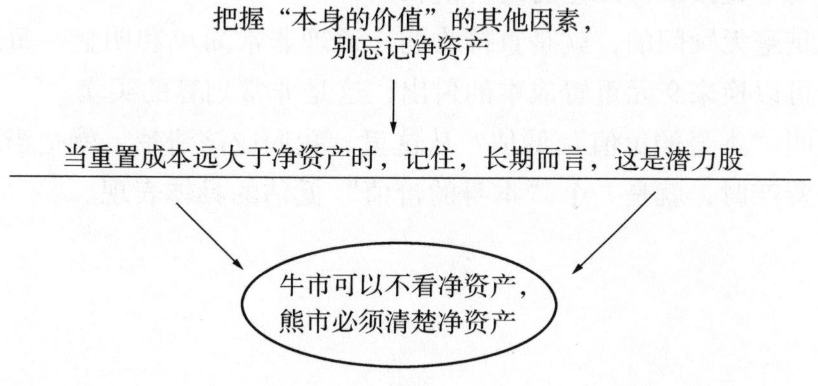


图17

3. **净资产与重置成本**

（1）净资产的基本概念。

净资产，简单来说，就是资产减去负债所得的节余。再通俗点，就是把所有负债除去，公司把厂房等所有东西都变现，能变现的最基本价格。

一家公司净资产越大，说明它底子越雄厚，越不容易受到动摇，抗风险能力也就相应增加。同行业相似的公司在同等市盈率基础上，一般情况下，净资产越大，抗风险能力越强，价值相应增大，更具投资价值。因此，在把握“本身的价值”的过程中，别忽略净资产。

（2）净资产在牛熊市中的区别。

在牛市运行过程中，净资产这个因素往往会被忽略，因为那时很多人看的更多的是未来机会，很难思考当下的具体细节问题。有句话叫“涨时重势”，其实就是体现牛市时忽略净资产的问题了。

在熊市运行过程中，净资产这个因素会开始放大，有句话叫“跌时重质”，其实就是体现熊市时重视净资产的问题了。

（3）从重置成本中去发现“本身的价值”低估。

既然牛市忽略净资产，就不具体谈牛市过程中净资产的问题了；而熊市重视净资产，那就不妨继续深入研究下去。

我们都知道，一家企业如果重新开始，会有个重置成本的问题，比如一家钢铁企业，年产量达到3000万吨，按照最新的净资产每股为5元，但是如果按照当下环境重新弄一家年产量达到3000万吨的钢铁企业，重置成本摊算到现在这个钢铁企业的股本之中，每股达到9元。

此时，从投资角度来说，你是想现在开始用9元每股的代价重建，还是在资本市场上直接以5元左右的价格收购？

答案是毫无疑问的，就是直接收购，道理非常简单和明显，每股5元左右的代价可以换来9元重置成本的付出，这是非常划算的买卖。

什么叫“本身的价值”低估？从这里，我们应该清楚，就是当重置成本远高于净资产时，就是一个“本身的价值”低估的具体表现。

## 三、温故知新

（1）“本身的价值”的三点重要组成要素：动态的、回收成本的周期与投资回报是否合理。

（2）股票市盈率是否合理要跟银行存款市盈率结合起来，利率是资本最低的投资回报，从而衍生出来的银行存款市盈率也就是最低的市盈率参考指标。当然，这要跟通货膨胀或通货紧缩数据结合起来，但那些数据的把握是门艺术，更多需要从生活中自己感知，因此，最终股票市盈率是否合理还是具有相当的艺术成分的。

（3）三种不同环境下对“本身的价值”的评估方式：熊市采取低于静态市盈率策略，牛市采取高于静态市盈率策略，平衡市就采取相对平衡策略。

（4）净资产在熊市阶段对“本身的价值”有重要意义。此时，要关注重置成本，“本身的价值”低估往往就是从每股重置成本远大于每股净资产中发现的。

## 四、课后习题

（1）为何“本身的价值”要紧密联系市盈率？

（2）什么状况下“本身的价值”可能是被低估的？

（3）能不能找出5家“本身的价值”比较合理的上市公司，5家价值低估的上市公司，5家价值高估的上市公司，然后试分析一下？

# 五、市场随笔

## 1. 感悟

看着每天股市的起起伏伏，想着每天不少人为此忙忙碌碌却因不得要领而没有所获，心中难免会有惋惜、叹息和感慨。这就是市场，这也是真实的世界。

这个世界是公平的也是不公平的，就看你从什么角度去看。公平的是世界提供给了每个人充分展示自己、燃烧自己生命的舞台，不公平的是世界也让每个人最终所得到的不尽相同。要有所收获，有时候仅仅勤奋还不够，更需要具有那份机遇与懂得把握机遇的能力。

股市就是社会的万花筒，人生百态，社会万象，都在里面淋漓尽致地反映出来。涨的时候，很多人都欢呼雀跃；跌的时候，很多人则怨声载道，人之常态，试问有几人能够脱离跳出这常态呢？能够跳出来较为清晰去看透现象背后的人又有多少呢？看透现象背后又懂得去把握机会与回避风险的人又有多少呢？一步步，越是往深点层次的人，肯定越少，而这越少的背后也就隐藏着这市场最后的大赢家了。为何最后的大赢家是少数的？道理不复杂，那是因为跟他们一样的人确实不多，能够一步步走到相当深层次的人也确实不是一般人。

我喜欢一个人静静地去思考一些问题，很享受那样的感觉；同时也很喜欢一个人静静地去写点什么，也很享受那样的过程；更是喜欢想完写完后去展开一些行动。感受、经历那过程就是享受我生命的激情，成功时的那种成就感是无法形容的。

## 2. 五点随感

（1）机遇加运气等于成功。

运气是成功不可或缺的一大要素，机遇更是成功不可缺少的前提条件，有了机遇再加上运气，那么成功就真的是挡都挡不住了。

我能有今天的成就，不可否认的是，我确实是具有相当的能力与水平，但同样不可否认的是，我确实是把握住了机遇加上了不小的运气。

（2）爱看凤凰中文台。

凤凰中文台，是我较为喜欢看的频道，里面的主持人给我的感觉都是相当具有素质，也各有特色。尤其是其每天的新闻节目，做得相当有特色，他们对新闻的解读，我认为在某种程度上是相当具有深度与价值的。

（3）金猪背后的故事。

买了不少大大小小的储蓄金猪，里面投的都是钱币，平时的零钱几乎都扔进去喂它们了。小的金猪都已吃得饱饱，大的金猪则还未解决温饱，需要继续努力喂食。不过由于我平时的零钱有时候真是多得夸张，因此，只要我用点心，喂饱应该是相当快的一件事情。回想过去艰苦岁月之时，曾为了一天来回公司要花费 4 元公交车费而大伤脑筋。而现在，面对那么多的金猪，里面不知是过去的那 4 元来回车费的多少倍，真的是有点百感交集，为现在开心，也为过去高兴，有过去才让我对现在更加品味。

（4）晚上随意翻看分析真的有必要。

晚上仔细看看波动完毕的各个股票，什么样的基本面都看，如基金持股情况、流通盘大小、净资产、每股收益等；什么样的技术图形都看，如分时图、日线图、周线图、月线图等。虽然有点随意翻看，但这随意的背后却时不时能读出不少新的吸引人的信息来。把基本面与技术图形不经意地结合后，时不时就能够迸发出一些新意思。我喜欢这样的感觉，也喜欢这样的随意翻看，因此，在这样随意翻看的过程中，没有多少压力，在一身轻松分析的过程中，不时会有一些意外的惊喜。

（5）有喜就必含忧。

昨天就预感权证近期在经历了疯狂后势必会有一波较为凶悍的调整，今天下午不少品种的大跳水果然开始验证了我的思路，看着刚刚做完的品种出现抛物线式的下滑，自己内心更多的是对自己把握准确的欣喜，而不是像买进去没很好出来的投资者出现的一脸哀愁。这很好地告诉我们，在风险面前，肯定是有人喜有人忧，很好地回避了风险的就喜，没有回避好的则忧，市场就是如此。这也正如在机会面前，把握住了的喜，没把握住的则忧。由此，得出这样一个结论，任何事都有两面，有喜就必有忧。

### 3. 喜欢雪，那种能够让人清醒的味道

深圳的1月天气有点阴雨，也开始出现了凉意，这让我想起南方的冬天开始要来了，毕竟“冷”是实实在在的信号。在北方，目前不少地方早已经是大雪纷飞。雪对于南方人而言，是非常陌生的，毕竟全年都不会见雪，气温最低也就是零度左右。对于不少北方人而言，可能会向往南方这气候温暖的状况，但对于不少南方人而言，何尝不向往北方那气候分明、有雪的季节！人有时候就是这么奇怪！

我要去趟北京，参加观察年会，因此，也就有了再次跟北京冬天零距离接触的机会。听说那里现在已经在零度附近了，不过可惜的是没雪，真希望这次去北京能够碰上下雪，让我再次好好欣赏下雪景。雪景对北方人可能司空见惯，但对于我来说，那还是如乡下人进城一样：非常新鲜的！

我见过雪，不过没有真正经历过那种大雪纷飞的状况。在我的眼中，雪是用来欣赏的，但在一些人的眼中，雪可能就是另外一种含义了。这也很正常，毕竟我对雪本身了解不多。雪虽然会让人冷得受不了，但基本上我是用欣赏的或者欣喜的态度来面对的，因为自己不是天天在雪的世界里生活的人。人就是如此，再好的环境生活久了也可能会产生厌倦的思想，问题是怎么去调节自己。

市场也一样。市场跌了，很多人眼中可能是恐慌，但在不少人眼中可能又是机会；相反，市场涨了，很多人眼中可能就是机会，但在不少人眼中可能又是风险。每个人的生活环境不同，思维模式不同，对很多东西的看法也就不一样，这个市场也如有雪的世界，外面看的人可能觉得很精彩，里面生活的人则可能觉得很无奈。当然，也有快乐的（少数人）。这说明人的复杂性，这个世界的奇妙性。

我喜欢看书，也喜欢听音乐，有时候人在烦躁或者是迷茫的时候，找本书好好静下心看看，或者躺在房间里好好听听音乐，何尝不是一种解脱？当再回到生活之中时，心或许就平静很多，不迷茫了，一切也就随之而解了。

目前的股票市场精彩吗？精彩。目前的剧烈震荡有风险吗？有。精彩的市场同时存在着风险，难道不需要多点冷静吗？雪能够让人更冷静，如果有可能，建议好好去感受一下雪的味道，那种冷彻入骨的感觉，会让人清醒很多的。我喜欢雪，喜欢那种能够让人清醒的味道，毕竟股票市场本质是很残

酷的，希望你也喜欢！

### 4．好心态是成为大赢家的前提

市场天天涨的时候，想必当时也没几个人能想到恐怖的急跌，而且有一种让人喘不过气的味道；市场在急速下跌的时候，想必有相当多的人前期积累的利润不经意已经吐回给市场了，而且是一种几乎没察觉过来就失去的感觉。只要你一天还在这个市场，那么就不能够随便为最终的结局下定义。真正的成功是能够成为最终的大赢家，持续的大赢家！

不论急跌或急涨，消息都会是满天飞。急跌，伴随着各式各样小道消息。市场就是如此，不论跌了还是涨了总要找点理由来解释。有时候看不明白，可能小道消息就成为了最好的解释理由。对此，我想说的是，在小道消息满天飞的时候，自己应保持多一分自我，冷静去分析，透过市场具体的盘面去寻求一些比较实质的答案。当然，这需要一定的功力，但至少你要往这个方向去走，否则最终你可能就成为小道消息的牺牲者。

有些人可能是大户，资金也可能有500万元，市场随便10个点的波动就可能带来50万元的收益或50万元的亏损。50万元，可以做什么，可以买什么，相信很多人都能够很好地说出来，而且说出来后也能够感觉到分量。比如50万元可以买部宝马车了。不过有些人可能太过于在乎这分量，稍微的波动就会让自己心跳不已。你要知道，如果少了50万元，对于500万元的人来说，也还有450万元，依然是可以买不少宝马车，因此，不要用没有50万元的心态去看50万元的得与失。很多人来到这个市场，特别是散户，资金在50万元以下的投资者，可能就会陷入类似上面的那种得失怪圈里去，老在计算自己亏了多少菜钱，赚了多少菜钱，告诉你，你越是在乎这些得失的话，可能最终你会失去越多，要知道，真正能成大事或获取大财富的人，往往是不计小节的，心态往往是赚了固然好，亏了也认了。在我接触的投资者中，真正具有好心态的人，往往都是那些事业比较有成的大资金投资者，因为在他们眼中，财富已经接近数字或者就是数字，性格也往往是属于大气的那种。当然，有些人在看到市场波动剧烈时肯定会担心，但这并不是说他们输不起，只不过是他们想更好地去了解这个市场，毕竟在他们眼中，一两辆宝马都不会很在乎。

每个人的心态在这个市场波动的过程中，都会随着时间的推移而有所改变，有些人可能变得越来越坏，而有些人则可能变得越来越好，坏的心态肯定很难成为市场的大赢家，而好的心态是成为市场大赢家的前提。看看巴菲特的相片，那祥和而又具有智慧的样子，难道不就是一种好心态的自然反映吗？其实，有些人，从外貌就已经可以看出其心态了，你去看看那些得道高僧，看到他的样子你就会感觉到一种平和！

平和的心真的很重要，一般人虽然都有七情六欲，但在具体面对市场的时候，该平和的时候还是需要平和的。在市场的锤炼过程中，不妨让自己尽可能往“手中有股，心中无股”的境界靠拢。我相信，随着境界的不断提升，对市场的看法也会变得日渐不凡的，只有这样，慢慢地，你才有机会成为市场真正的大赢家！市场暴跌了，你想到了什么呢？是痛苦呢，还是欣喜呢？又看到了什么呢？是继续下跌呢，还是有所反弹呢？我想不一样的心态肯定会带来不一样的答案。就我而言，我是欣喜的，毕竟风险得到了较为充分的释放，对于接下来能否有比较大的阳光则不是很重要了，毕竟风险得到一定释放了，机会还会远吗？窗外的阳光不错，周末出去游玩一下，顺便见见老朋友！

### 5. 用下棋心得去看资本市场

过去很喜欢下中国象棋以及五子棋，不过在同龄人中几乎很难碰到对手，久了，就没有怎么下了，毕竟没有敌手的滋味是很寂寞的。中国象棋与五子棋规则其实都不复杂，尤其是五子棋，但要真正下得好，我觉得有几点是比较重要的：一是要有统观全局的思路，二是要有预估未来五步棋的能力。这两点是我之所以难逢敌手的重要心得。

我对目前资本市场的一些看法和思路之所以往往能够基本吻合，过去的下棋经历是功不可没。回想过去下棋下得疯狂的时候，无论是上课还是下课，都成了我跟同学疯狂对决的时间。当然，玩的更多的是五子棋，毕竟下的时候只需要笔和纸就可以搞定，非常方便。没事的时候更是疯狂研究各种棋路。别以为五子棋很简单，真正要锻炼到脑力，那是非下一番真功夫不可的，而且越往深处感觉就越是精妙，其乐无穷。你去看下专业五子棋跟业余五子棋的下法就可以充分感受得到。

下棋尤其是棋逢对手时的对决，是相当费脑力的一件事情。也正是因为这样，每每有较大进步的时候，就会充分感受到那种从量变到质变的充实感，这无疑是令人相当欣喜的，回想过去，真的是感概万千啊。

目前的资本市场是一个没有硝烟的战场，也是一个斗智斗勇的市场，这跟下棋本质上是有点相类似的。在资本市场里，我找到了过去下棋时博弈的感觉，真的是其乐无穷，而且，在这里，不论是研究的空间与深度都异常地广阔，确实值得我一辈子去好好学习与研究。我喜欢这个市场，不论涨与跌，总能够发现一些乐趣，笑看市场，笑看风云，笑看世界，很多东西真的都是相通的。衷心希望风雨后的市场投资者头顶都能够有一片蔚蓝的天空。

# 第六节　论道“交易的价值”

## 一、基础认识

（1）“交易的价值”更多的是依据市场流动的资金多少来衡量，这是一种外在价值。

很多人忽略或者根本不知道外在价值。为何一只个股在不同时期的起落差距有时候会相当大呢？除了“本身的价值”波动较大以外，很重要，也是很关键的就是“交易的价值”也在发生着巨大变化。不妨回顾一下过去的市场，流动性越充沛，很多个股就越容易出现躁动，有时候权重品种都能够疯狂涨停。这更多是“交易的价值”在发生着积极作用。资金太多，需要宣泄，一些品种能够容纳大资金进出，那么，就成了选择的标的，阶段性资金疯狂涌入也就促成封死涨停的状态了。

“交易的价值”，不具备持续性，往往都是昙花一现，呈现一种脉冲式的波动，在“交易的价值”进入高峰阶段进入投资是去找死。在“交易的价值”进入低谷阶段进入投资则有两种情况：一是依然找死（因没有交易的价值），二则是去挖金（因交易的价值有望出现回暖）。

（2）“交易的价值”存在即合理，虽然代表非理性，但更应好好去认识它把握它。

“交易的价值”虽然看上去好像比较虚，但千万别畏惧它、放弃它。存在即是合理，既然市场已经反复证明它们是能够反复出现存在的，我们就应好好地去把握它而不是畏惧它、放弃它。

很多时候“交易的价值”的市场表现比“本身的价值”的市场表现要突出很多，一个代表的是非理性状态下的交易价值，另一个则代表的是理性状态下的交易价值。你说，是非理性疯狂还是理性疯狂呢？这显然不言自明。

## 二、操盘论道

### 1. 钱太多与市梦率

（1）钱太多构成“交易的价值”基础。

“交易的价值”，本质上就是钱太多也就是流动性过于充沛造成的。形象地说，就是有很多有钱人，不管市场交易的品种的太多实质，而将其不断地进行你卖给我，我再高价卖给你的反复买卖抬高价格游戏。有了这个基础，“交易的价值”也就顺理成章了。

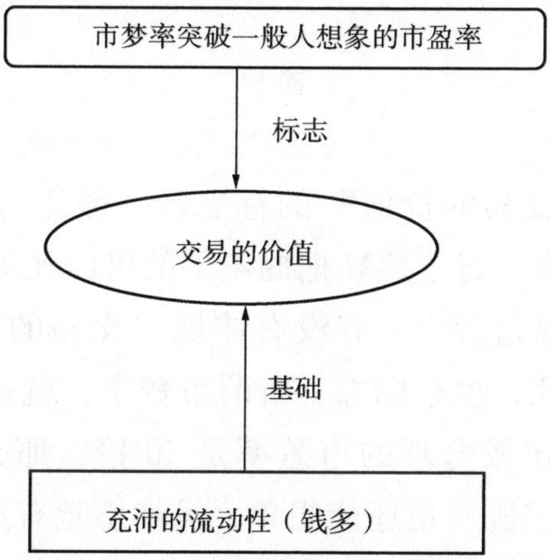


图 18

（2）“本身的价值”到了最后疯狂可能就仅仅考虑交易价格而已。

如果说“本身的价值”很看重市盈率这一指标，那么，在“交易的价值”里这一指标的重要性将大大弱化，甚至最后完全不需要考虑，仅仅是考虑交易价格问题而已。过去很多体现过“交易的价值”的品种，如有色金属板块中的云南铜业（见图19），在过去从1000点到6000点的过程中，当“交易的价值”达到峰顶时，云南铜业考虑的就不是市盈率问题了，而是能否到百元的问题了。

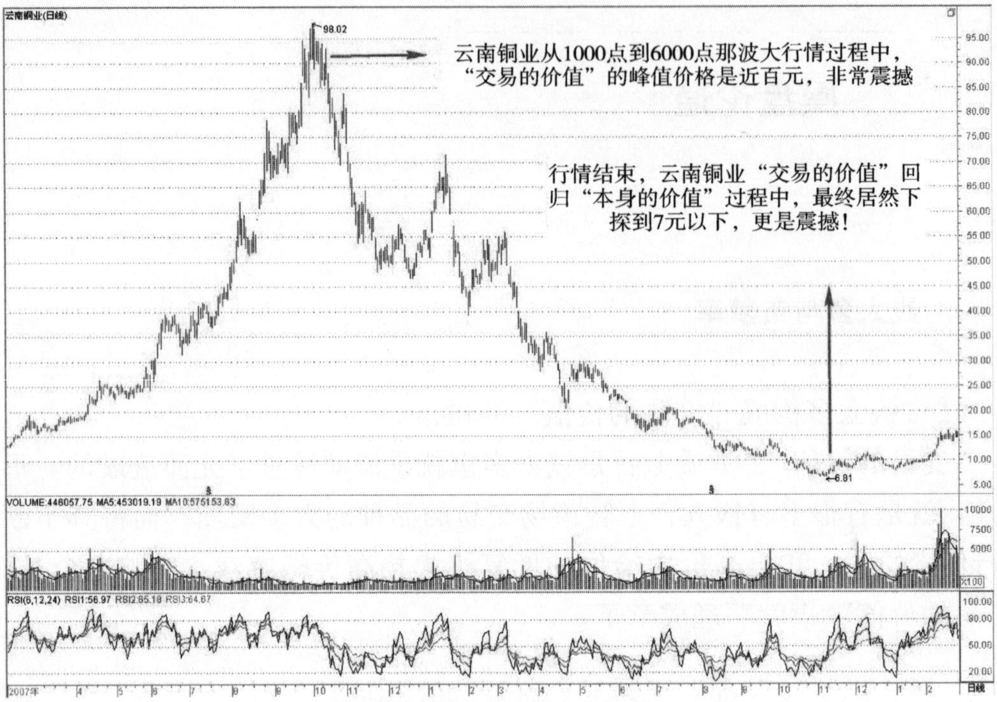


图19

（3）市梦率是“交易的价值”的标志，一般比合理市盈率高出1倍以上开始进入市梦率状态，过于疯狂把握不了的可以在最后阶段放弃。

那么，在具体操盘过程中，有没有体现“交易的价值”的特征呢？有！就是市梦率。既是特征，也是标志。所谓市梦率，就是突破一般人想象的市盈率。比如目前市场比较合理的市盈率是30倍，那么，40倍算吗？不算，一般人还能想象，50倍呢？也还能想象，虽然感觉有点泡沫。60倍呢？

这感觉已经有点夸张，对，就是要这种已经有点夸张的感觉，这感觉一来就是突破了一般人想象的市盈率。在比较合理的市盈率1倍以上的状况，其实就可以说进入市梦率境界了。

一旦进入市梦率，就很可能出现天空无限高的状况，100倍，200倍都不是天方夜谭，因为此时很多人都不再看这指标，看重的更多的是题材，看未来无限放大的憧憬，最后看重的可能也就仅仅是价格本身。只要便宜或者说不够高，那么，就依然有空间。那是一种相对疯狂的状况，而且很多时候，是无法阻挡的。

就如图19中举例的云南铜业一样，最后竟然逼近到百元附近，那时候，什么风险其实都忘却了，想的更多的是机会。事实证明，那时候其实就是最危险的，而且再看看“交易的价值”一旦回归“本身的价值”，同时伴随着一定的矫正过度，最后回归的价格竟然最低下探到低于7元，这是多么巨大的反差呀，能不震撼吗?!

作为操盘手，一定要看清当下的形势，如果出现“交易的价值”过于疯狂而无法把握时，宁愿选择放弃，否则“一失足成千古恨”。

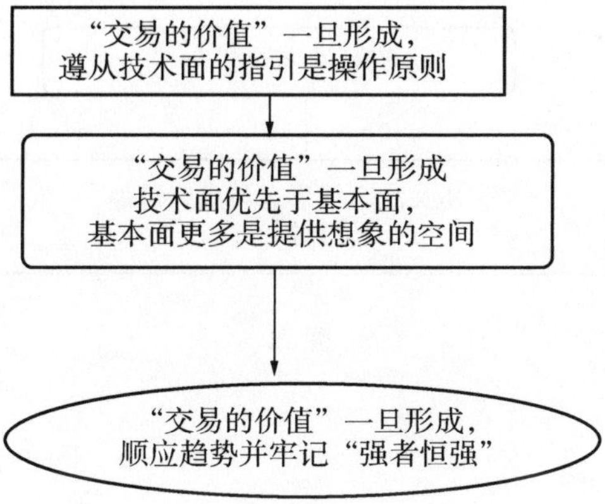


图20

2. **博傻与三点思路**

(1) 博傻行情是行情发展到一定阶段的必然产物。

一旦市场钱多起来，市梦率出现后，“交易的价值”开始被市场充分体现出来时，一切过于理性的分析都将变得苍白无力，市场将进入一个相对“搏傻”阶段。在这过程，我们没有必要去回避它。相反，我们更要好好去迎接它，毕竟这是行情发展的一定阶段必然产生的状况，是一种质变，这质变将给投资者带来疯狂的暴利机会。

(2) 基本面的非理性分析将成为助推股价的题材。

“交易的价值”一旦形成，所有基本面可以暂时不必太过纠缠，基本面理性层面的分析在这里将显得毫无用处，有用的是非理性基本面分析。怎么非理性分析？就是放大，把一些很平常的利好无限放大，使之成为助推股价的题材。

（3）“交易的价值”一旦形成，务必记住三点思路。

一是必须遵从技术面的指引，这是操作原则。

二是技术面优于基本面，基本面更多地是提供想象空间。

三是顺应趋势并牢记强者恒强。

为何如此？道理不复杂，最关键的就是在“交易的价值”波动过程中，一切皆有可能，可以比较好操控且有重要意义的武器就是技术分析。

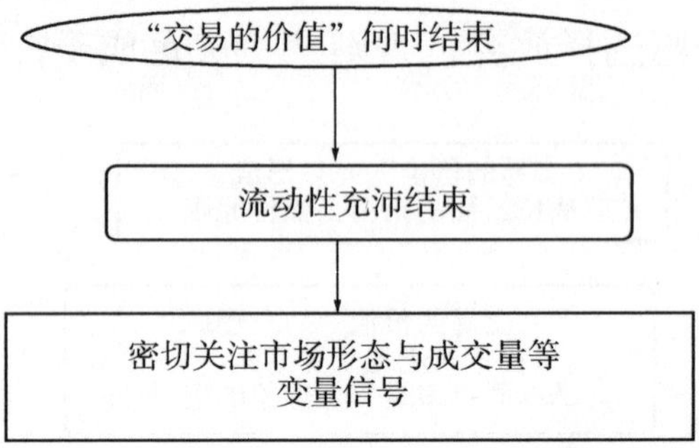


图21

3. **政策与技术**

（1）一旦形势不对，不可太过恋战，否则极可能付出惨痛代价。

“交易的价值”何时结束，这是个非常重要但又不容易把握的问题。

既然“交易的价值”最终都是昙花一现，那就意味着中级风险是非常巨大的。因此，在具体博弈过程中，一旦形势不对，是不能够太过恋战的。太过恋战最终的结果极有可能是深陷进去而不能自拔，那无疑是需要付出惨痛代价的。

（2）流动性与“交易的价值”成因果关系，密切留意信贷政策导向。

既然“交易的价值”是由于钱多所造成，那么，要让“交易的价值”结束，必然是要钱少才能实现。也就是说，流动性充沛结束才有可能让“交易的价值”结束，两者显然是互为因果的关系，一荣俱荣，一毁俱毁。

具体如何去把握流动性的动向，提前感知到流动性充沛结束，信贷政策是否宽松依旧等政策性导向信号是需要留意的。一旦有风吹动就将可能对流动性状况带来深远影响，从而最终改变市场的格局。

（3）从形态与成交量这两点去研判市场的流动性动向。

除了密切留意信贷政策上的导向外，具体到市场而言，要想感知到流动性的未来动向，需要关注两个比较重要的技术指标：一是形态，二是成交量。

形态是看日线上是否有形成顶部形态的趋势，成交量则是看日线上阶段性是否有过于放大套现的嫌疑。这两点就要回到形态与盘面分析上去了，在此不具体阐述。

## 三、温故知新

(1)“交易的价值”，存在即合理，更多是一种外在价值，很多时候都是昙花一现，但值得好好把握。

(2)市梦率是“交易的价值”的标志，当“交易的价值”达到最后疯狂时候可能就仅仅考虑交易价格是高是低了。

(3)在“交易的价值”运行过程中，基本面的非理性分析将成为助推股价的题材，技术层面的三点思路务必清晰。

(4)“交易的价值”一旦形势不对，要随时逃跑，要时刻关注信贷政策的导向与技术层面上形态与成交量是否发出顶部信号。

(5)对“交易的价值”见顶后的一些思考与策略。

“交易的价值”在最后疯狂阶段如何避免成为最后的接盘者，除了要提前感知一些政策上、技术上的见顶信号外，最关键的还是要保持平和的心态，否则就会很容易被市场的情绪牵着鼻子走，一旦如此，就很可能成为最后的接盘者。

另外，在形势开始不对，见顶特征逐步清晰起来的过程中，市场难免会有一些回光返照或最后挣扎的状况，此时，务必要耐得住寂寞，否则一不小心，受伤也不会轻。

补充一点是，在“交易的价值”回归“本身的价值”过程中，这可能是个漫长而又反复的过程，在此期间如何把握好脉冲式机会，也是个需要思考的问题。原则是设好止损，严格地去把握期间的一些脉冲式机会。当然，如果够耐心，放弃也不失为一个上策。

## 四、课后习题

（1）“交易的价值”的标志是什么？具体如何判断进入“交易的价值”状态？

（2）试阐述流动性对“交易的价值”的不同影响。

（3）“交易的价值”一旦形成，务必记住的三点思路是什么？

（4）举出3个过去“交易的价值”运行过程中，最后阶段的见顶形态的例子，它们有什么共同点？

（5）“交易的价值”的运行过程中，你认为最好怎么样去把握其中的机会？

## 五、市场随笔

### 1. 有些功夫是在市场外的

我很喜欢听音乐，尤其是比较轻柔的音乐，感觉很舒服，特别是在盘中波动比较剧烈的时候，听着轻柔的音乐去看行情，心情自然就会平和很多，思路也由此会保持着相当的清醒度。在这个残酷的市场，做好这点其实就等于已经赢得了“先机”。

我也很喜欢看动画片，近期追看的是《火影忍者》。在看的过程中，我感受到另一个让自己头脑充分放松的世界，我喜欢那样的感觉。记得过去看《七龙珠》的时候，感受里面那种充满想象、天马行空式的世界，真的就是一种享受。资本市场，是高度消耗脑力的市场，适当地放松大脑，让自己的大脑有个发散的过程，也未尝不是一件相当有益且必需的事。

我周末回了趟老家，也再次感受到了家乡那种很浓厚的乡土气息，真的是非常亲切，感觉像是得到了一种陶冶，很舒服。深圳是大城市，我的老家算是中小城市，两者具有非常明显的差异，感受不一样的“气候”所带给大脑的冲击，确实是难以言喻。不过正是有了这样的冲击，才让自己更懂得珍惜“当下”，更懂得好好工作好好生活，为更多的人贡献自己的力量。

虽然我已经“深陷”资本市场，但我也非常清楚资本市场对于我来说不是唯一，更不是全部，生活中应该有更多东西值得去追求和把握，也只有这样，才能够真正活得开心和充实。在这个市场里，要真正做到保持平和的心态，我觉得功夫不在市场，而更多的是在市场外。只要在市场外具有了一种平和的心态，那我想，在市场里，你也是可以做到的！

随便想想，随便写写，这样的感觉挺好，我希望可以给人于启迪和感叹。休闲之余看看树、望望海、吹吹风，好好放松一下，学会享受生活中的乐趣，请记住，有些功夫是在市场外的！

### 2.“动”与“静”

不知不觉就又过了一周，感觉时间过得真是快。面对市场反复震荡的状况，大部分投资者的滋味，我想是比较复杂的。市场就是如此，在关键的时候往往越是容易让人疑惑，要知道，没有疑惑何来意外，没有意外何来惊喜！

我有相当一段时间没有怎么好好锻炼一下身体了，这也是导致自己比过去“丰满”了点的原因。为了自己，我想也是时候规划时间好好锻炼一下了。对于有一段时间没怎么锻炼的我来说，考验肯定是有的，不过我相信应能坚持下来，自己也确实有那种锻炼的渴望了！

我的身手过去还算灵活，虽然现在胖了点，移动速度不比过去，但还是有过去的那种“灵”性的。我喜欢跆拳道与截拳道的灵活，也喜欢太极拳的以柔克刚，综合起来就是该静则静，该动则动，动如脱兔，静如处子。这也是我过去锻炼的一种方向，实际上，在资本市场中我也是喜欢追求这样的一种境界，很多东西其实是相通的。

其实，投资者不妨欣赏下不少牛股的走势，其中都蕴涵着“静”与“动”的体现，横盘震荡是“静”的表现，突破向上则是“动”的体现，没有“静”则往往也很难看到“动”，“动与静”是处于一种互相转化的过程。如果你连面对“静”的耐心都没有，那么就肯定很难最终得到“动”的大收获！

在资本市场里博弈，其实就是对投资者各方面的综合考验。如何让自己的“武功”最终赢得市场，成为大赢家？我想，如果能够修炼好“静”与“动”的话，其实就已经具备相当的功底了。

### 3. 让自己拥有平和自然的心态

长假来临，该如何安排呢？首先我肯定不会去那些人流特别多的游玩胜地，难得长假，我现在更想享受的是较为宁静的气氛，这个假日我的选择就是好好休息！

好好休息就是为了身心的健康，健康的身心对资本市场而言，有着非凡的意义。我们已经听过太多因心态不好而没有把握好行情的故事了，有些人要不就是有斤斤计较的心态，要不就是有过于短视的心态，还有些就是具有那种疑神疑鬼的心态，这样的例子，举不胜举。试问，类似这样的心态，在这个波动总是处于一般人难以预料的资本市场里要成为常胜将军，现实吗？相信大家都心知肚明！人的交易归根结底是受到人的心理影响的，健康的身心对交易的重要性，以及在这个资本市场的重要性其实是不言而喻的！

晚上我很喜欢站在窗户旁远望外面林立着的楼房，穿梭的车辆，以及更远处的大海。在没多少云覆盖的日子，我喜欢仰望星空。这种感觉很奇妙，发觉自己真的很渺小，世界真的很大，那些不愉快的事情带来的痛苦，或者有时比较压抑的心情都会一扫而空。为何我那么喜欢大自然，有事没事都要去寻找那些接近大自然的地方，其实就是要让自己能够拥有平和自然的心态，我深知这不论是对工作还是对生活都具有非凡的意义。个人感悟，仅供参考。

另外，读书也是一种寻找平和自然的方式，还有就是听音乐。当然，书是要自己喜欢的健康书籍，音乐则是自己喜欢的轻柔音乐。只要有心，生活中你总能找到让自己平和自然的方式，你说呢？

### 4. 寂寞者往往都是最终的胜利者

在这个市场，由于博弈的本性，千万不要人云亦云，随时保持一颗独立清醒的头脑是很有必要的。当然，有时候会很寂寞，不过要清楚的是，寂寞的人往往都是最终的胜利者。

股市如战场，作战前一定要收集好比较充分的资料，对整个大的形势要有个清醒认识，同时对于小的状况也有个大概的了解，知己知彼，百战百胜！既然这个市场已被形容为战场，那么作为中华军事文化中一颗耀眼的明珠——《孙子兵法》，无疑是要引起投资者高度重视的，建议可以将《孙子兵法》作为投资前的必读书，好好看看，这对在资本市场中的具体作战有不可估量的作用。

“能看到别人不能看到的，能谋划别人不能谋划的，能思虑别人不能思虑的，能推测别人不能推测的，这才称得上远谋大略，这才是高人一等的智者。”这是我相当欣赏的一句话。

如果我们都能够看到市场的一举一动背后真正的本质，那么再好好地去排兵布阵、循序渐进，最终则必能达成目标。

### 5. 喜欢简单中蕴涵复杂

行情经常会有反复，而这反复带给投资者的无疑是折磨。在被市场折磨的过程中，人生百态也就会显现得尤为突出。这个世界什么样的人都有，因此，面对折磨，什么样的态度都难免会出现。对我而言，压力是不可避免的。

我也是一个平常的人，而非神，不可能做到完美，但会尽我最大所能去追求完美，会用我的智慧来把握这个复杂的市场，成为最终的大赢家！对此，我有这个信心，一路来的经历，也已经用最好的事实证明了自己。当然，这是个漫长的过程，不能一步到位。毕竟，罗马不可能一日建成，冰冻三尺也非一日之寒。

成功都是需要一个过程的，最终是否成功则需要时间来证明。巴菲特年平均收益率30%左右看起来平淡无奇，但经过几十年的过程所带来的成就，事实证明这是非常成功的！

看似简单，其实却又蕴涵着复杂，而复杂的背后其实也很简单，我很喜欢这样的模式。巴菲特的成功就是这样一种模式，这也是我所孜孜追求的！

市场的反复，不免让人烦躁，其实，越是这个时候，就越需要淡定，这真是：菩提本无树，明镜亦非台。本来无一物，何处惹尘埃！顺其自然，水到自然会渠成的！

附：市梦率

市梦率，是由市盈率演变过来的。

股票都有一定的溢价。市盈率即股价与每股收益的比率（市盈率＝股价÷收益）。

市盈率表现的是市场对个股价值观的体现，不是越低越好，太低说明市场对其关注度不够，对其未来的成长性欠缺想象力，因此也缺乏炒作。但也不能太高，如果当一个企业的股票的市盈率高得吓人的时候，就可以说“梦”了，即是市梦率了。

在中国股市上由于人为的炒作，所谓的市梦率随处可见。中国是新兴市场，其成长性和未来的发展前景非常可观，是国际各路资本觊觎之地，所以市盈率高也是正常的。

# 第七节 “破净”的操盘论道

## 一、基础认识

（1）解读净资产概念。

净资产是什么？课本上解读，净资产就是所有者权益，是指所有者在企业资产中享有的经济利益，其金额为资产减去负债后的余额。

净资产是企业集团资产超过负债的部分，即全部资产减去全部负债后的净值。净资产代表企业集团所有者（企业主或股东）在企业中的财产价值。它包括股本、公积金（盈余公积金、资本公积金）、未分配利润等。由于企业集团的资产净值属于股东所有，所以在会计上把它称为股东权益。它是反映企业集团经营业绩的重要指标。净资产受所有者原始投资、追加投资、企业集团后来发生的利润和损失，以及从滚存的利润或投资中提走的数额等的影响。本方案的基础数据中，为反映企业集团股东权益和信用风险的大小，只包括有形资产在内。至于企业集团信誉、专利权等无形资产，暂不参与计算。

通俗解读，净资产其实就是资产减去负债的有形财产价值，不包括无形资产。

（2）当市盈率等无法具体衡量的时候，净资产至少能够告诉你该企业至少还能值多少钱。

在股市里，净资产是衡量企业价值的一个重要指标，尤其是在本身的价值方面，有着独特的作用。为何？当你用市盈率等指标都无法具体去衡量一个企业价值的时候，你会想到这企业减去负债目前有形资产还能值多少钱，于是，净资产的价值就体现出来了。看看净资产，你就知道这企业减去负债的有形资产目前至少还能值多少钱。

（3）净资产是变动的数据，具有滞后性，投资者要能估算出当下的净资产大概状况。

由于净资产是个不断变动的数值，每年会随着企业的盈利或亏损以及一些有形资产的折旧等出现浮动。

因此，你需要清楚的是，净资产很多时候是具有一定滞后性的，因为一般数据上给出的净资产都是前一年的数据，如果最新一个报表显示将可能出现巨额亏损的话，那么，未来最新的净资产势必会出现比较大的变动，不排除因该年亏损最终导致净资产为负的情况。

所以，对净资产，要清楚它的滞后性，同时你更要能大概估算出目前最新的净资产状况，从而有利于你对该企业当下实际价值的判断。

（4）“破净”往往发生在熊市，此时，“本身的价值”处于一种相对低估的状况。

企业“本身的价值”，正常情况下，是要结合市盈率等数据给予一个比较合理的估值，其价值也必然大于净资产。道理不复杂，作为二级市场交易的上市公司，公众会给予一定的溢价，如果连自己本身净资产的状况都超越不了，那二级市场的交易溢价功能也就彻底丧失了。

当然，当处于较大熊市过程中，二级市场人气严重低迷状态下，交易溢价功能也真的会出现丧失的状况。此时，就会出现大面积交易价值低于净资产的状况。这时候，也是“本身的价值”处于一种相对低估的状况。

巴菲特的价值投资除了把握好市盈率等数据的价值低谷外，另外一个方面就是他非常擅长在熊市过程中找寻交易价值低于净资产状况的潜力品种。一旦恢复牛市，企业进入良好经营状态，交易价值的腾飞让很多人目瞪口呆时，自己则获取了超常规的收益。

## 二、操盘论道

### 1．“破净”的选择原则

（1）假如企业在经营管理上正常的话，“破净”带来的价值低估机会将很有操盘实战意义。

如图 22，其净资产阶段性的波动状况可以一目了然。然后对比图 23，你可以很清楚得知在相当时间里，其波动都处于净资产之下，也就是所谓的“破净”状态。

【最新指标】

| ★最新主要指标★ | 09-06-30 | 09-03-31 | 08-12-31 | 08-09-30 | 08-06-30 |
|---|---|---|---|---|---|
| 每股收益(元) | 0.5800 | -0.0064 | 0.0283 | -0.2525 | -0.1324 |
| 每股净资产(元) | 8.2200 | 7.4200 | 7.1900 | 6.9714 | 7.2500 |
| 净资产收益率(%) | 7.0900 | -0.0900 | 0.3900 | -3.6200 | -1.8300 |
| 总股本(亿股) | 2.3946 | 2.3946 | 2.3946 | 2.3946 | 2.3946 |
| 实际流通A股(亿股) | 1.7118 | 1.7118 | 1.7118 | 1.3204 | 1.3204 |
| 限售流通A股(亿股) | 0.6814 | 0.6814 | 0.6814 | 1.0728 | 1.0728 |
| 最新指标变动原因 | 业绩快报 | | | | |

09-03-31 每股资本公积：2.743 主营收入(万元)： 19058.35同比增97.90%
09-03-31 每股未分利润：1.903 净利润(万元)： -154.08同比增88.80%
★最新公告:07-11刊登2009年半年度业绩快报公告(详见后)
★最新报道:07-11深长城(000042)上半年收入同比增长359%(详见后)

| | |
|---|---|
| ★最新分红扩股和未来事项：<br>【分红】2008年度 10派0.2(含税)(实施) 股权登记日:2009-06-10 除权除息日:2009-06-11<br>【分红】2008中期 中期利润不分配(实施) | ★特别提醒：<br>★2009中报预约披露时间：2009-08-22 |

从表中可以很清晰知道，深长城（000042）在2008年中至2009年第一季度，其净资产都是在7元附近波动

图 22

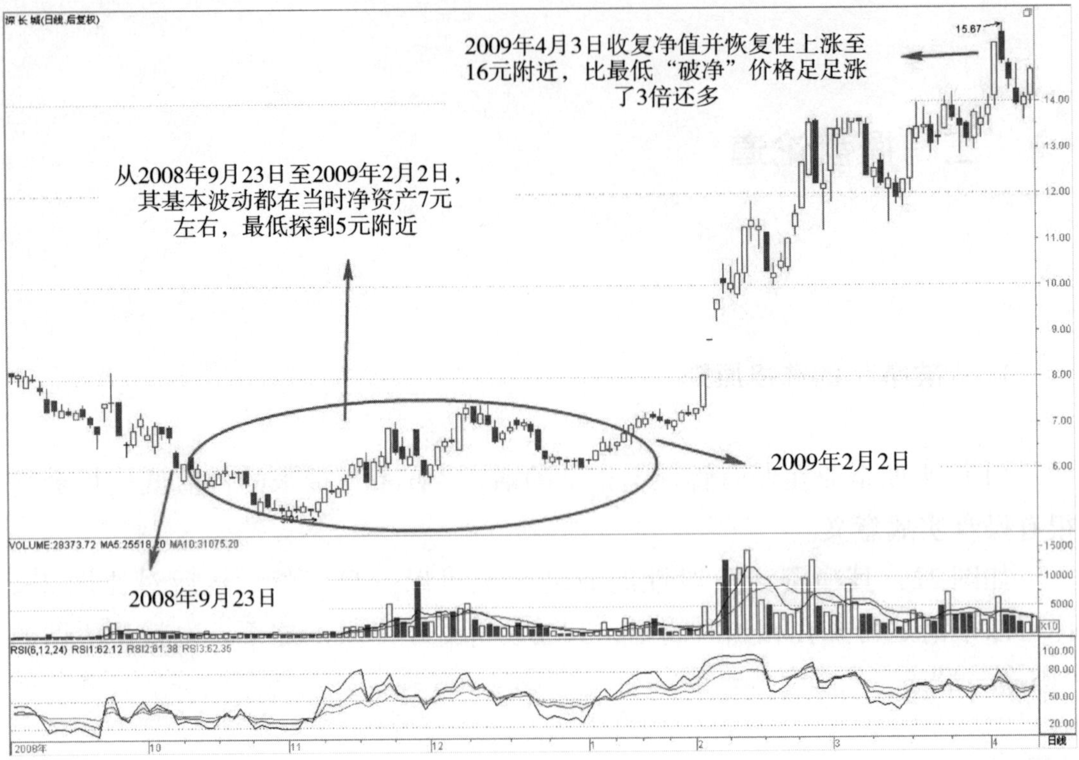
深长城(日线,后复权)
2009年4月3日收复净值并恢复性上涨至16元附近，比最低“破净”价格足足涨了3倍还多
15.67
从2008年9月23日至2009年2月2日，其基本波动都在当时净资产7元左右，最低探到5元附近
2009年2月2日
2008年9月23日
VOLUME:28373.72 MA5:25518.20 MA10:31075.20
RSI(6,12,24) RSI1:62.12 RSI2:61.38 RSI3:62.35

图 23

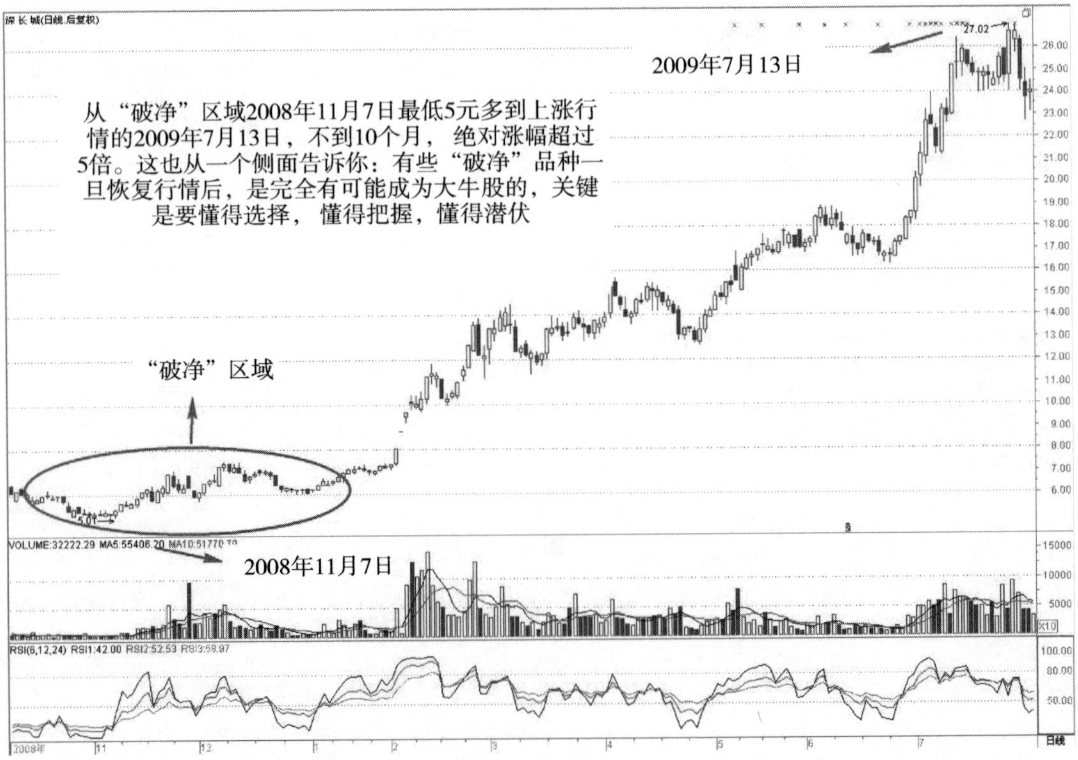
深长城(日线,后复权)
27.02
2009年7月13日
从“破净”区域2008年11月7日最低5元多到上涨行情的2009年7月13日，不到10个月，绝对涨幅超过5倍。这也从一个侧面告诉你：有些“破净”品种一旦恢复行情后，是完全有可能成为大牛股的，关键是要懂得选择，懂得把握，懂得潜伏
“破净”区域
5.01
2008年11月7日
VOLUME:32222.29 MA5:55406.20 MA10:51770.70
RSI(6,12,24) RSI1:42.00 RSI2:52.53 RSI3:58.97

图 24

"本身的价值"到底是多少姑且不论，但一个品种处于"破净"状态至少可以反映其本身已经是处于一种相对的熊市状态，"本身的价值"是完全可能大大被低估的，只要该企业没有太大经营问题，那么，这种"破净"状态蕴涵的价值低估机会是非常具有操盘实战意义的。

（2）面对"破净"如何选择的三原则。

很多人回过头去看，或许都会觉得怎么会出现"破净"这种有点夸张的状态。你这是回过头去看，在当时，那个特定环境下，也就是阶段性熊市过程中，所有负面的因素都被无限放大，别说"破净"，就是跌到几乎一文不值也不是没可能的（中国暂时不可能，国外很常见）。因此，一旦"破净"出现后，既是机会也是风险，机会是一旦该企业渡过难关未来将势必大幅回升，风险则是该企业万一渡不过难关有可能带来更为恐怖的灾难。

面对"破净"板块，就有了如何选择的问题。

首先，企业安全第一，政府背景优先。

我们要强调该企业的相对安全，在中国，也就是要具有政府背景，一旦拥有了政府背景，破产的可能性就会大大减低，相对安全也就能够得以实现。

其次，行业安全第二，避免金融科技等。

我们要强调该企业所在行业的安全，也就是尽量避免金融或科技类等行业，雷曼兄弟破产以及纳斯达克泡沫破灭就是最好的风险案例。类似这些企业除非你有非常大的把握，否则最好采取观望的策略，选择行情恢复再做出击的思路会更为安全。

最后，经营安全第三，避免 ST 板块等。

我们要强调该企业经营的相对安全，也就是尽量避免那些过去已经连续亏损，经营状况已经出现不佳的企业，现在继续不佳，或是恶化，这样是非常危险的，随时有可能进入无法挽回的局面。在中国，这些群体往往都是 ST 板块的品种，虽然很多人热衷它们的重组期待，但这具有相当大的不确定性，最好别贸然采取出击策略。虽然目前中国 ST 往往都是阶段性很有行情，但记住，别贸然去碰那投机的界限，这是投资的一种原则，否则一不小心，就可能把全部身家都搭进去。要知道，中国在跟国际接轨的过程中，ST 本身的壳资源价值会大大降低的，终归是有可能价值回归的。所以，ST 群体里的"破净"要避免。

（3）潜伏仓位控制的三大要点。

深长城属于房地产行业，有政府背景，过去经营一直都较为稳健，只是2008年房地产行业低迷造成其阶段性经营困境。显然，深长城整体的底子是比较厚实的，其净资产较高的状况也从一个侧面说明其具备较大的抗风险能力。当其处于“破净”区域后，是不是值得去选择、把握与潜伏呢?

一旦选择好，有潜伏的操盘思路，此时潜伏的策略也是有讲究的。体现在潜伏仓位的控制上，有三大要点：

首先，初期潜伏仓位控制在1/4内。

由于初期“破净”状态你并不知晓其“破净”的程度有多深，你唯一清楚的就是该品种“破净”后面临着价值低估的问题，长期而言，一旦挺过去，必然面临价值回归的可能。因此，初期你可以结合形态以及技术等多方面因素制定潜伏的价格与时间，此时，应当把潜伏仓位控制在1/4内。初期潜伏，试探性建仓不适宜过重。

其次，初期潜伏后，下跌再加仓1/4，反弹则再加仓1/3。

初期潜伏后，随着时间的推移，其波动价格或者面临进一步下跌的境地，或者面临一定反弹境地。如果价格进一步下跌，在其“三原则”没有大改变的背景下，可继续再加仓1/4；如果价格出现一定反弹，那么，建议再加仓1/3。道理并不复杂，继续下跌，仓位控制在1/4，刚好是前面初期潜伏的最大仓位，达到摊平价格的同时也还有弹药做后备之需。出现一定反弹，加仓1/3，原因是，“破净”本来已经价格低估，此时出现反弹，说明趋势有可能就此改变，开始回归价值，为何不敢大胆加重仓位呢?由于担心出现反复，所以不适宜一下子就加满仓位。

最后，采取简单原则，不站上净资产上方不再加仓，一旦确认站上，可以全仓杀进。

第三阶段，采取简单原则，此时不管价格如何波动，只要没有达到净资产上方，那就坚决不再加仓，耐心等待；毕竟通过上面的两个阶段，不论哪个情况，仓位至少都基本上达到总仓位的1/2，作为潜伏阶段，这种仓位已经足矣。接下来，耐心等待趋势的改变，等待价值的回归，等待价格回到净资产上方，一旦确认站上净资产上方，最后的策略是可以不管三七二十一，剩下仓位全部杀进，等待价值的进一步回归!

上面的三大要点，其实只是一种仓位控制的设计，并非绝对唯一，通过这种设计，只是要告诉你，潜伏期的把握也是需要讲究策略的。盲目一下子就满仓，一下子就空仓，这种操盘手法不是不可，只是那必须是在非常有把握的前提下。分批投入相对具有一定艺术，会让你在具体博弈过程中更有主动权以及更能控制好自己！切记，散户与主力的区别，就在于散户很多时候没有主动权以及不能控制好自己。

### 2. 行业选择与“破净”后策略

（1）行业不同“破净”后机会大小不一。以下谈谈房地产与家电。

不同行业的品种在“破净”后以及回归后的表现是不尽相同的。这里面存在着阶段性机会大小不一的现实，为了让大家更好地去理解“破净”，这里举一个例子，一个几乎跟深长城发生在同一时段的四川长虹“破净”的状况。

一个是房地产行业，一个是家电行业，虽然两者都是周期性行业，但对政策的敏感度是不一样的。

信贷政策的宽松与否对房地产行业有本质的影响，为何深长城出现令人瞩目的价值回归，关键就是在价值回归过程中，信贷政策保持着相当宽松的状态。这跟2008年有段时间的调控政策有着天壤之别，所以压过头了，价值一回归就出现爆发性行情。

相对而言，家电行业对一些信贷政策的敏感度就没有那么强烈了，其更多的是要看大众消费的状况是否有比较大的反弹。虽然在国家政策导向下如家电下乡等扶持政策陆续出台，但家电行业是个相当成熟的行业，家电也缺乏如房地产那种刚性需求，因此，市场回暖，其价值回归的步伐就会显得较为平和了。不过，这是个防御性比较强的行业，适合大资金在“破净”阶段好好潜伏，虽然没有疯狂的收益，但能够有可喜稳健的收益，对大资金而言，足矣。

作为操盘手，你要结合自己的资金量，如果比较庞大，追求较为稳健的收益，“破净”配置上可以更多从家电着手，同时结合配置房地产的盘子适中品种；如果资金量相对比较小，那可以考虑以房地产为主的配置策略。这里没有绝对，关键是看资金的风格。

（2）“破净”潜伏时机就在他人恐惧崩溃时，分批介入，为控制风险，更为夺取主动权。

看图25，我们很容易就知道2008年第一季度到2009年第一季度，这一年里四川长虹的净资产在4.7元附近窄幅波动，这符合其行业特性。当你清晰其这一特性，当市场处于极度低迷，四川长虹的股价波动也滑落至净资产之下时，看图 26，机会也就随之而来了。

【最新指标】

| ★最新主要指标★ | 09-05-26 | 09-03-31 | 08-12-31 | 08-09-30 | 08-03-31 |
|---|---|---|---|---|---|
| 每股收益(元) | - | 0.0014 | 0.0160 | 0.0500 | 0.0480 |
| 每股净资产(元) | - | 4.7300 | 4.7300 | 4.7500 | 4.8300 |
| 净资产收益率(%) | - | 0.0300 | 0.3500 | 1.0400 | 0.9840 |
| 总股本(亿股) | 18.9821 | 18.9821 | 18.9821 | 18.9821 | 18.9821 |
| 实际流通A股(亿股) | 18.9381 | 14.0704 | 14.0704 | 14.0582 | 13.0877 |
| 限售流通A股(亿股) | 0.0440 | 4.9118 | 4.9118 | 4.9239 | 5.8944 |
| 最新指标变动原因 | 限售股上市 | | | | |

09-03-31 每股资本公积：1.599 主营收入(万元)：605640.69同比减-14.76%
09-03-31 每股未分利润：0.300 净利润(万元)：270.71同比减-97.16%
★最新公告:07-31刊登公开发行分离交易可转债的提示性公告，停牌一天(详见后)
★最新报道:07-31四川长虹(600839)发行分离债 权证断档10个月添丁(详见后)

| | |
|---|---|
| ★最新分红扩股和未来事项：<br>【分红】2008年度 10派0.5(含税)(实施) 股权登记日:2009-07-13 除权除息日:2009-07-14<br>【分红】2008中期 中期利润不分配(实施)<br>【发行可转债】 2009-07-31 300000.00万元(实施) | ★特别提醒：<br>★2009中报预约披露时间：2009-08-27 |

四川长虹2008年第一季度到2009年第一季度净资产都比较稳定地在4.7元左右波动

波动不大的原因也是由于其不是类似房地产行业，盈亏波动比较大，其相对会比较稳定。又比如钢铁行业，虽然有周期但具有防御性

图 25

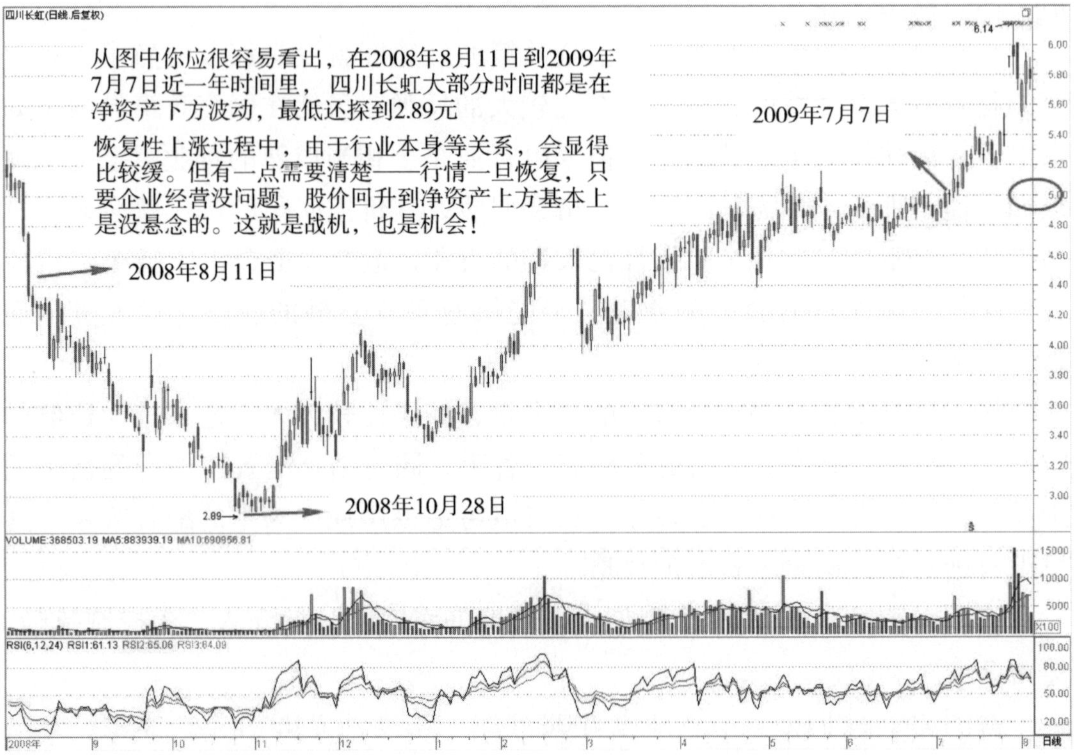


图 26

最低探至 2. 89 元，足足比净资产低了近 2 元，也就是在净资产基础上要至少再折价 40%，这个“破净”幅度其实已经相当惊人了，但正如上面谈到的一样，一旦进入“破净”阶段，跌了还可以再跌这是非常正常的，出现惊人的相对低价也是由于市场极度低迷、投资者情绪崩溃。

当他人恐惧崩溃的时候，就是我们要贪婪的时候。什么时候是适合的介入潜伏时机？答案已经摆在眼前了。此时，你也应该明白采取分批介入潜伏的策略，是为了更好控制风险，让自己更具有主动权，可能没法全部仓位都买到最低附近，但却可以让自己全部仓位在适当的价格参与进去。

（3）大赢都从小赢开始，必须学会耐心等待，收益率满意与否看你的资金性质。

潜伏进去后，作为操盘手，你必须要有耐心，否则，你将很容易被市场的反复波动“三振出局”。“破净”品种，不做则已，做则必须要有相当把握，除了太大内外因素导致必须出局外，所要做的，就是坚定信心等待其价值回归。

很多人都喜欢暴利，但暴利的前提是你必须输得起，输得起的前提是你够资金去输，或者是你必须赢得足够多的资金。而要达到这个目的，难道不都是从小赢开始吗?!

“破净”初期的价值回归，就是小赢的过程，能否变成大赢，形成暴利，那要天时地利人和的配合，不要指望每个“破净”品种都会给你带来暴利，如果真那样，投资就变得太简单了，每个人都会等待“破净”买入了。风险是绝对有的，只是你要控制好，懂得以上原则，以及做好仓位的控制，那么，最终赢的概率还是相当大的。可以说，“破净”里有金矿是不过分，只是要懂得挖掘才行。

四川长虹相比深长城，绝对收益固然大大落后，但你要清楚，四川长虹这个老牌市场权重龙头，“破净”后能够在从最低到最高这过程超过 1 倍涨幅，对很多大资金而言，其实已经相当够诱惑力了。别说 1 倍多，哪怕最终只有 30%，都足矣，你要知道，“股神”巴菲特年平均的收益率也就 30% 左右而已。

收益率多少才满意，关键就是看资金的性质。理性的，能有 30% 已经知足；非理性的，可能 300% 也觉得勉强而已。

## 三、温故知新

（1）当市盈率无效的时候，净资产至少还能告诉你该企业还值多少钱，当然，净资产的数据都有一定的滞后性，这是需要注意的。

（2）“破净”更多是发生在熊市阶段，一旦进入“破净”状态也就意味着该企业“本身的价值”开始进入价值低估阶段。

（3）“破净”带来本身的价值低估的前提是企业本身没有太大经营问题，具体如何选择“破净”企业要把握好三原则：首先，企业安全第一，政府背景优先；其次，行业安全第二，避免金融科技等；最后，经营安全第三，避免 ST 板块等。

（4）一旦选择好“破净”品种，就要面临潜伏的问题。一般情况下，潜伏仓位的控制要把握好三大要点，当然，没有绝对，这只是潜伏仓位控制的设计之一，但具有很大的参考价值。

（5）“破净”潜伏时机最好就是在他人恐惧崩溃时，此外，分批介入会让自己更具主动性。同时，务必要记住的是，不同行业“破净”机会不一，选择潜伏什么行业的品种，关键是要结合自己的资金性质与操盘风格。大赢都是从小赢开始的，收益率是否满意关键是看资金性质如何。

（6）“破净”阶段，当判断出其“本身的价值”处于低估状态，开始潜伏进去之后，市场的持续低迷对很多人而言都是极其残酷与难受的，这时候，潜伏的心态非常重要，保持平和与耐心，才能赢来最终的收获。作为操盘手，要绝对能够忍受得住寂寞才算得上高手。“破净”带来的机会究竟有多大，这是需要进一步学习才能找到的答案。只是，可以肯定的是，必须结合政策面以及其本身的基本面状况，同时把技术面也放上去，这样，最终才能做到心中有数。要做好一个大波段，期间的过程回过头去看挺简单，但当身处其中时，却是非常不容易的。作为操盘手，切记，一旦如预期走出来，就要坚定信念，没吃到大波段，也就失去了潜伏“破净”品种的意义了。

## 四、课后习题

（1）什么是“破净”？一般发生在什么阶段？

（2）为何会出现“破净”这一状态？如何去选择“破净”品种？

（3）一旦选定好“破净”品种，该如何潜伏进去？

（4）最好的“破净”潜伏时机是什么时候？分批介入的好处是什么？

（5）试举出5个“破净”后价值回归的品种，阐述其波动过程。

（6）为什么一旦把握“破净”品种，最好就吃大波段？

（7）你做过“破净”品种吗？有何心得？学习完“破净”后，有何感悟？

## 五、市场随笔

### 1. 心如蓝天会很美

蔚蓝的天空很美，令人心旷神怡，偶尔点缀着几朵白云，更是平添了几分意境，让人容易为此陶醉，但你是否想过，在天空还没变蔚蓝的时候，你有在等候吗？

等候需要耐心，更需要眼光，蔚蓝的天空是从非蔚蓝的天空转变而来，而非蔚蓝的天空其具体演变形态千变万化，可以是阴云密布，也可以是电闪雷鸣，更可以是一片漆黑。当看到这些形态的时候，你是否依然有那份蔚蓝的心呢？

迷时师渡，悟了自渡。心不动，人不妄动，不动则不伤；如心动则人妄动，伤其身痛其骨，于是体会痛。在市场的动荡过程中，心动者，想必十有八九也，不动者，乃具有蔚蓝之心者，虽少，但尤显珍贵！

一切都将如云烟随风而去，该来的肯定会来，是你的就是你的，不是你的强求也没用，在这个世界，活着是让生命变得真正精彩起来。每个人都有属于自己的精彩，只要开心快乐充实，那么，生命就是很美的了，就如那蔚蓝的天空！

### 2. 开车亲密接触后的感触

开车跟着别人的车太近，一不小心就是一次难忘的亲密接触，2009 年 12 月 11 日下午我就经历了难忘的一次。碰的不是什么漂亮或高贵的车，而是大货车，我跟着并停在它后面，按大货车司机的话来说，就是没有看到后面有车，大货车整个车身把我的车全挡住了，大货车在倒车的过程中，硬是来了个亲密接触。

当然，这次亲密接触主要责任在于大货车司机，在马路上特别是停住不动的时候，轻易倒车就容易造成事故，毕竟你停车的过程中，后面难免会有车跟上来停住。但不管如何，这让我得到了深刻的教训，那就是停在人家车后面，不要太近，如果我能够再远点，至少 3 米以上的距离的话，那么，发生这种情况的概率就小多了。

让我感到难受的倒不是车的受损，毕竟有理赔，车最终能够修复好，不需要我花一分钱，只是要我花点时间而已。真正让我难受的是，在解决这次事故的过程中，我经历的那漫长的近两个小时。在车来车往的马路边上，尤其是不少大货车从身边驶过，那带来的尘土与油烟，不断冲击着自己的呼吸，那才是真正令人难受的事情呀。

好像被上天特意安排受这样的惩罚一样，我深刻牢记以后开车必须要多分稳重，少分激进，或许这也是上天对我内心仍存在的一些不稳定心态而采取的一种诊治手段吧。说真的，这次确实是让我认识到交通事故有时候实在很烦人，而且这次幸亏算是小事，毕竟没有什么人员的伤亡。如果以后再这样不够稳重的话，那么，一切就完全有可能会往最坏方向发展的。

人，活在这个世界上，是要开心和精彩的，像今天这样，既不精彩也难开心，以后开车的日子还多着呢，多点稳重，少点激进，一切都将会变得更为美好。

吃一堑，长一智，我或许就是这样的人吧。因此，上天也就喜欢用特有的方式在适当的时候给我充分的体验，让我在未来的路上能够走得更好。上天对我的这种怜爱之心，我有时候仔细回想，感动不已。

发生在自己身上的事情，很多都颇有故事色彩，我想，会有那么一天，我静静地好好回味，把它们以文字的形式，自传体小说的模式，展示出来。我想，那将是一件多么有意思的事情呀，而且我相信，我的内容，让看到的人，有诸多的感触，甚至收获。

没有丰富的过去，怎会有精彩的未来呢？我的人生还在继续，我还要积累更多的素材，我要好好感受生活，热爱生活，体验人生，在资本市场上好好发挥自己的价值，在生活中也好好体现自己的智慧，每天都让自己有所进步。或许那只是一小步，但随着时间的积累，最终的威力将不可想象。这就如现在我开始坚持每天写1000字左右的文章一样，放在一天来看不算什么，但如果放在一年来看，那将是一本值得好好品味的书啊！这是我未来的生活方式之一，我喜欢它并享受它。

### 3. 帮别人就是帮自己

以前思绪很多而写得少，倒不是说自己写不出什么了，而是确实遇到了一些困惑，或者说是还没达到自己认为值得大写特写的状况，还没达到待沉思一段时间后，再动手写出来的那种厚积薄发带来的淋漓尽致的感觉。

现在已经完全到了，虽还有点早，不过有想动手的冲动了，目前随便写写也是为了让自己感觉更舒服点而已。近期我一直在想，怎么让自己的思想可以更有价值地体现出来，具体又如何体现呢？我那种天马行空式的思维，如何让它更好地体现在文字之上，让更多的人充分感受？我觉得那是一件非常有意义的事情。

对我而言，在资本市场沉浸的日子，其实是有很多较为成功的心得可以很好地提炼出来的，可能还不是很成熟，但事情不是需要一个逐步完善的过程吗？从一般成熟到完全成熟，不管如何，也是属于成熟的一部分，一个阶段，最终的成熟固然重要，但通往最终成熟的“成熟”对于更多的人而言，不是显得更为重要吗？现在自己的阶段、自己的状态，是完全能够把这些具有价值与意义的东西展现出来的，关键就是看自己有没真正用心花时间把它当作一项事业去经营。

总结自己让自己更好地沉淀下去，同时也可以给不少人带来思想上的启迪与思考，甚至给不少人提供在具体行动上少走一些弯路的指引，能有这样的价值，不就是自己一直所追求的最大限度地体现自己的社会价值吗？帮别人就是帮自己，何乐而不为？这样的事业，目前自己也有这样的基础去做，完全值得好好去做。2008 年 2 月 7 日，鼠年的大年初一，我在深圳的家里，望着窗外的天空还有远处的大海，郑重宣誓：我一定要把这项事业好好做出点样子出来，把自己的价值在未来最大限度地体现出来，不管如何，好好努力，让自己的未来变得更为精彩与充实！

我坚信，帮别人也就是帮自己！

**4. 从沉迷 QQ 游戏谈起**

每个人都有阶段性疯狂的时候，人有时候就是如此奇怪，做出来的事情会很不可思议。就如我，对于 QQ 上的游戏自己向来是有点不屑，一是觉得那浪费时间，二是觉得那也没多大意思，但在特定环境下，我的看法却发生了惊人的改变。

这特定环境就是当百无聊赖，无所事事的时候，我无意之中打开了 QQ 游戏这一“魔盒”，才发现，里面有个大千世界，什么旗类、牌类等游戏，真是应有尽有。经过我一番折腾，我发现这里的游戏可真是够厉害。不少游戏如果你要玩，是需要什么欢乐币、游戏币的，而这些是需要你真金白银去购买的；而且如果你玩游戏需要什么特权的话，还可以用钱去申请什么钻会员；如果你觉得你自己的卡通形象不够好，还可以去购买一些背景、衣服，反正里面让你掏钱的名目非常多，只要你玩进去了，你最终不掏钱的可能性很小。

为了保持旺盛的人气，QQ 也设立了不少不需要钱币就可以玩的游戏，同时对一些忠实的 QQ 用户，也会采取每天免费赠送一定额度币种的策略，目的就是让你去玩，陷进去，最终掏钱玩得更爽更高级。

想想，这游戏策略里面蕴涵了太多人性的弱点。人都是有好胜心的，给你免费尝试下，就是让你在输光后的那种不服输心理刺激下，掏钱来玩。人都是有好奇心的，名目繁多的收费项目，每个项目好像都挺有意思，好奇时就会动心了。人都是有贪便宜心的，什么卡什么会员就打多少折又送什么东西，在那么多优惠的刺激下，很难做到不动心。

最关键的是，一般情况下，其实每个人每次掏钱玩游戏的数额都不会很大，往往都不会超过10元，很多甚至1元、2元就可以，算上打折就更优惠。这点钱，对大部分人来说，对所有能玩游戏的人，都不会是什么大问题。

一个人为QQ游戏贡献的资金虽然小，但人数变得庞大起来，那就绝对不是一个小数目了，而且持续不断地玩，持续不断地奉献金钱，在这种游戏体系下，作为游戏项目的拥有者，只要保证好游戏的正常运营与服务，那么，就等于拥有了一台印钞机，钱真的是源源不断地汇集过来。

网络游戏能够创造那么大的财富，本质不就在于此吗？没玩也知道，一玩更知道！

偶尔玩玩游戏，未尝不可，但长期沉迷于此，那就可能玩物丧志了。我自己还算是懂得分析懂得刹车的人，在沉迷一段时间后，我决定要跳出来了，体验已经够了，要宣告结束了，那个世界并不是属于自己的，自己的世界在资本市场，我需要花更多精力来经营和思考这个市场，让自己的价值在里面更好地发光发亮。

面对资本市场，我总是想到隐藏在其背后的那一大群人，只不过这背后的人群可能会比玩游戏背后的人群显得更复杂。看透这些，虽然非易事，但却更具挑战性，更有意思。最重要的是，这是一件更有意义的事情！

### 5. 静夜思

跌了才知道赢利的可贵，
很多人都是这样，
行情好之时，
或许十几二十个点算不了什么；
行情急转直下之时，
才发现原来十几二十个点也尤其珍贵。
跌了就慌了，
慌了就不知所措了，
涨了就疯了，
疯了就自以为是了。
高抛低吸，
说起来简单，

做起来则难，

把握好市场是一门艺术，

静下心好好去感知这市场，

或许慢慢地你就能够驾驭这市场了。

成功。

无他，一点点的运气加上所有的努力！

# 第三章　价值的升华

# 第一节 看透成长性的秘密

## 一、基础认识

（1）“本身的价值”是动态指标，变动带来前瞻性与战略性。

公司“本身的价值”，是个动态指标，会随着时间的推移、公司的发展而变动，是成长还是萎缩，这将决定其“本身的价值”。道理很简单，20 年前的微软与现在的微软绝对不可同日而语，10 年前的我跟现在的我也是绝对不可同日而语。正是因为会变动，这“本身的价值”的研究就显得异常具有前瞻性与战略性。

（2）透过成长性达到研究上市公司的目的。

成长性是相对于萎缩性而言的，在资本市场，萎缩性意味着市场的缩小，公司的退步，风险的加大，当然这不是这里重点讨论的范围。我们更强调机会。如何从成长性中找到其“本身的价值”，看透成长性带来的机会是什么？如何去看透？如何透过这些研究来达到研究上市公司“本身的价值”的目的？上市公司的未来就在成长性里，看透了成长性，其实也就是看透了它的未来。

（3）成长性是内在的能量，无法估算，但能用具体公司来对比衡量。

成长性是否良好，除了直观地去感受公司本身的变化之外，更多是透过其业绩的变动、股本的变化、市场的地位等数据来剖析。所以，我们不仅需要感性的认识，也需要有理性的分析。两者结合起来，才是一个完整的系统。成长性对于“本身的价值”而言，是本质性的影响，是属于内在的能量，这种能量不像一般意义上的净资产那样能相对准确计算出来，这种能量更多是一种估算，很难用具体的数字来衡量，但却可以用具体的其他现实存在公司来对比衡量。投资功夫的高与低，有时候拼的就是对成长性的理解。

（4）成长性建立在实在的基础上，需冷静剖析才能找到。

对未来成长性的预测，敢于大胆想象是需要的，但绝对是要建立在当下基础之上，凭空想象、天马行空式的大胆想象，那不是认真负责的表现，更多是一种娱乐大众的体现。做投资，讲究的是实在，而不是虚幻，所以，请时刻提醒自己，成长性务必建立在实在的基础之上，否则，最终受伤的肯定是自己。就像有时候，我们可以看到一些媒体或市场人士在谈到一些具体市场机会的时候，会把其放大很多，比如多少多少亿元的市场规模，该上市公司隶属该行业，就好像该上市公司就可以把全部市场规模吃下一样。其实仔细一想，市场规模的大小本身就可能带有一定水分，真正能够占据的份额相当微小，就算占据份额比较可观，但实际带来的效益并非具有很大的想象空间……总之，夸大的成分是有的，我们千万别被这些夸大的思维牵着鼻子走，要冷静去剖析。

当然，有时候媒体或市场人士会把一些机会缩小，那是因为其眼光局限，没有看到太多而忽略了潜在机遇。这时候，如果冷静剖析，就能发现这缩小的机会，这就等于是找到了潜在的金矿。不管如何，成长性是需要冷静剖析才能找到的，而不是人云亦云来发现的，人云亦云的东西最终往往都不会成真。

（5）投资成长性的公司要有长远眼光。

一家好公司，如果其在小的阶段，我们能够有机会跟随其一起成长，那最终带来的资本回报无疑是异常惊人的，微软就是最好的例子。这样的机会不常见，但缩水版的机会却是不时有的，虽然缩水，但其机会对比一般的机会而言，也依然是相当突出的。这些企业都有个共同的特点，那就是成长性非常突出，而且在该行业几乎就是垄断或者是绝对优势地位。

垄断或占绝对优势的公司蕴藏良机。如果你发现这样的上市公司，而且其规模还处于发展过程，最好是刚刚度过小规模的阶段，那么，你有可能就是找到金矿了。当然，如果其已经度过小规模的阶段，但未来很有可能达到垄断或绝对优势地位，而且潜力很大的话，那么冒点险跟随它也是值得的。记住，只有在公司初期发展过程中分歧最大、最需要帮助的时候，你跟随之，投资之，这样，你最终的收获才会是最大的。当然，投资类似这样的公司，必须要抱着长远的眼光去看待，这样才能分享到真正的收获，正如投资微软一样。

# 二、操盘论道

## 1．成长性三强对比

（1）成长性大牛股的三大奥秘。

要发现成长性的奥秘，我们可以找到已经成为成长性突出的品种，然后通过对它们的研究总结规律找出奥秘。下面三个品种是经历了市场检验的品种，依次是云南白药、华兰生物以及小商品城。从上市到2009年9月，股价在市场的波动是反复震荡向上，最低到最高复权累积涨幅惊人的品种，成长性在资本市场上的表现展示无遗，这里的品种能够一路走过来在市场中绝对属于凤毛麟角。当然，它们有共性也有区别，我们就不妨逐步揭开它们的秘密从而总结出成长性的奥秘。

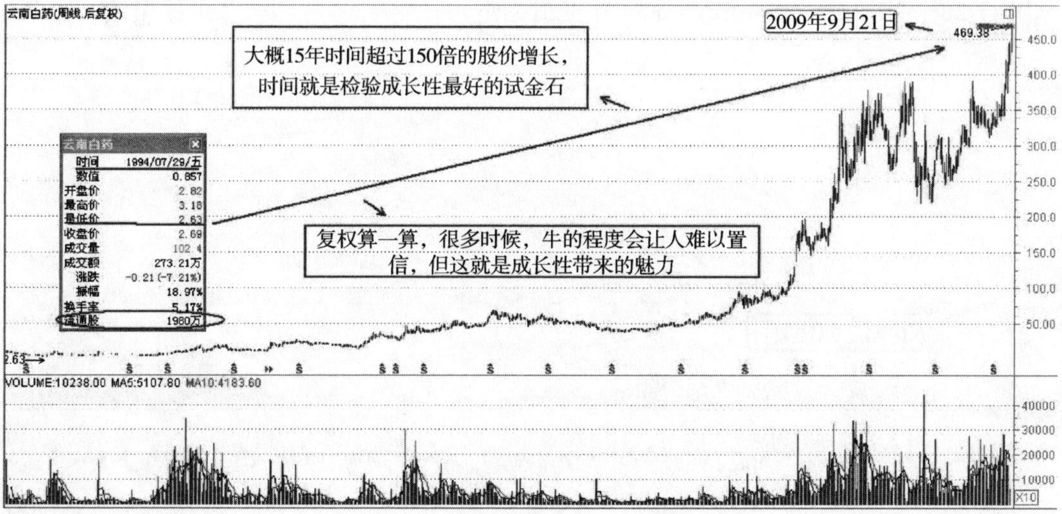


图27

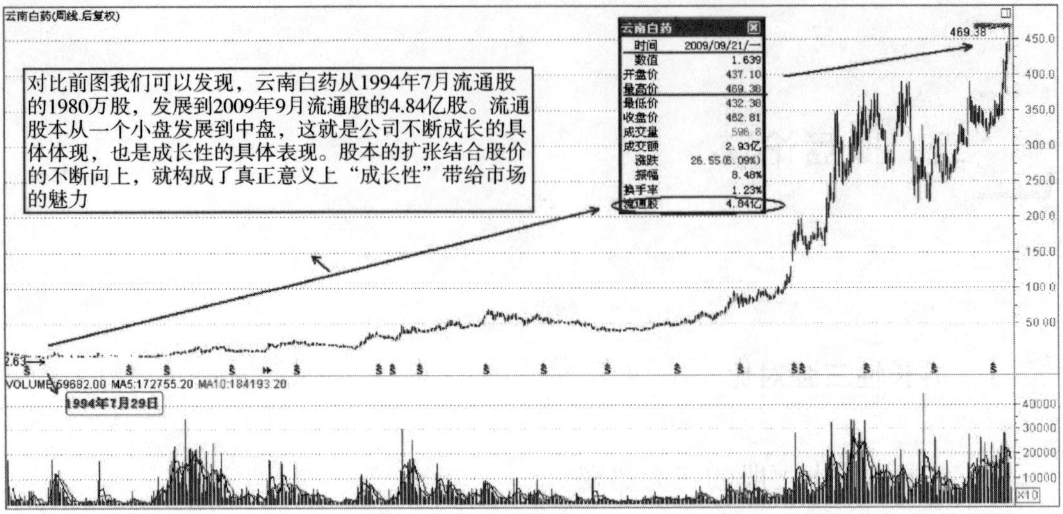

云南白药(周线,后复权)
对比前图我们可以发现，云南白药从1994年7月流通股的1980万股，发展到2009年9月流通股的4.84亿股。流通股本从一个小盘发展到中盘，这就是公司不断成长的具体体现，也是成长性的具体表现。股本的扩张结合股价的不断向上，就构成了真正意义上“成长性”带给市场的魅力
云南白药
时间 2009/09/21/一
数值 1.639
开盘价 437.10
最高价 469.38
最低价 432.38
收盘价 482.81
成交量 598.8
成交额 2.93亿
涨跌 26.55(6.09%)
振幅 8.48%
换手率 1.23%
流通股 4.84亿
469.38
2.63
VOLUME:59682.00 MA5:172755.20 MA10:184193.20
1994年7月29日


图 28

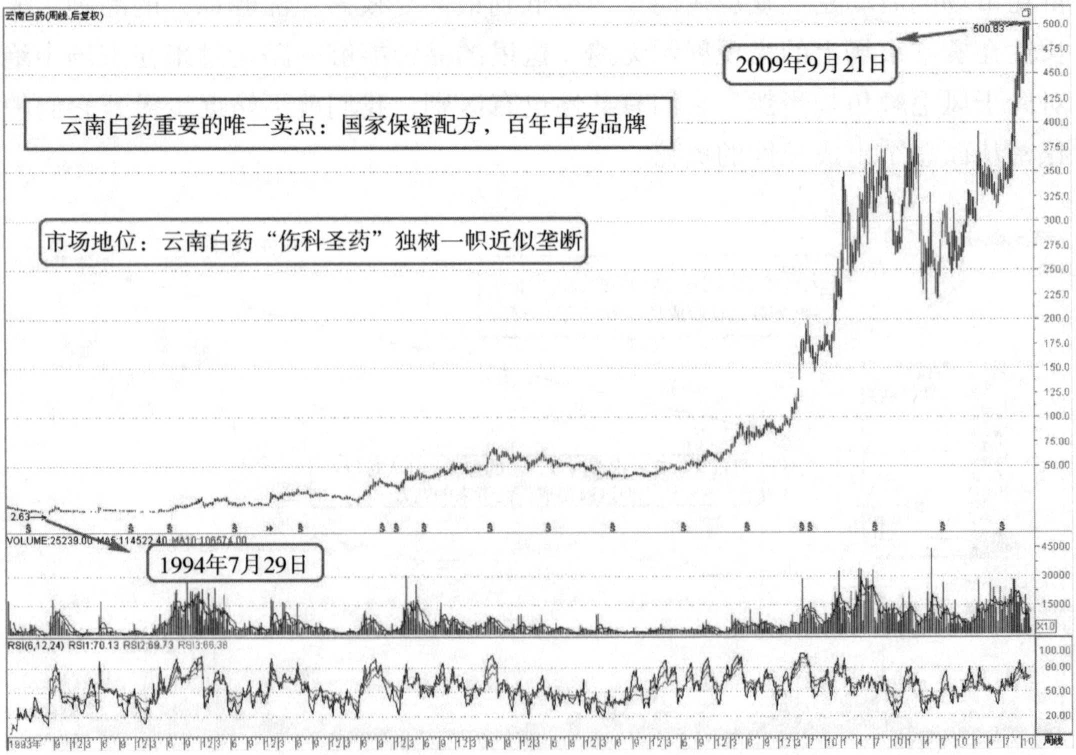

云南白药(周线,后复权)
500.83
2009年9月21日
云南白药重要的唯一卖点：国家保密配方，百年中药品牌
市场地位：云南白药“伤科圣药”独树一帜近似垄断
2.63
1994年7月29日


图 29

**表1　云南白药1993年底至2008年底**
**每股收益、净资产收益率以及分红送配方案一览表**

| 年度 | 每股收益（元） | 净资产收益率 | 分红送配方案 |
| --- | --- | --- | --- |
| 2008年 | 0.9600 | 14.84% | 以总股本53405万股为基数，每10股派3元（含税，税后2.7元）<br>登记日：2009－06－25，除息日：2009－06－26<br>红利发放日：2009－06－26 |
| 2007年 | 0.6800 | 23.20% | 以总股本48405万股为基数，每10股派1元（含税，税后0.9元）<br>登记日：2008－07－15，除息日：2008－07－16<br>红利发放日：2008－07－16 |
| 2006年 | 0.5710 | 26.23% | 以总股本48405万股为基数，每10股派1元（含税，税后0.9元）<br>登记日：2007－07－12，除息日：2007－07－13<br>红利发放日：2007－07－13 |
| 2005年 | 0.7947 | 28.02% | 以总股本28988万股为基数，每10股派1.5元（含税，税后0.85元），送5股<br>登记日：2006－07－12，除权除息日：2006－07－13<br>上市日：2006－07－13，红利发放日：2006－07－13 |
| 2004年 | —— | 25.48% | 以总股本24156万股为基数，每10股派3.5元（含税，税后2.8元），转增2股<br>登记日：2005－06－06，除权除息日：2005－06－07<br>上市日：2005－06－07，红利发放日：2005－06－07 |
| 2003年 | 0.6120 | 19.47% | 以总股本18582万股为基数，每10股派4.5元（含税，税后3.6元）转增3股<br>登记日：2004－06－17，除权除息日：2004－06－18<br>上市日：2004－06－18，红利发放日：2004－06－18 |
| 2002年 | 0.5040 | 20.20% | 以总股本18582万股为基数，每10股派3.2元（含税，税后2.56元） |
| 2001年 | 0.4040 | 18.00% | 以总股本18582万股为基数，每10股派2元（含税，税后1.6元）<br>登记日：2002－05－17，除息日：2002－05－20<br>红利发放日：2002－05－20 |

续表

| 年度 | 每股收益（元） | 净资产收益率 | 分红送配方案 |
|---|---|---|---|
| 2000 年 | 0.2650 | 12.63% | 以总股本 18582 万股为基数，每 10 股派 1 元（含税，税后 0.8 元） |
| 1999 年 | 0.1800 | 8.89% | 以总股本 18582 万股为基数，每 10 股派 1.4 元（含税，税后 1.12 元）<br>登记日：2000－06－05，除息日：2000－06－06<br>红利发放日：2000－06－07<br>以总股本 16818 万股每 10 股配 2 股配股价 7 元<br>登记日：1999－12－13，除权日：1999－12－14<br>上市日：2000－01－21，缴款起始日：1999－12－15<br>缴款终止日：1999－12－29 |
| 1998 年 | 0.2700 | 11.46% | 利润不分配，不转增 |
| 1997 年 | 0.2300 | 11.61% | 以总股本 11212 万股为基数，每 10 股派 1.3 元（含税，税后 1.04 元）<br>登记日：1998－06－22，除息日：1998－06－23<br>红利发放日：1998－06－29 |
| 1996 年 | 0.2100 | 11.37% | 以总股本 11212 万股为基数，每 10 股派 1.28 元（含税，税后 1.024 元）<br>登记日：1997－06－24，除息日：1997－06－25<br>红利发放日：1997－07－03 |
| 1995 年 | 0.1600 | 8.75% | 以总股本 11212 万股为基数，每 10 股派 1.25 元（含税）<br>登记日：1996－06－18，除息日：1996－06－19<br>每 10 股配 2.7 股配股价 3.1 元<br>登记日：1995－11－07，除权日：1995－11－08<br>缴款起始日：1995－11－10，缴款终止日：1995－11－23 |
| 1994 年 | 0.2700 | 12.93% | 以总股本 8800 万股为基数，每 10 股派 0.7 元（含税），送 2 股<br>登记日：1995－11－07，除权除息日：1995－11－08<br>上市日：1995－11－10 |
| 1993 年 | 0.1700 | 8.06% | 以总股本 8000 万股为基数，每 10 股派 0.5 元（含税），送 1 股<br>登记日：1994－04－13，除权除息日：1994－04－14<br>上市日：1994－04－19 |

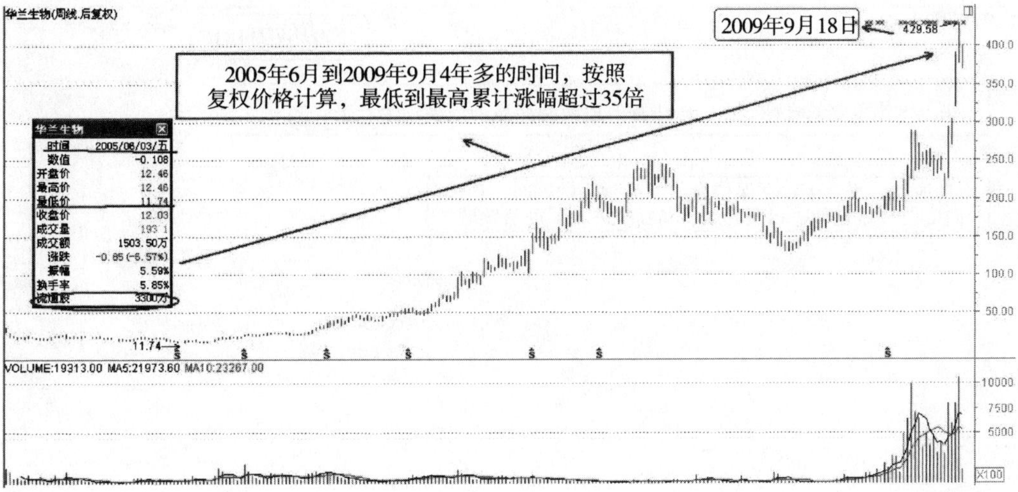
华兰生物(周线,后复权)
2009年9月18日
429.58
2005年6月到2009年9月4年多的时间，按照复权价格计算，最低到最高累计涨幅超过35倍
华兰生物
时间 2005/06/03/五
数值 -0.108
开盘价 12.46
最高价 12.46
最低价 11.74
收盘价 12.03
成交量 193.1
成交额 1503.50万
涨跌 -0.85(-6.57%)
振幅 5.59%
换手率 5.85%
流通股 3300万
11.74
VOLUME:19313.00 MA5:21973.60 MA10:23267.00
X100

图 30

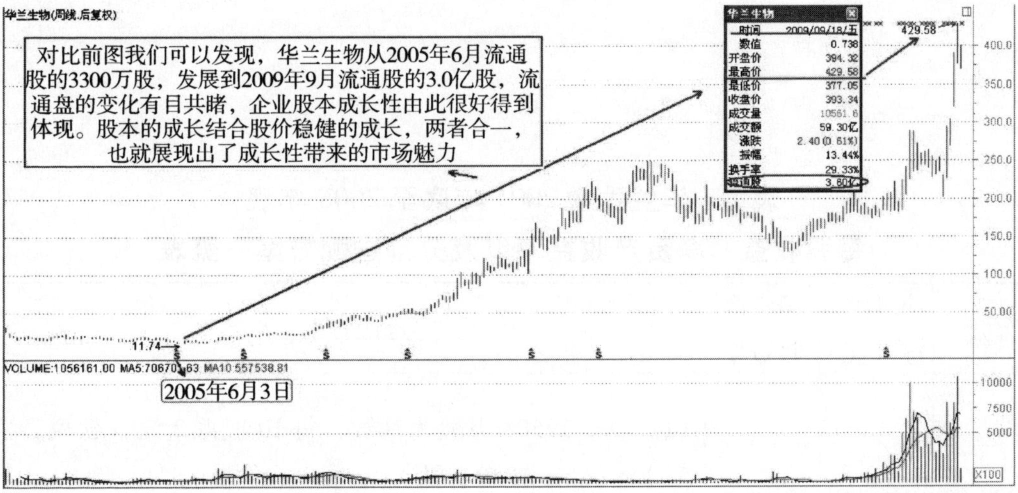
华兰生物(周线,后复权)
对比前图我们可以发现，华兰生物从2005年6月流通股的3300万股，发展到2009年9月流通股的3.0亿股，流通盘的变化有目共睹，企业股本成长性由此很好得到体现。股本的成长结合股价稳健的成长，两者合一，也就展现出了成长性带来的市场魅力
华兰生物
时间 2009/09/18/五
数值 0.738
开盘价 394.32
最高价 429.58
最低价 377.05
收盘价 393.34
成交量 10561.6
成交额 59.30亿
涨跌 2.40(0.61%)
振幅 13.44%
换手率 29.33%
流通股 3.60亿
429.58
11.74
2005年6月3日
X100

图 31

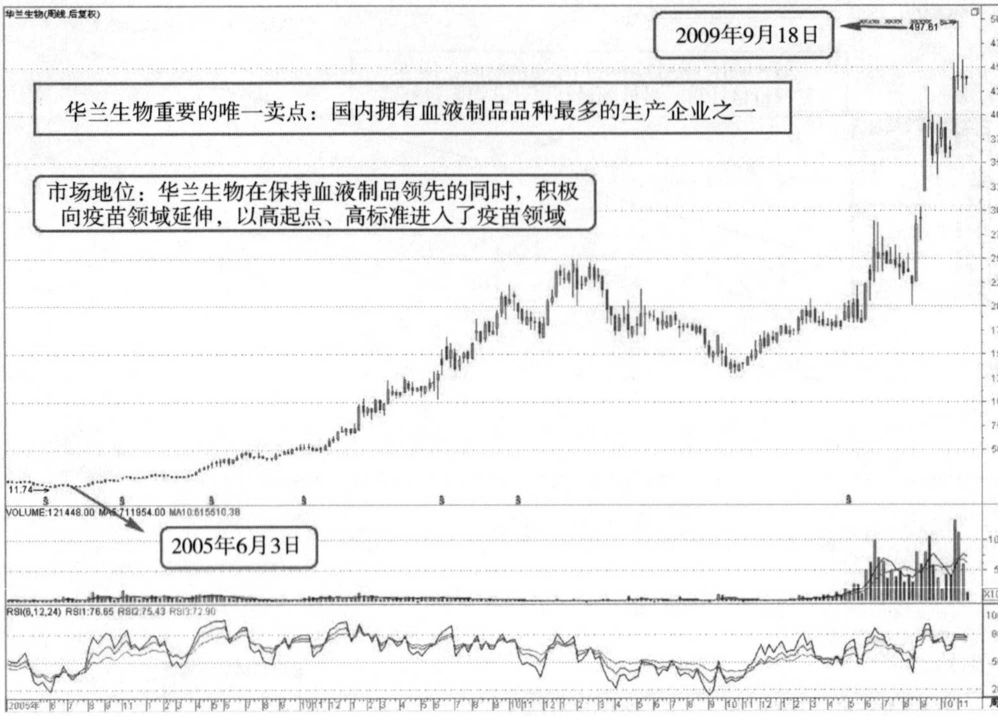


图 32

## 表 2　华兰生物 2001 年底至 2008 年底<br>每股收益、净资产收益率以及分红送配方案一览表

| 年度 | 每股收益（元） | 净资产收益率 | 分红送配方案 |
|---|---|---|---|
| 2008 年 | 0.8500 | 17.00% | 以总股本 22508 万股为基数，每 10 股派 2 元（含税，税后 1.8 元），转增 6 股<br>登记日：2009－05－05，除权除息日：2009－05－06<br>上市日：2009－05－06，红利发放日：2009－05－06 |
| 2007 年 | 0.5500 | 18.82% | 利润不分配，不转增 |
| 2006 年 | 0.5200 | 14.23% | 以总股本 15075 万股为基数，每 10 股转增 2 股<br>登记日：2007－06－11，除权日：2007－06－12<br>上市日：2007－06－12 |

续表

| 年度 | 每股收益（元） | 净资产收益率 | 分红送配方案 |
|---|---|---|---|
| 2005 年 | 0. 5200 | 9. 98% | 以总股本 10050 万股为基数，每 10 股派 5 元（含税，税后4. 5 元）<br>登记日：2006－04－28，除息日：2006－05－08<br>红利发放日：（沪市）2006－05－09，（深市）2006－05－08 |
| 2004 年 | 0. 6200 | 8. 26% | 以总股本 6700 万股为基数，每 10 股派 4 元（含税，税后3. 2 元），转增 5 股<br>登记日：2005－05－20，除权除息日：2005－05－23<br>上市日：2005－05－23，红利发放日：2005－05－23 |
| 2003 年 | 0. 7900 | 27. 36% | 利润不分配，不转增 |
| 2002 年 | 0. 6400 | 30. 66% | 利润不分配，不转增 |
| 2001 年 | 0. 3400 | 23. 76% | 利润不分配，不转增 |

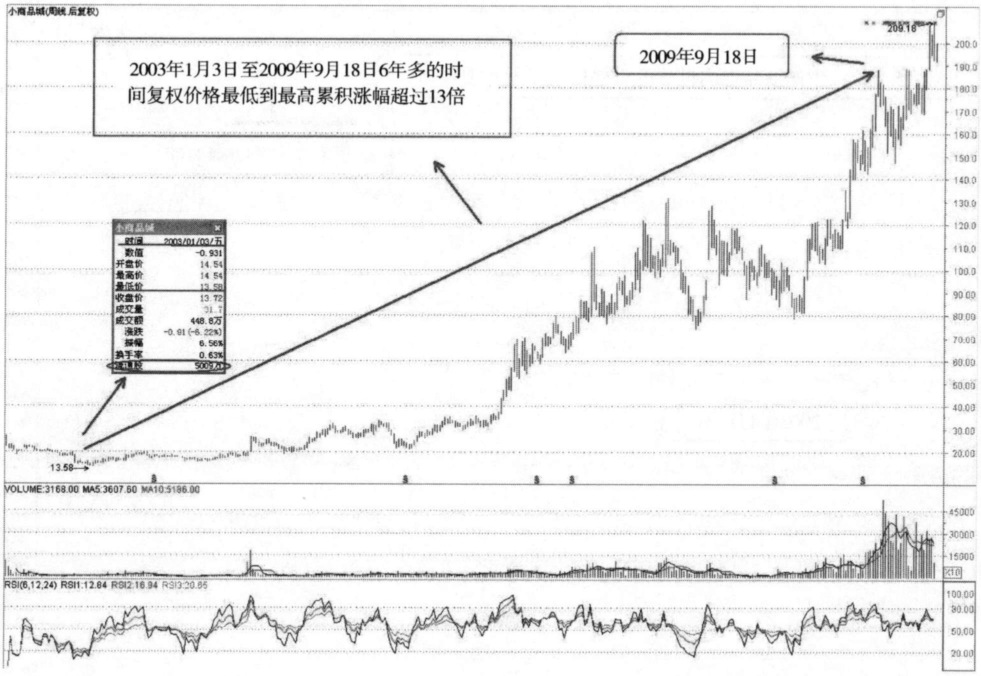


图 33

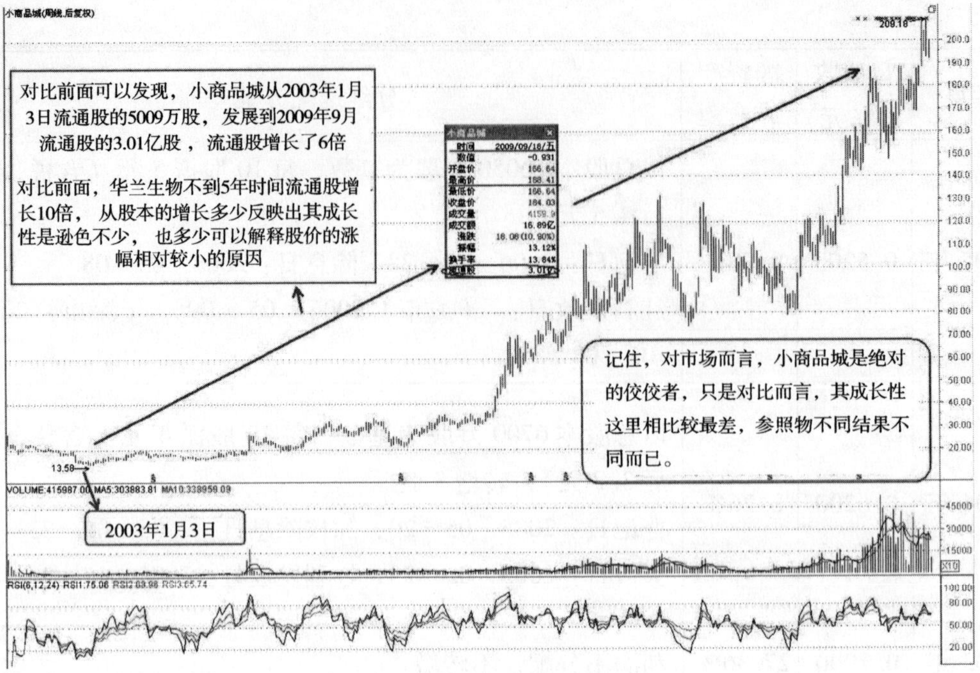
小商品城(周线,后复权)
对比前面可以发现，小商品城从2003年1月3日流通股的5009万股，发展到2009年9月流通股的3.01亿股，流通股增长了6倍
对比前面，华兰生物不到5年时间流通股增长10倍，从股本的增长多少反映出其成长性是逊色不少，也多少可以解释股价的涨幅相对较小的原因
记住，对市场而言，小商品城是绝对的佼佼者，只是对比而言，其成长性这里相比较最差，参照物不同结果不同而已。
2003年1月3日
13.58
208.18

图 34

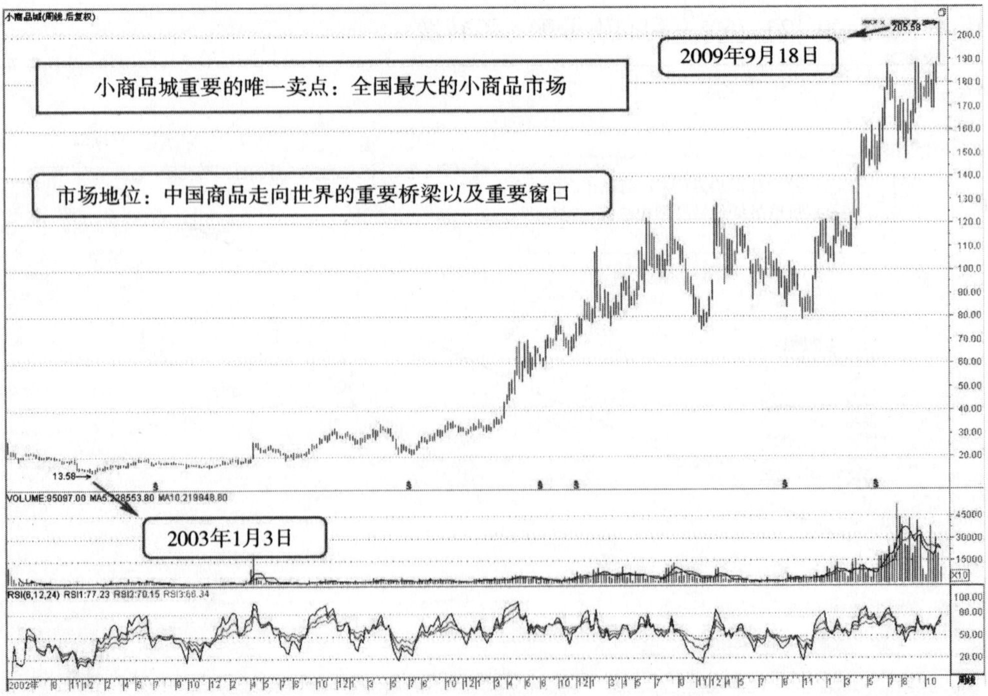
小商品城(周线,后复权)
小商品城重要的唯一卖点：全国最大的小商品市场
市场地位：中国商品走向世界的重要桥梁以及重要窗口
2009年9月18日
2003年1月3日
13.58
205.58

图 35

**表3　小商品城1999年底至2008年底**
**每股收益、净资产收益率以及分红送配方案一览表**

| 年度 | 每股收益（元） | 净资产收益率 | 分红送配方案 |
|---|---|---|---|
| 2008年 | 2.1700 | 11.01% | 以总股本34020万股为基数，每10股派2元（含税，税后0.8元），送10股<br>登记日：2009－05－26，除权除息日：2009－05－27<br>上市日：2009－06－01，红利发放日：2009－06－04 |
| 2007年 | 1.4500 | 23.84% | 利润不分配，不转增 |
| 2006年 | 2.4300 | 26.23% | 利润不分配，不转增 |
| 2005年 | 1.5600 | 19.90% | 利润不分配，不转增 |
| 2004年 | 0.8300 | 12.55% | 以总股本12497万股为基数，每10股派3元（含税，税后2.7元）<br>登记日：2005－06－28，除息日：2005－06－29<br>红利发放日：2005－07－07 |
| 2003年 | 0.6300 | 17.22% | 利润不分配，不转增 |
| 2002年 | 0.4200 | 13.87% | 以总股本10403万股为基数，每10股派1元（含税，税后0.8元）<br>登记日：2003－07－07，除息日：2003－07－08<br>红利发放日：2003－07－15 |
| 2001年 | 0.3200 | 11.75% | 利润不分配，不转增 |
| 2000年 | 0.3200 | 13.40% | 每10股派2元（含税） |
| 1999年 | 0.2600 | 11.26% | 每10股派2.2元（含税） |

①资产收益率高增长的持续性很关键。

很多人对成长性强的理解仅仅是净资产收益率高就行，但却往往忽视了一个重要因素，那就是持续性。不能持续地高增长，就等于是极不稳定的发展，最终的结果往往都是不尽如人意，一时增长一时亏损，试问发展从何谈起？这就好像投资一样，有时候超越市场的收益并不能说明什么，但如果长久持续超越市场的收益，复利累计下来，就是奇迹，就是“巴菲特”了。成长性在净资产收益率这里也是如此，净资产收益率持续较高地增长，最终的必然是凤毛麟角的大牛股，上面三个对比品种已经可以充分说明这个问题。

②不低于8%的净资产增长率是适合的高增长，持续性超过20%以上的高增长是将带来奇迹的品种。

什么样的净资产增长率才是适合的高增长呢？什么样的状况才能带给选择品种最大的上涨空间呢？对比上面三个品种可以发现：第一，云南白药净资产最低的增长率为8%多点，最高接近30%，2000年后大部分达到20%以上。第二，华兰生物最低增长率也是8%多点，最高超过30%，不过整体而言超过20%以上年份的持续性明显比云南白药差。第三，小商品城最低的增长率达到10%多点，最高26%左右，整体而言超过20%的年份凤毛麟角，大部分处于10%～20%之间。

云南白药与华兰生物都是累积涨幅比小商品城大的品种，这说明出现8%这样的增长不会阻碍到其成长性，这里不妨把8%作为高增长率的最低门槛来看待。华兰生物最高超过30%的增长率，但其平均累积涨幅低于云南白药，这也说明一时的极高增长率不是影响涨幅的最关键因素。最后，我们不妨把增长率在20%以上的持续性作个对比，就很容易发现，云南白药最优，华兰生物次之，小商品城最差。这下子明白了吧？没错，持续性的高增长，而这高增长如果超过20%，那么，就完全有可能诞生类似云南白药这样的长期大牛股。

所以，总结下来，回答前面的两个问题也就很容易了：不低于8%的净资产增长率是适合的高增长；持续性超过20%的高增长越多的话，越能带给选择品种大的上涨空间。

③流通股扩张速度年平均介于1～2倍之间是比较理想的速度。

只有高速增长、高速发展的企业，才有股本高速扩张的资本，本书现在谈的其实也就是资产收益率的一种衍生对比指标，即流通股扩张速度。对比上面三个品种，可以发现，云南白药从1994年7月的1980万流通股，发展到2009年9月的4.84亿流通股，15年增长超24倍，年平均增长1.6倍。

华兰生物从2005年6月的3300万流通股，发展到2009年9月的3.6亿流通股，4年多时间增长10倍多，年平均增长接近2倍。

小商品城从2003年1月的5009万流通股，发展到2009年9月的3.01

亿流通股，6 年多时间增长 6 倍，年平均增长 1 倍。

透过上面的对比，我们可以发现，累积涨幅最牛的云南白药其实并不是流通股本年平均扩张速度最快的企业，最快的企业是华兰生物。这多少可以说明，涨幅大小跟扩张速度没有本质的联系。但这三者都有个共同的特点，那就都是流通股出现了较为明显的增长，年平均增长速度不低于 1 倍。因此，我们是否可以这样理解，股本扩张速度越快并不意味着累积涨幅会最大，股本扩张速度年平均不低于 1 倍却是成长性突出的关键所在。再深入点，股本年平均增长速度介于 1 ~ 2 倍之间是最适合的一种增长速度，毕竟年平均过快的股本扩张速度难免会影响股价上的表现张力。

由于对比标的有限，上面的总结难免以偏概全，但不能否认其对比带来的价值启迪性。虽然不一定所有高成长性的品种都必须符合上面的标准，但符合上面标准的企业，成为成长性大牛股的概率极其大！作为合格的操盘手，类似这样的总结是必须要多做的，有时候这就是赢他人一步的关键所在。

（2）持续高成长带来良性循环，一切将不是梦。

持续高成长性的企业，是在资本市场最容易走出独立行情的品种，而这样的企业也往往属于行业的龙头，唯一卖点也往往是支撑其独立行情能否一直延续的关键之一。我们可以发现，持续高成长性的企业，其“本身的价值”可以说是逐年动态良性增长，正是有了这样的基础，才使得其“交易的价值”有时候可以天马行空地展开。

“交易的价值”能否天马行空，很大程度就是看其“本身的价值”是否到了一个让人产生无限遐想的阶段。资本市场是个很好的放大效应场所，当你持续增长 20% 几年之后，就有人已经想到你可能持续增长十几年甚至几十年。可以说，此时“本身的价值”增长已经从量变达到促使人们产生质变想象的阶段。试想一下，第 1 年增长 20% 以上可以不激动，第 2 年再增长 20% 以上也还可以不激动，第三年再增长 20% 以上的还能不激动吗？至少持续几年这样高增长后，巨大改变势必就会带来极大的未来想象空间。

上面三个品种在初期阶段的表现其实并不算突出，都是在中后期发力，为什么呢？其实就是持续成长性带来的爆发力。持续成长 1 年、2 年可能难以让人疯狂，但如果 3 年以上的话，那么，一旦在大行情的稍微配合下，想不疯狂都难。

资本市场的一个特点就是透支未来。如果市场认同该企业十几年或几十年后的情景，那么，此时，必然会产生疯狂“交易的价值”。“本身的价值”未必能达到当下的状态，但市场的想象，可以让其“交易的价值”达到未来有可能实现的“本身的价值”。

有梦就有一切，高成长性的企业就是让人产生对未来坚定的梦，有了梦，独立行情还不简单吗？而当梦实现的时候，变得更独立更具成长性难道不可能吗？只要企业保持坚定的信念好好经营下去，那么，持续高成长性的企业带来的绝对是无限想象的良性循环。云南白药的奇迹就是最好的一个例子！

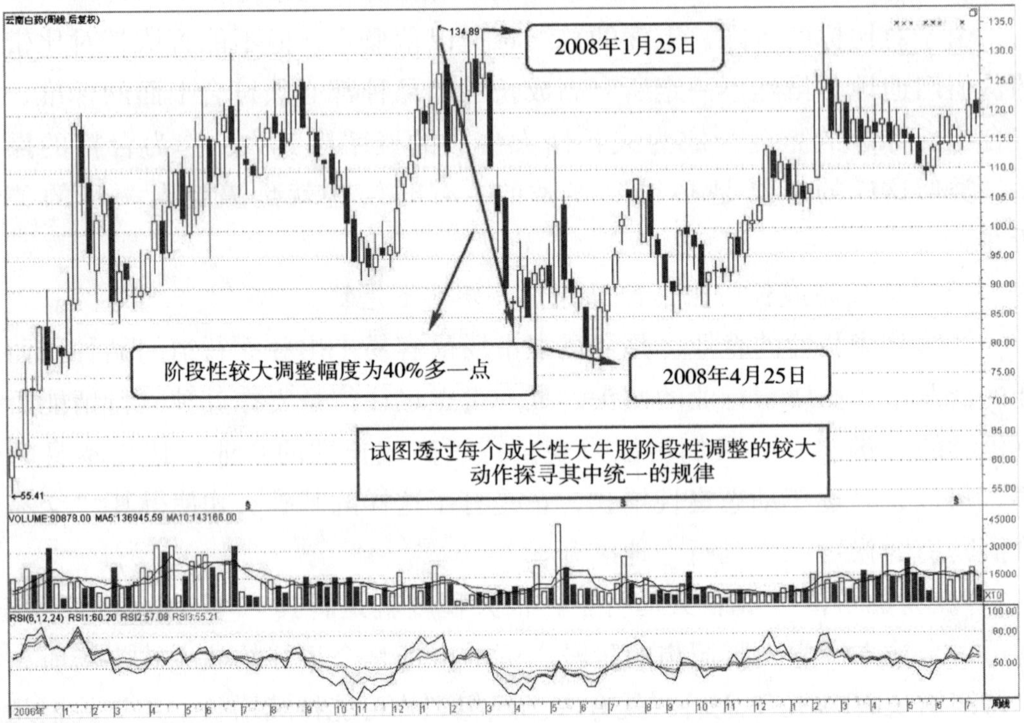


图 36

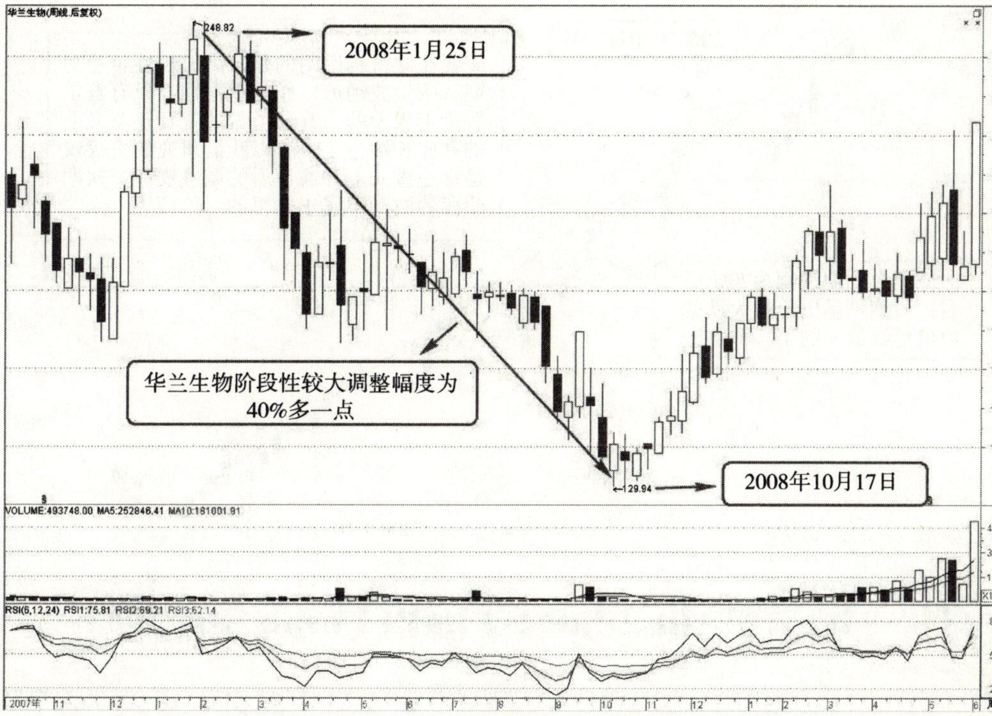
华兰生物(周线,后复权)
248.82
2008年1月25日
华兰生物阶段性较大调整幅度为40%多一点
129.94
2008年10月17日
VOLUME:493748.00 MA5:252846.41 MA10:181001.91
RSI(6,12,24) RSI1:75.81 RSI2:69.21 RSI3:62.14

图 37

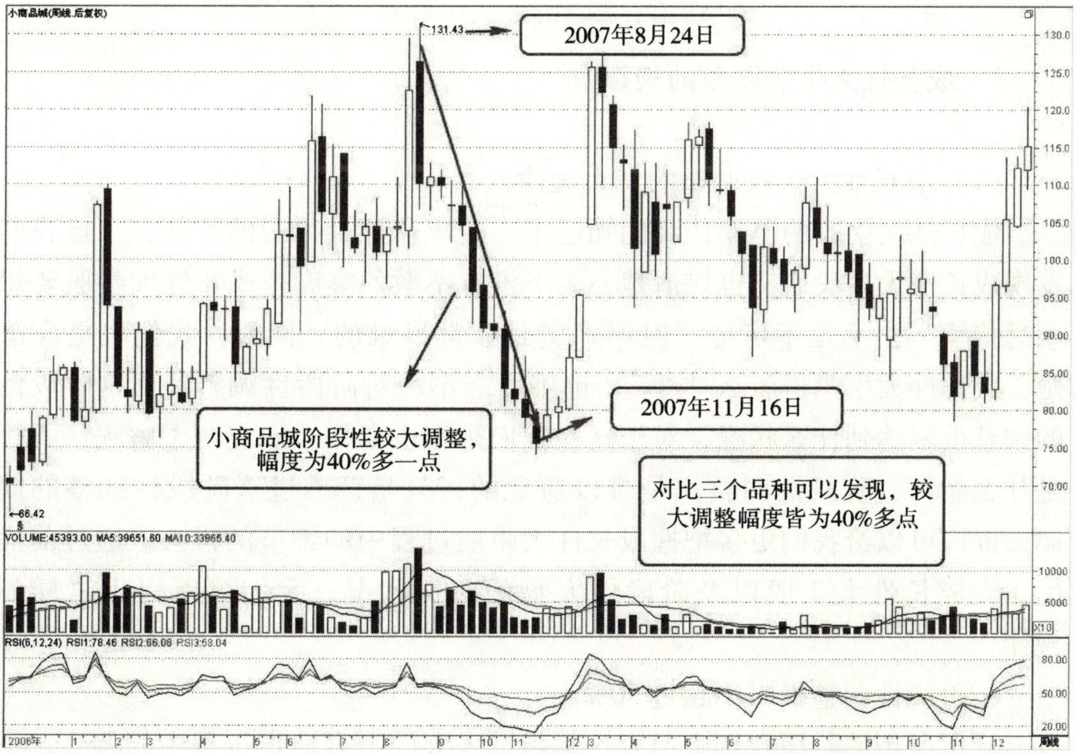
小商品城(周线,后复权)
131.43
2007年8月24日
小商品城阶段性较大调整，幅度为40%多一点
2007年11月16日
对比三个品种可以发现，较大调整幅度皆为40%多点
66.42
VOLUME:45393.00 MA5:39651.60 MA10:33965.40
RSI(6,12,24) RSI1:78.46 RSI2:66.06 RSI3:58.04

图 38

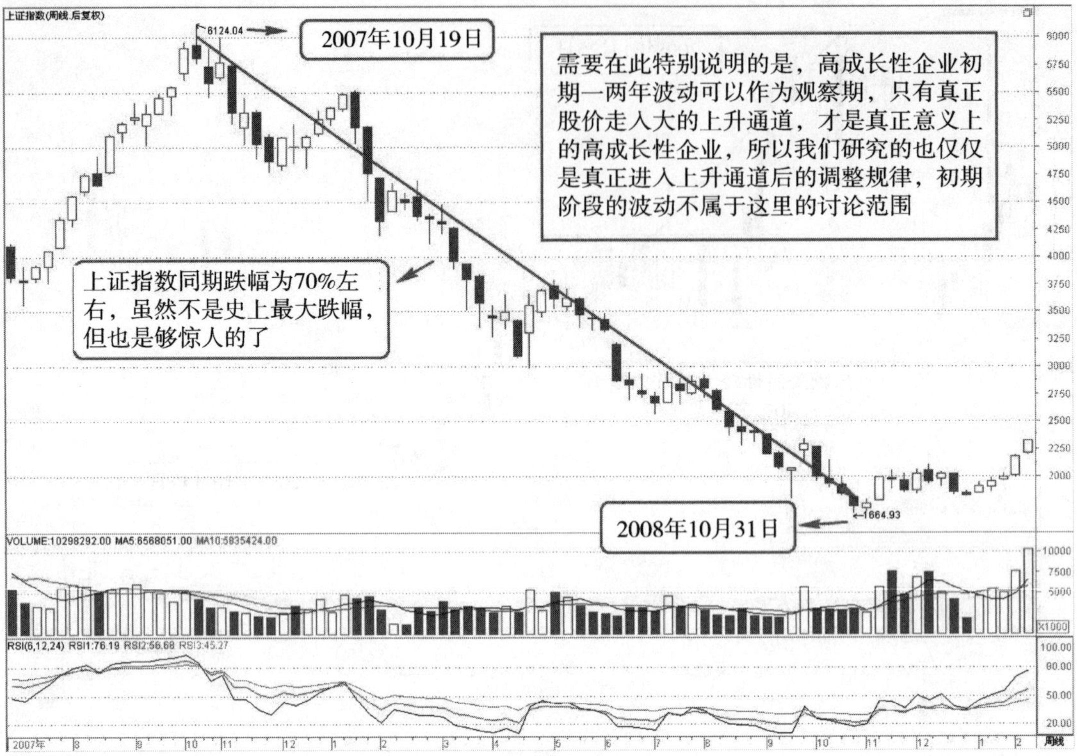


图 39

## 2. 成长性大牛股调整的规律

（1）成长性大牛股调整的三大规律。

成长性大牛股的奥秘让我们知道了一些成长性大牛股的特征，一旦我们发现成长性大牛股后，也该清楚，天下没有不散的宴席，成长性大牛股要想永远持续下去不是不可能，但那确实是非常艰难的；同时，我们也更应清楚，成长性大牛股再怎么“牛”，也不可能不面对阶段性调整，而这阶段性的调整极限达到什么状况，对于这些我们是否也要作个研究与了解呢？不管是什么品种，阶段性调整都是难以避免的，只是，透过这阶段性调整的规律，或许可以给我们更多把握成长性大牛股过程中的细节的机会。透过前面的三大成长性大牛股以及阶段性大盘的对比状况，我们可以得出这样的规律：

①阶段性调整极限不超过50%。

这里所谓的阶段性调整幅度，是指进入大的上升通道过程中的调整，不包括初期上市后的反复震荡过程。我们研究的是成长性大牛股在进入大的上升通道过程中调整的极限。上面三大品种，在大的上升通道中，阶段性最大调整幅度都是40%多一点，那么，我们把这幅度放大到50%，也就是阶段性调整极限不超过50%，这样的研判是比较合理的。对比上面同期大盘的最大调整幅度，我们可以发现，其调整幅度最大是达到70%左右，远比成长性大牛股的调整幅度要深，不过这也可以告诉我们，至少大盘调整幅度不超过80%，那么，一般情况下，成长性大牛股的最大调整极限就是不超过50%。而要达到大盘跌度超过80%，等于是超级大股灾，概率其实很低，因此，这个前提可以忽略。

②调整的方式多以急跌的形式展开。

对比上面三个品种，可以发现，周线上，除了华兰生物在阶段性调整过程中有过抵抗横盘的状况，其余两大品种都是以急速下跌、近似一步调整到位的方式结束，但总体依然是在不太长的时间完成阶段性调整过程。因此，我们可以透过这样的特征，总结出成长性大牛股阶段性调整的方式多以急跌的形态展开的规律。道理其实也不难理解，在大的上升通道中，对于成长性大牛股而言，只有阶段性市场环境严重不配合，不稳定的心态从量变达到质变，才有可能出现重心急速下移的动作，否则更多的都是稳定，这也非常吻合大的上涨过程中的特点：急跌慢涨。所以，调整的方式多以急跌的形态展开是成长性大牛股调整的第二特点。

③调整过后的新高多以慢涨的形态展开。

对比上面三个品种，可以发现，周线上，除了小商品城在急速调整后出现急速上拉动作外（没创新高，再调整后才创新高），其余两大品种都是以慢涨逐步收复失地的方式来延续大的上涨浪。这说明一旦成长性大牛股出现急速调整后，要想很快恢复元气并不现实。此时，需要更多的是时间来作为疗养剂，新高是没问题的，只是需要点时间而已。具体操盘而言，此时是更需要耐心的时候，想在急跌过后马上收复全部失地，在成长性大牛股中这样的状况不是不可能，只是相对概率要小得多而已。道理其实也不复杂，试想一下，刚刚经历一波急速的杀跌，就好像一个人刚摔了一跤一样，要很快爬起来，可以，但很辛苦，慢慢爬起来，才最符合常理。所以，调整过后的新高多以慢涨的形态展开是成长性大牛股调整的第三特点。

总之，上面三个规律也是三个特点，我们心中有了这些概念后，以后面对类似的问题，至少会多一些经验，多一些智慧，多一些感觉。这在具体操盘过程中，是至关重要的，也是形成系统过程中必不可少的一个环节。

(2) 成长性大牛股的最大魅力。

成长性大牛股，由于其“本身的价值”突出，所以其“交易的价值”往往就会出现阶段性独立的状况，跟大盘调整对比的话，就很容易发现，要想让其也进入调整状况，往往需要一个相对滞后的时间；同时，由于其“本身的价值”突出，一旦市场调整幅度较深，还没到有可能企稳的时候，成长性大牛股“交易的价值”也就很可能体现出来，具体表现方式就是比大盘提前见到阶段性底部。

总的来说，就是由于其“本身的价值”突出，相比大盘，其“交易的价值”衰弱会比大盘滞后，但同时其“交易的价值”增强则会比大盘提前。

正是上面这样的特点，所以，当大盘进入调整初期阶段，成长性大牛股往往会呈现“强者恒强”的姿态，成为各路资金的避风港；同时，当大盘进入调整末期阶段，成长性大牛股则又会呈现“先知先觉”的姿态，成为各路资金提前潜伏的品种。不管如何，资金始终都是会对成长性大牛股“情有独钟”。

成长性大牛股除了阶段性急跌阶段，“交易的价值”会出现短暂的衰歇外，其余更多时间都是一种强势状态。这告诉我们，面对成长性大牛股，如果没有防范好阶段性调整风险，那么，就采取坚定持有的策略，毕竟成长性大牛股最终是不仅能够让你全身而退，而且很有可能带来不小惊喜的。当然，这过程需要你有足够的耐心与信心才行。

成长性大牛股本身还有个特点就是更多时候都是一种慢涨的状态，这让那些追求暴利的投资者很难适应。很多人为了追逐短期暴利，往往都会采取舍弃长期暴利的做法，这是一种极度短视的行为，而且最终很有可能因小失大。短期难以抵御长期的威力，这点是很多人没有彻底领悟出来的道理。

成长性大牛股不常有，一旦拥有，不妨长期配置点仓位在其中，享受那种长期成长性带来股价惊喜的感觉。

成长性大牛股最大的魅力就在于：长期下来，复利增长的幅度，有时候会连自己都难以置信！

## 三、温故知新

（1）面对成长性大牛股，我们需要清楚的是其“本身的价值”是动态指标，变动带来前瞻性与战略性。成长性是内在的能量，无法估算，但能用具体企业来对比衡量；成长性建立在实在基础上，冷静剖析才能找到。投资成长性的公司要有长远眼光。

（2）成长性大牛股的三大奥秘：①资产收益率高增长的持续性很关键。②不低于8%的净资产增长率是适合的高增长，持续性超过20%以上的高增长将带来奇迹的品种。③“流通股扩张速度”年平均介于1~2倍之间是比较理想的速度。虽然不一定所有高成长性的品种都必须符合上面的标准，但只要符合上面标准的企业，成为成长性大牛股的概率将极其大！

（3）资本市场的一个特点就是透支未来，如果市场认同该企业十几年或几十年后的情景，那么，此时，必然会产生疯狂“交易的价值”。“本身的价值”未必能达到当下的状态，但市场的想象，可以让其“交易的价值”达到未来有可能实现的“本身的价值”。有梦就有一切，高成长性的企业就是让人产生对未来坚定的梦。有了梦，独立行情还不简单吗？而当梦实现的时候，变得更独立更具成长性难道不可能吗？只要企业保持坚定的信念好好经营下去，那么，持续高成长性的企业带来的绝对是无限想象的良性循环。

（4）成长性大牛股调整的三大规律：①阶段性调整极限不超过50%。②调整的方式多以急跌的形式展开。③调整过后的新高多以慢涨的形态展开。上面三个规律也是三个特点，我们心中有了这些概念后，以后面对类似这样的问题，心中至少会多一些经验，多一些智慧，多一些感觉。这在具体操盘过程中，有时候，是至关重要的，这也是形成系统过程中必不可少的一个环节。

（5）成长性大牛股由于其“本身的价值”突出，相比大盘，其“交易的价值”的减弱会比大盘滞后，但同时其“交易的价值”增强则会比大盘提前。成长性大牛股不常有，一旦拥有，不妨长期配置点仓位在其中，享受那种长期成长性带来股价惊喜的感觉。成长性大牛股最大的魅力就在于：长期下来，复利增长的幅度，有时候会连自己都难以置信！

（6）成长性大牛股有上面这些奥秘与规律，相反，那些较为平庸、成长性不突出、跟随股指波动的品种，它们的特点其实就是成长性大牛股的相反之处。需要记住的是，成长性大牛股特点的相反之处肯定是非成长性品种所拥有的，只是非成长性品种所拥有的特点远不止成长性大牛股相反之处的特点而已。

## 四、课后习题

（1）成长性大牛股的三大奥秘是什么？

（2）成长性大牛股调整的三大规律是什么？

（3）试着再找出 3 只成长性大牛股出来，然后对比作个简单阐述。

（4）如何充分理解成长性，在你看来，找到成长性大牛股的关键是什么？

（5）“本身的价值”与“交易的价值”在成长性大牛股中如何体现？

## 五、市场随笔

### 1. 起伏中看股票与人生

很多东西，就是这样来的，看似不经意，其实却是冥冥之中注定的，偶然的背后又有必然的因素。

好比股票的波动一般，疯狂的拉升看似来得很偶然，但其背后却是众多量变因素促成的必然质变，能否看透关键在于你是否意识并发现到其量变的过程。

又好比人生的起伏一样，有人突然崛起闪烁着灿烂光芒，可以说，此时该人已经进入人生的“起”阶段。这看似有点偶然，但在这背后却有其必然的因素。一个人会有什么样的成就，其实，从其平时的一举一动，点点滴滴，已经可见一斑，只不过真正质变需要个量变的过程，而量变的过程最突出的表现形式就是要经历一段时间。时间有长有短，这就因人而异了。

人生的“起”需要时间，人生的“伏”也同样需要时间，这也就是量变的过程，量变发生的阶段则就是在“起”后开始忘乎所以的时候。人生起起伏伏是常态，只是，这起伏过程中的大轨迹是什么方向则决定了最后的结果。很多人，一生起起伏伏后，才发现最终原来自己是在区间震荡，原地踏步。

好比股票的波动一般，不论经历几个轮回几个起伏，其大的波动轨迹才是其内在的价值，是“上”是“下”或是“横”，需要我们用睿智的眼光看待。

有些人，总想着“起”，而不愿正视“伏”，本身心态上就是有问题的。这样的心态可能导致量变的结果与预期完全相反。就好像很多人都喜欢在资本市场上赚钱，却不愿意输钱，这种只准赢不准输的心态，最后的结果必然是面对输的结局。本质上就是心态没端正过来，试问，输不起的人面对波动剧烈的市场能赢吗？概率实在是太低，除非其运气异常好。

“伏”并不可怕，只要内心坚定，积蓄充沛的能量，总会有再“起”的时候，到那时，就是一飞冲天超越过去的时候，此时的“起”就是一个新的腾飞。

“起”了后“伏”，只要再“起”的高度超越过去，就是一个良性循环的起伏，其最后的结果必然是进入一个大的上升轨迹之中。

不论人生或股票，只要进入了一个良性的大上升轨迹之中，那么，很多东西，就会在那个时候不经意来了。那时候，一切都会变得非常美好。

### 2. 你停下来思考过吗

当你在资本市场的直觉预感成为现实的时候，欣喜过后有没有思考过，这样的直觉预感是常态还是偶态，能有这样的预感背后的原因是什么。

如果是常态的话，那是值得骄傲的，这足以说明你内在的功力较强，绝对是肚子里相当有料的人物。怎样把这种的能量充分展示出来，从而更好地去体现自我价值，是需要思考的。

如果是偶态的话，那没什么好骄傲，但值得欣喜。不过，这背后说明你内在功力仍有不足，在资本市场上的料还没达到火候，仍有相当的提升空间。此时，要思考的是如何让自己的内在更好地提升上来，最终让偶态变为常态。

资本市场自身盈利系统的建立，其实就是一个偶态转变为常态的过程，让盈利在系统下变为常态，这就说明自己站在市场之巅了。

这个市场很无常，但无常的背后有潜在的规律可循，让盈利成为“常态”的人其实就是懂得找到这潜在规律的人。别小看市场，但也别恐惧市场，抱着敬畏与热爱的心情面对，好好修炼，坚定信心，量变促成质变的一天就会到来。

有时候，走在街上，你会发现，忙碌的人群之中，总有那么几个令人印象深刻之人。那些人是少数人，但却为这忙碌的人群带来风景，这就犹如资本市场一样，总有少数人会成为令人印象深刻之人。这里的印象深刻特指懂得把握常态之人。大部分人都可能是偶态，有闪亮让人印象深刻之时，但最终却是昙花一现不能持久。

忙碌的过程中，有没想过：自己本身是属于哪种状态的人？如果向往常态，而目前又没有达到那状态的话，那么，是否该考虑停下忙碌的脚步，好好思考一下，好好为自己提升一下，让自己的未来变成常态。不管如何，停下来思考是促成变化的关键所在。你停下来思考过吗？

### 3. 漫谈“感觉”

一种异常紧迫的感觉，很久没有这感觉了；

一种巨大机会就在眼前的感觉，很久没有这感觉了；

一种不完成任务就誓不罢休的感觉，很久没有这感觉了；

为何会有这种持续连贯而强烈的感觉呢？

这是一种内在的直觉，这是一种内在的潜意识，人有时候就是这么神奇。

这感觉未必最终就带来好运，但至少，这感觉会让人行动力大增。

人有时候会很懒惰，但一旦行动，世界也将因此改变。

资本市场的感觉，有时候也是那么神奇的，虽然如上面一样，未必最终带来的都是好运，但却会让人疯狂地行动起来，也就是疯狂地进行操作。人在前一秒可能还是异常淡定冷静，但在后一秒就可能完全变了样。

这里的感觉请不要跟盲目的冲动联系起来，与那无关，这感觉是在冷静淡定中产生的，而不是在狂热躁动中产生的，本质上是有区别的。

好像人谈恋爱一样，再冰冷的人只要碰到其命中注定的那位，一旦接触带来的化学反应，是会让巨冰都融化的，这就是冷静淡定中产生的感觉。

你有过这样的感觉吗？

资本市场就是那么奇妙，神奇的世界终会迎来奇妙的感觉！

**4. 从台湾选举赌盘想到的**

在网上浏览台湾新闻的时候，无意中看到有关台湾选举赌盘的新闻。这是台湾的一种赌博形式，里面谈到很多细节，如关于让多少盘啊，最终还是有人输得掉裤子啊，着实有趣，不过这则新闻让我想到的倒不是什么赌博之类的。

我想到的是，一个人对形势的判断，以及对机会的把握，在其人生道路上是多么关键。有时候那么一次就可能决定很多，甚至一辈子。台湾选举赌盘，有人大赢赢到天，而有人则大输输到裤子都没有，这不就是另类的真实写照吗？

回首自己一路以来的经历，在股市上，何尝不是靠懂得分析以及把握呀，尤其是关键时刻。有时候，就是要耐心等待机会的出现，台湾选举是四年一次，台湾选举赌盘，对于一些人而言，不就是四年才有一次的机会吗？

我想说的是，这个事情给我的启发是，不管做什么事情，都要好好去分析，好好去判断，用点时间无所谓，关键是在稍纵即逝的机会快到来的时候，把握好机会，这才是最重要的。

目前我自己在寻找人生的新路程，在这过程中，更多的积累和沉淀是必需的。同时，也不需要太着急，欲速则不达，没有实力去把握更大机会的时候，要做的可能就是静如处子的沉寂。而一旦机会来临的时候，动如脱兔的迅速则是必须要做的了。

我认为，更高更大的舞台已经在前面不远的地方，而现在，我要做的是好好沉寂下来，充实自己。这就如台湾 4 年一次的选举，不是天天都有的，而是需要耐心地等待。不过，有一点我很清晰，不进则退，时间是不会等人的。如果说是4年一次的话，那么，在时间逐渐消耗的过程中，也就是逐步临近的时候，别让自己无法抓住机会，那是人生一大的憾事。财富已经不是自己唯一的追求，我现在要追求的是更为精彩的人生，只有这样，我才能最大限度地发挥出我的潜能，最大限度地实现自我价值，从而最终能够为我们的国家、这个世界，作出自己的贡献。心很大，未来要做的事情也很多。让自己在充实中寻找快乐，感悟生命吧！

### 5. 从广州中大布匹市场想到的

布匹市场与商铺市场是很有意思的市场，过去我自己理解不是很深，但自从接触了中大布匹市场后，尤其是跟一些父亲那一辈在那做生意的朋友聊了之后，才真正明白，这个世界原来很多东西就在你身边，但你如果没有深入细致地去了解，你有可能就一辈子都没法明白与了解那精彩纷呈的世界。

对广州中大布匹市场的了解后，我发现布匹市场与商铺市场的精彩之处。很久前我就一直听父亲说，他们过去那些在广东兴宁做布匹批发的朋友来到广州中大布匹市场做布匹批发，有多么得精彩，自己一直也没当一回事，总以为，再怎么精彩能有多精彩呀，不就是布匹嘛。

事实呢，真的是要眼见为实。去中大布匹市场看看吧，尤其是下午高峰时期，那里真的可以说是水泄不通，车水马龙，人满为患，卖的与买的看起来都是那么热闹，而且地方很大，好几个专业的布匹市场，一个连一个，外国人与中国人都有，大单小单也有。但有一点可以清楚地告诉你，那就是这里是寸土寸金的地方。这里最旺的区域，一般一个20平方米左右、位置比较好的铺子，一年要多少租金？说出来，可能吓着不少人，100万元左右，至于一年租金几十万元的铺子，那里则是遍地都是了，请记住，是租金！

一年的租金基本上就可以买一套房子了，而且还有一点，那就是每年交租的时候，是要把一年的租金都先交了的！至于其他费用还要店主自己再结算。在这里做一年生意，没有上百万元资金，基本上是不太现实的，可以说，在相对比较好的地带，个个店铺主都应至少是百万级别上的富翁，当然，据我了解，千万元以上的也比比皆是。

布匹生意竟然能够做到如此大的一个市场，真的是让我有点叹为观止，相比过去建立在父亲那一辈相对小很多的市场概念，这对我来说是一次全新的洗盘与冲击。布匹生意的神话也造就了铺子租金的神话，这是相互影响的。而能够在这个市场真正淘到真金的，无疑就是那些远见者：一类是过去那些敢于在此坚持耕耘做布匹生意的人。因为一开始中大布匹市场还是一个下雨天上面帐篷会漏水的交易市场，跟现在完全两个样，能有今天规模，确实是集合了天时地利人和，因此，坚守下来，从开始不太好做到现在面向全世界凭自己本事做，是一个曲折而艰辛的过程。第二类远见者则是那些看准这个地方未来前景敢于投资商铺的人。因为刚开始的时候，这里的租金非常便宜，6 年 10 多万元这样的状况比比皆是，而旺起来后，一年都几十万元，对于那些提前投资的人来说，有时候十几万元就收获上百万元，这样的例子非常多。当然，还有一些人过去花了几十万元买了永久性的铺子，现在每年都有几十万元的租金收入，这样的神话也是存在的。真的是不听不知道，一听吓一跳，市场壮大了，神话自然也就多了。没有市场的发展壮大，自然也不会有那么多的神话。

真切地了解了布匹市场与这里的商铺市场后，举一反三是必要的，换成其他投资，何尝不也是如此。对股市而言，只有股市本身这个大市场发展壮大了，不断向前，才有可能诞生很多的个股神话。其他行业不也是如此吗?真的挺有意思的，这给我未来的投资思路又多了一份启迪：选择的时候先看市场未来，再看具体策略。买股票、买房子、买商铺，甚至投资任何产业，都应是如此!

# 第二节 “真的大消息”对“价值”的影响

## 一、基础认识

(1)“真的大消息”是我们研究探讨的重点。

很多人喜欢依据消息来做股票，不过，很多人都是喜欢那种小道消息。依据小道消息来做股票的人，就好像是运用邪门武功来做股票一样，不是正路。不是说不能借此抓到机会，只是这样的机会具有很大的不确定性，不能持久，一不小心还可能被那些虚假的小道消息所害。因此，面对小道消息的态度就是要冷静，在充分研究上市公司背景的基础上结合小道消息做判断，采取一种宁可信其“无”的态度面对之。

当然，也有一些人喜欢依据上市公司本身真实的消息来做股票，真实的消息比小道消息最大的优势就在于“真”。透过“真”消息来把握上市公司的波动，虽然很多时候可能具有一定的滞后性（消息已经提前泄露），但我们不能否认，有些真消息就算提前泄露了，有些资金也未必能够很好理解透彻，因此，这就给了消息公开后不少资金采取“后发制人”的机会。在这里，我们就是要探讨这里的机会。

真消息之所以能够对上市公司带来影响，关键就是这消息能够极大改变上市公司“本身的价值”或“交易的价值”。真消息有大有小，小消息我们可以忽略，因为其影响有限；大消息则是我们重点研究关注的范围，因为其有时候的影响是非常庞大并且致命的。当然，要把握好大消息的机会，前提就是自身对市场的价值体系以及市场预期有个清晰的认识，这是看似简单，其实复杂的工夫。

(2)“真的大消息”对“本身的价值”以及“交易的价值”影响的基本

原理。

"本身的价值"涉及上市公司未来动态市盈率，因此，真的大消息如果能够给"本身的价值"带来巨大影响，那必定是这消息的实现将极大有利于该上市公司未来动态市盈率的减低。

"交易的价值"涉及上市公司本身波动的流动性状况，因此，真的大消息如果能够给"交易的价值"带来巨大影响，那必定是这消息能够极大提升市场对该上市公司的关注度以及符合市场炒作的热点，从而大大提升其流动性的状况。

（3）把握"真的大消息"机会心理素质要过关。

面对"真的大消息"，不仅要结合上市公司的基本面来做出研判，同时也要结合技术面状况来做出决策，尤其是具体操作的思路，更是要充分结合技术面来把握。

技术面是短期实战买卖点的关键影响因素。市场资金都很现实，崇尚强者，这里的强不仅仅是指上市公司本身基本面的强，同时也指上市公司本身波动的强，这是人的一种心理特点。因此，一旦发现真的大消息出来后，短期是否具有重大战机的关键就是看其近阶段是否已经体现出技术上强者的风范，如果有而且不算过分，那么，机会依然存在。否则，不妨就多一分观望。

当然，具体在实战过程中，要在技术特征强的背景下有所动作，对很多人而言，这是需要勇气的，毕竟，这样的技术特征背后的潜台词就是巨幅波动，一不小心迎来向下震荡的巨大波动，那就很麻烦了。这时买入的点就显得非常关键，不管如何，面对这样的态势，心理素质一定要过关。




## 二、操盘论道

### 1. 大杨创世带来的启迪（图 40 ~ 图 47）

按顺序感知图剖析所带来的连续思维，这是我的一种真实研究思路，之后的文字剖析则是最后的思想升华。图 40 表达的是“一个波动整体”；图 41 表达的是“基本面的关键一点”；图 42 表达的是“跟大盘之间的关系”；图 43 表达的是“要懂得更大格局去看”；图 44 表达的是“具体把握机会时的关键”；图 45 表达的是“疯狂都是有积累的”；图 46 与图 47 表达的则是“后发制人的关键”。最后文字剖析带来的是思想升华，这里的大杨创世给我们重点带来 5 点注意。

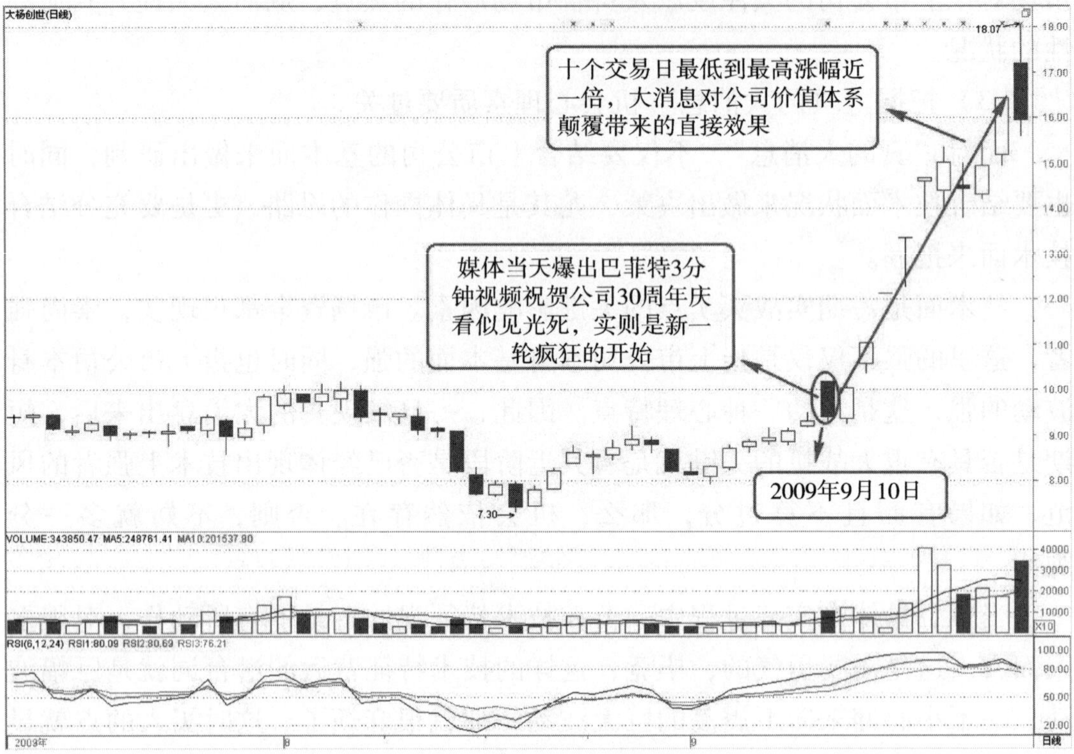


图 40

【最新简要】

| ★最新主要指标★ | 09-06-30 | 09-03-31 | 08-12-31 | 08-09-30 | 08-06-30 |
|---|---|---|---|---|---|
| 每股收益(元) | 0.2270 | 0.1188 | 0.3240 | 0.2400 | 0.0900 |
| 每股净资产(元) | 4.0465 | 3.9700 | 3.8200 | 3.7100 | 3.5600 |
| 净资产收益率(%) | 5.6200 | 2.9900 | 8.4900 | 6.5100 | 2.4400 |
| 总股本(亿股) | 1.6500 | 1.6500 | 1.6500 | 1.6500 | 1.6500 |
| 实际流通A股(亿股) | 0.9847 | 0.9847 | 0.9847 | 0.9652 | 0.9652 |
| 限售流通A股(亿股) | 0.6653 | 0.6653 | 0.6653 | 0.6848 | 0.6848 |

透过这里去发现动态市盈率与静态市盈率是否高估。

盘子不算大，业绩又稳定且市盈率不算高，借助巴菲特的力量能不疯狂吗？

图 41

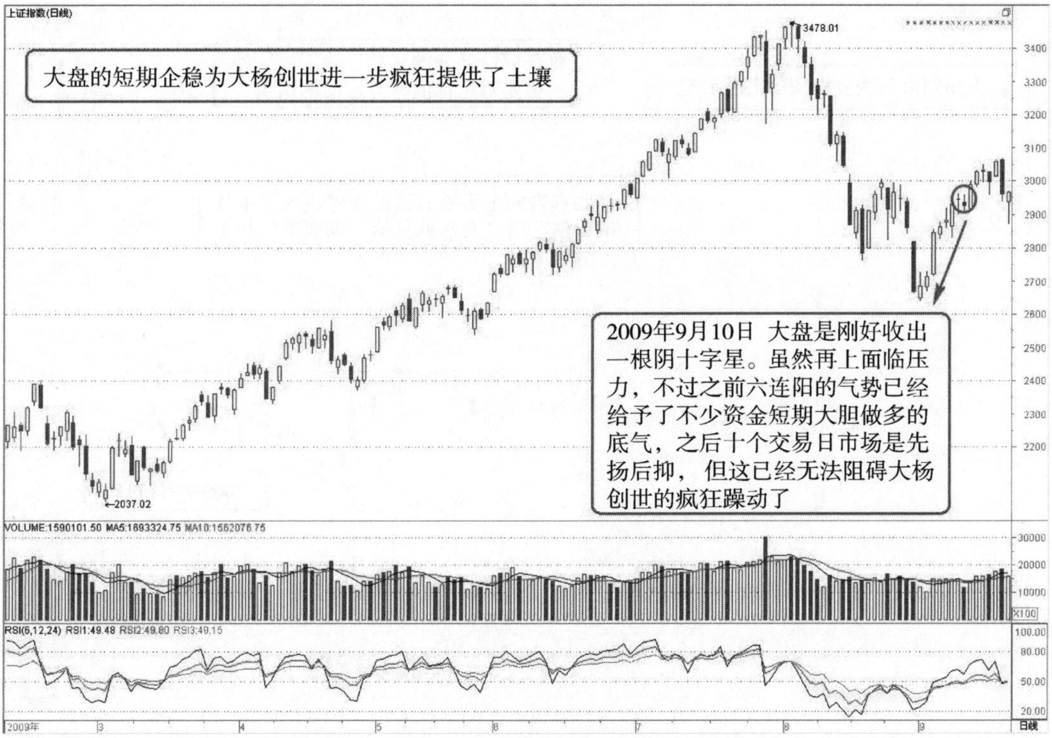
上证指数(日线)
大盘的短期企稳为大杨创世进一步疯狂提供了土壤
3478.01
2037.02
2009年9月10日 大盘是刚好收出一根阴十字星。虽然再上面临压力，不过之前六连阳的气势已经给予了不少资金短期大胆做多的底气，之后十个交易日市场是先扬后抑，但这已经无法阻碍大杨创世的疯狂躁动了
VOLUME:1590101.50 MA5:1693324.75 MA10:1562076.75
RSI(6,12,24) RSI1:49.48 RSI2:49.80 RSI3:49.15
2009年
日线

图 42

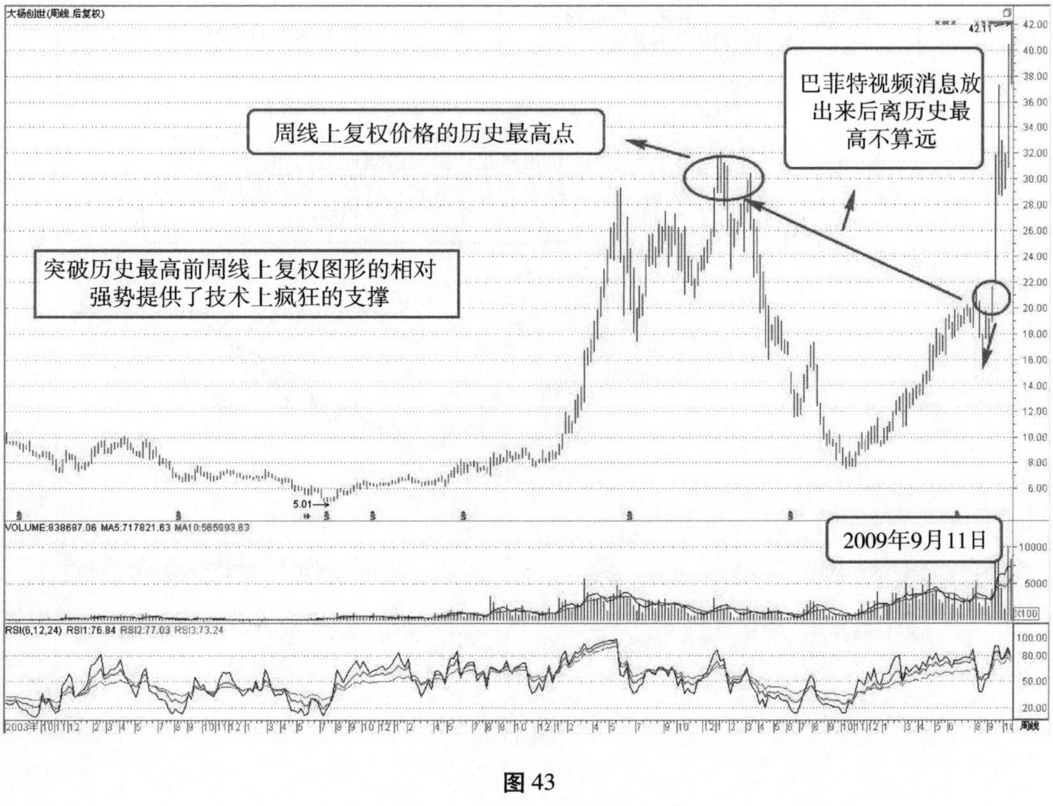
大杨创世(周线,后复权)
周线上复权价格的历史最高点
巴菲特视频消息放出来后离历史最高不算远
突破历史最高前周线上复权图形的相对强势提供了技术上疯狂的支撑
42.11
5.01
VOLUME:838687.06 MA5:717821.63 MA10:565993.63
2009年9月11日
RSI(6,12,24) RSI1:76.84 RSI2:77.03 RSI3:73.24
2003年
周线

图 43

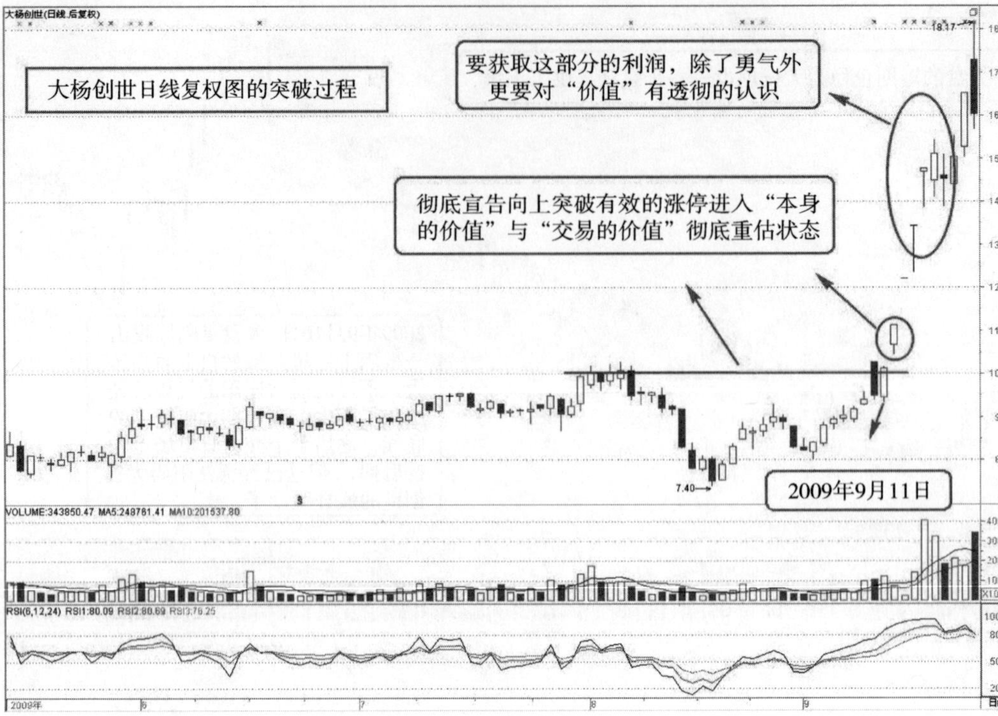
大杨创世(日线,后复权)
大杨创世日线复权图的突破过程
要获取这部分的利润，除了勇气外更要对“价值”有透彻的认识
彻底宣告向上突破有效的涨停进入“本身的价值”与“交易的价值”彻底重估状态
2009年9月11日
VOLUME:343850.47 MA5:248761.41 MA10:201537.80
RSI(6,12,24) RSI1:80.09 RSI2:80.69 RSI3:76.25

图 44

大杨创世(日线)
曾经的历史最高位置距“巴菲特视频”爆发前夜不算远
2009年9月24日
阶段最低股价到“巴菲特视频”爆发前股价虽然累计最大涨幅近3倍，但却一直保持温和上涨态势，没有进入加速上涨阶段，这是对其爆发会带来积极意义
VOLUME:343850.47 MA5:248761.20 MA10:201537.59
RSI(6,12,24) RSI1:80.09 RSI2:80.69 RSI3:78.21

图 45

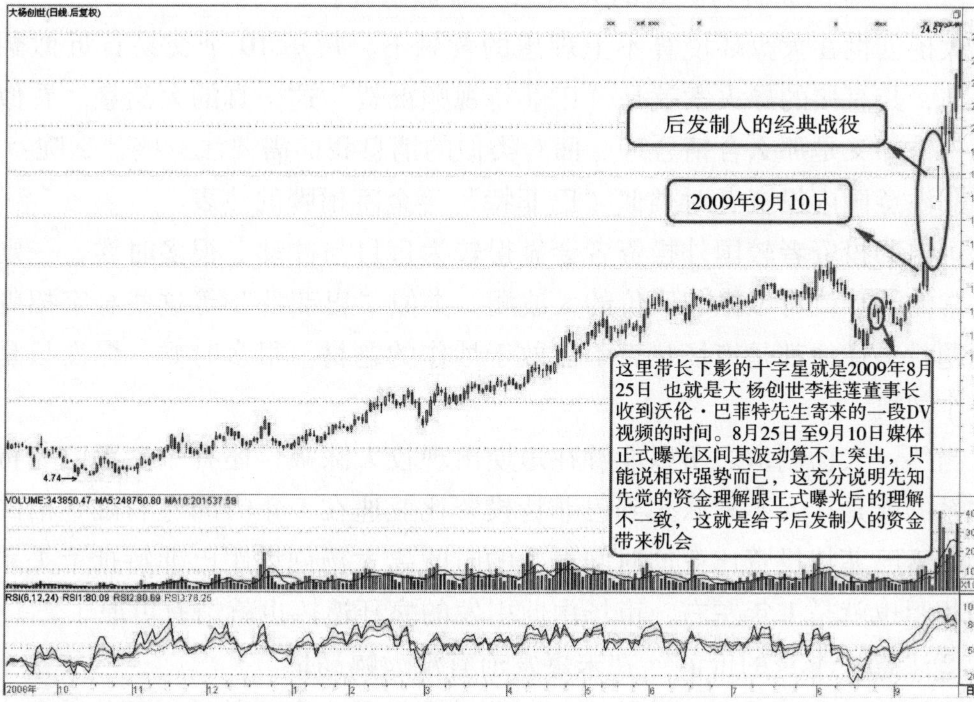
大杨创世(日线,后复权)
后发制人的经典战役
2009年9月10日
这里带长下影的十字星就是2009年8月25日 也就是大 杨创世李桂莲董事长收到沃伦·巴菲特先生寄来的一段DV视频的时间。8月25日至9月10日媒体正式曝光区间其波动算不上突出，只能说相对强势而已，这充分说明先知先觉的资金理解跟正式曝光后的理解不一致，这就是给予后发制人的资金带来机会
4.74
24.57
VOLUME:343850.47 MA5:248760.80 MA10:201537.59
RSI(6,12,24) RSI1:80.09 RSI2:80.69 RSI3:76.25
日线

图 46

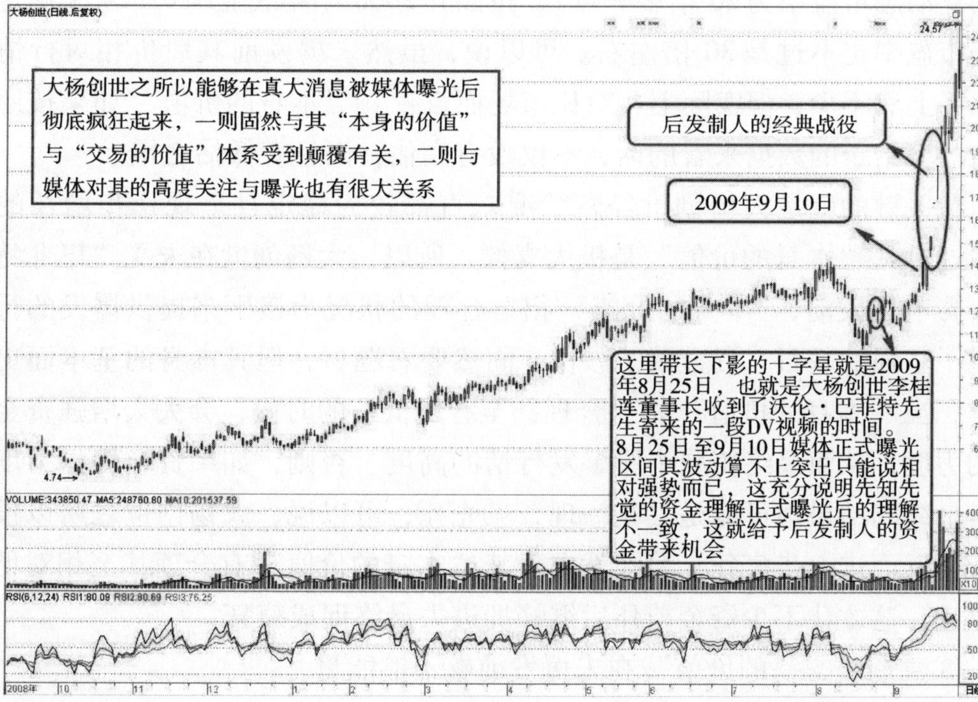
大杨创世(日线,后复权)
大杨创世之所以能够在真大消息被媒体曝光后彻底疯狂起来，一则固然与其“本身的价值”与“交易的价值”体系受到颠覆有关，二则与媒体对其的高度关注与曝光也有很大关系
后发制人的经典战役
2009年9月10日
这里带长下影的十字星就是2009年8月25日，也就是大杨创世李桂莲董事长收到了沃伦·巴菲特先生寄来的一段DV视频的时间。8月25日至9月10日媒体正式曝光区间其波动算不上突出只能说相对强势而已，这充分说明先知先觉的资金理解正式曝光后的理解不一致，这就给予后发制人的资金带来机会
4.74
24.57
VOLUME:343850.47 MA5:248760.80 MA10:201537.59
RSI(6,12,24) RSI1:80.09 RSI2:80.69 RSI3:76.25
日线

图 47

（1）注意构成研判“真的大消息”雏形系统。

大杨创世在大盘环境算不上理想的背景下，短短 10 个交易日近似翻番的表演，其直接的导火索就是“巴菲特视频祝贺”这个真的大消息。看似有点意外，却又是那么合情合理。面对类似的消息我们需要注意些什么呢？

①注意国内投资者对类似“巴菲特”等金字招牌的热衷。

国内的投资者较国外投资者会显得较为盲目与冲动。很多时候，一则看似平常的消息就可以掀起股价的大波澜。类似“巴菲特”等这些金字招牌有关的题材，往往都是市场热衷不已敢于炒作的题材。很多时候，爆发只是需要一个契机。

当然，大杨创世之所以能够在短期出现较大涨幅，还有一个跟巴菲特很大关系的就是让人不禁联想到巴菲特投资比亚迪在 1 年时间左右翻 5 倍的神话。由于巴菲特投资比亚迪时间发生的时间离大杨创世跟巴菲特扯上关系的时间相距也就是 1 年左右，市场由此引发的疯狂追捧也就情有可原了。

②注意“本身的价值”在未爆发前有没大幅高估。

大杨创世在没受“巴菲特视频”影响爆发前，影响其基本面的动态市盈率仅仅是 20 倍多一点（股价不到 10 元，2009 年中期业绩达到 0. 227 元，按此估算动态市盈率为 20 倍多一点），按照其 2008 年年底业绩 0. 324 来衡量其静态市盈率也不过是 30 倍左右。可以说，虽然未爆发前其股价相对行情低点已经上涨不少，但实际上，对比市场而言，其“本身的价值”如果按照动态市盈率给予的数据来看的话，不仅没有高估，而且有低估之嫌。

最关键的就是大杨创世经营状况一直都较为稳定且呈现稳步增长的态势，这对其“本身的价值”是极大支撑。所以，大杨创世在未受“巴菲特视频”影响爆发前，“本身的价值”相对合理的状况为接下来提供爆发的行情提供了坚强的基石。资金敢于炒作，固然要看题材，但其本身的基本面更是根本，当“本身的价值”相对合理甚至有所低估的时候，会大大增强资金炒作的力度，从而最终拓展个股爆发行情的高度。否则，如果资金炒作力度减弱，最终的结果很可能是昙花一现，见光死，可以说，大杨创世之所以没见光死，反而进一步疯狂，关键就在于其“本身的价值”有合理甚至相对低估的基础，这才让不少资金前仆后继蜂拥进去最终促成疯狂。

③注意“交易的价值”在未爆发前够不够能量。

判断“交易的价值”的能量够不够，关键就是要看其流动性状况是否够充沛，而要判断出流动性状况是否够充沛，一则要看大的市场环境，在这里特指大盘。二则是要看个股本身的技术状态。

大盘刚好经历了持续反弹的上攻行情，市场情绪明显改善，虽然上面压力重重，但就短期而言，为大杨创世的爆发提供了相对稳定的市场环境。可以说，大盘方面算不上理想，但是完全及格。

个股本身在该波大的上涨行情中从最低3元涨到近10元的价格，涨幅本身已经接近3倍，这是流动性充沛才能造就的结果；同时其短期的形态刚好处于一种欲突破向上的临界点，这说明其本身流动性能量依然是较为充沛的；当然，我们更不能忽视的是在未爆发前，其周线离历史最高位置已经不远，这也可以反映出其阶段性流动性能量达到了一定高度。另外，有一点不能忽视的是，其在该波行情中虽然累积涨幅不小，但实际上一直都是稳步反复上扬方式上涨。整体来看，大杨创世一直都没有进入一个实质的加速上扬的阶段，从这个角度来说，其内在依然蕴涵着能量没有充分释放，这对行情的大爆发是有极大好处的。所以，综合来说，“交易的价值”在未爆发前的能量是绝对充沛，这个信号很重要，毕竟这里的能量充沛就是造就短期“奇迹”的基础。作为操盘手，在判断是否有可能造就短期“奇迹”的时候，这里个关键参考指标。

④注意重点解读真的大消息：请结合个股实际逐句解读。

很多人，习惯吃快餐，网络的快捷也养成了人们快速阅读的习惯。只是，这些快速，却引申出一个问题，那就是很多人喜欢只看标题不看实质内容，或者只看二手报道不看消息本身。这在资本市场上，尤其是面对真的大消息面前，是大忌，很容易就因此错失机会或者吃进风险。道理很简单，每个人的解读方式不一样，尤其是媒体，更是需要多角度去解读，因此也就造就了不一样的解读内容，而这有时候并不能反映消息本身的价值。就如这里的“巴菲特视频”，有人说仅仅是一段祝贺视频而已，有人说隐藏着极大的合作机会，有人说马上就要合作了，众说纷纭，究竟如何，是要看清楚巴菲特到底说了什么才是真相。只是，很多人养成了只看消息出来后的新闻解读，而往往忽视消息本身的解读，切记，消息的真相来源于消息本身。就这里的“巴菲特视频”本身的解读，我们不妨逐句解读一下：

我很高兴通过这段视频与中国的朋友再次相聚。两年前我拜访了大连，大连的市长、这座城市以及我见到的每个人，使我的这次旅行非常成功和愉悦。我希望不久再次回到大连。

解读：前面的话可以看成是客套话，但最后一句话说到希望不久再次回到大连，巴菲特这样说，说明其对大连的怀念，也反映其比较欣喜的心情。

那次旅行的一个亮点是与李女士的结识，了解大杨创世，这家由她建立的了不起的公司，想一想30年前还仅仅是几台缝纫机，现在已年产500万套西装，这是了不起的成就。这个故事应该给中国人和全世界的人以启迪。我把这个故事讲给很多的美国人听，他们都很敬佩大杨创世30年的成就。

解读：原来巴菲特跟大杨创世的渊源在于旅游，这也说明旅游不仅能够游览山河也能结交四海朋友，从巴菲特口中才得知大杨创世的由来，其中谈到的年产500万套西装，这个数据很有价值，套年产500万，虽然其是高档西服，但这样的产量，光是中国市场，就依然还有极大的提升空间。透过媒体对“巴菲特视频”的高度关注，其品牌价值势必大大提升，有了巴菲特做免费的广告宣传，不久将来产量再翻番也是很正常的事情。

我要告诉大家，我现在有9套创世的西装，我扔掉了以前所有的西装。我的合伙人查理·芒格、我的律师都穿创世西装，现在比尔·盖茨也穿创世的西装。他们了解李女士的成就，都很喜欢她。事实上，我认为比尔·盖茨和我应该开一家男装店，卖李女士的西装。我们会是出色的推销员，因为我们真的太喜欢创世西装了。

我们收到的这些产自中国的西装，从来不需要一点的改动，它们太合身了。自从穿上李女士的西装，我们的着装一直得到朋友们的夸奖。我想比尔·盖茨和我真的应该开一家服装店，卖大杨的西装，说不定我们会更富有。




解读：巴菲特拥有9套且扔掉了所有以前的西装，这是非常震撼人心的无形赞美，也起到了模范作用，这也似乎在告诉那些崇拜巴菲特的富有阶层：学我就买大杨创世的西装吧，而且要多套才像样哦。这是非常具有杀伤力的赞美。由于太过喜欢，巴菲特让身边的人都穿创世的西装，连比尔·盖茨也穿创世的西装。世界首富无人不晓，这无疑是多了个具有分量的“广告代言人”。由于太过喜欢，巴菲特既然还想和比尔·盖茨开一家服装店卖大杨西装。这样的话语也从巴菲特口中蹦出，这进一步说明了大杨创世西装在巴菲特心目中的地位，连世界两大巨头都想帮大杨创世卖西装了，试问，这样的西装还有谁不想卖不想买呢？通过这些解读，我们至少可以清楚，大杨创世已经奠定了世界顶级西装品牌的基础，剩下要做的就是大力开拓市场卖西装就是了，巴菲特视频带来的广告效应将对其长远发展带来深远影响。至少，很多人通过这里认识了大杨创世西装。

我想借这个机会说：大杨创世30年，真的了不起。我祝愿你们下一个30年再续辉煌。我希望10年后，再回大连，庆祝你们的40周年庆。同时真的希望有机会再和大连的朋友们相聚，和大家共度美好时光。

非常感谢李女士，感谢大杨创世为人们树立的典范：在一个人的生命周期里，究竟可以成就怎样的事业。

解读：10年后巴菲特还要帮大杨创世庆祝，显然，这交情绝非一般，至少说明未来大杨创世在发展的过程中，巴菲特都可以做到免费支持推广大杨创世西装的作用，有了这点保障，试问还有什么奇迹不能够发生呢？

⑤注意提前预估媒体对消息的关注度影响。

当今社会，超女几乎一夜成名的运作，已经告诉我们进入了一个注意力经济的社会。只要一个人能得到大众高度的关注，那么，其带来的影响有时候将是难以估量的。资本市场，也有同样的效果，一则消息，如果被大众广泛传播的话，那么，其带来的积极或负面影响就会成倍放大。我们都知道，媒体是非常重要的传播渠道，也是最为关键的传播渠道，因此，对“巴菲特视频”一旦曝光带来的关注度影响，我们要有个提前预估判断。这个预估判断其实不难，关键就看消息本身是跟谁联系在一起。巴菲特是地球人都知道的股神，其在中国经典运作了中国石油以及比亚迪后，头上的光环更是达到了相当的高度，因此，跟其有关的消息必然会成为媒体争相报道的焦点。道理很简单，就是因为其群众基础够广泛而且够深远，媒体没有不深度报道的理由。

一旦被深度报道而广泛关注，这对大杨创世这类靠知名度靠品牌来销售的西装企业，无疑就是给予了免费的广泛品牌传播的机会，这样的机会带来的品牌价值绝对是以亿为单位来衡量的。作为总股本以及流通股本都不算大的上市公司，这样的关注度对其未来的发展是会带来难以估量的价值。因此，彻底颠覆其“本身的价值”以及“交易的价值”是一点也不为过的。

透过上面5点，面对“真的大消息”的研判系统也就粗具雏形了。最后，我想说的是，只要我们稍微用心点去思考，很多东西都是可以水到渠成般想到的。只是，在这市场上有时候你想到了，如果没有实际行动，或者没有勇气实际行动，那最后的结果也仅仅是放在那里跟你无缘。因此，要想把握好“真的大消息”机会，两点是必不可少的：用心思考以及勇敢行动。

小资料：大杨创世“真的大消息”——

## 2009 年 9 月 10 日正式被媒体曝光的巴菲特视频内容

巴菲特先生在 DV 视频中祝愿大杨创世在未来的 30 年再续辉煌

2009 年 8 月 25 日，李桂莲董事长收到了沃伦·巴菲特先生寄来的一段 DV 视频。原来，在伯克希尔·哈撒韦公司的股东年会相聚之后，巴菲特先生得知大杨创世即将迎来创建 30 周年的纪念日，便专门请来摄影师录制了这段视频，表示祝贺。他亲切地说道：

“我很高兴通过这段视频与中国的朋友再次相聚。两年前我拜访了大连，大连的市长、这座城市以及我见到的每个人，使我的这次旅行非常成功和愉悦。我希望不久再次回到大连。

那次旅行的一个亮点是与李女士的结识，了解大杨创世，这家由她建立的了不起的公司，想一想 30 年前还仅仅是几台缝纫机，现在已年产 500 万套西装，这是了不起的成就。这个故事应该给中国人和全世界的人以启迪。我把这个故事讲给很多的美国人听，他们都很敬佩大杨创世 30 年的成就。

我要告诉大家，我现在有 9 套创世的西装，我扔掉了以前所有的西装。我的合伙人查理·芒格、我的律师都穿创世西装，现在比尔·盖茨也穿创世的西服。他们了解李女士的成就，都很喜欢她。事实上，我认为比尔·盖茨和我应该开一家男装店，卖李女士的西装。我们会是出色的推销员，因为我们真的太喜欢创世西装了。

我们收到的这些产自中国的西装，从来不需要一点的改动，它们太合身了。自从穿上李女士的西装，我们的着装一直得到朋友们的夸奖。我想比尔·盖茨和我真的应该开一家服装店，卖大杨的西装，说不定我们会更富有。

我想借这个机会说：大杨创世 30 年，真的了不起。我祝愿你们下一个 30 年再续辉煌。我希望 10 年后，再回大连，庆祝你们的 40 周年庆。同时真的希望有机会再和大连的朋友们相聚，和大家共度美好时光。

非常感谢李女士，感谢大杨创世为人们树立的典范：在一个人的生命周期里，究竟可以成就怎样的事业。”

### 2. 包钢稀土带来的启迪（图 48 ~ 图 57）

按顺序感知图剖析所带来的连续思维，这是我的一种真实研究思路，之后的文字剖析则是最后的思想升华。图 48 表达的是“因为罕见所以珍稀”；图 49 表达的是“快速及时的发现网络新闻的价值”；图 50 表达的是“日内交易做出决策的关键”；图 51 要表达的是“千万别墨守成规”；图 52 要表达的是“市场大环境始终都是很重要的”；图 53 要表达的是“更大格局去看才能让自己更清晰”；图 54 要表达的是“爆发前往往都会有能量积蓄过程”；图 55 要表达的是“综合各技术特征才能更好地把握机会”；图 56 要表达的是“有对比才有发现”；图 57 要表达的是“轮回总是在不经意间发生”。最后文字剖析所带来的思想升华，这里的包钢稀土，给我们最终带来则是进一步深入的补充以及对比的重要性。

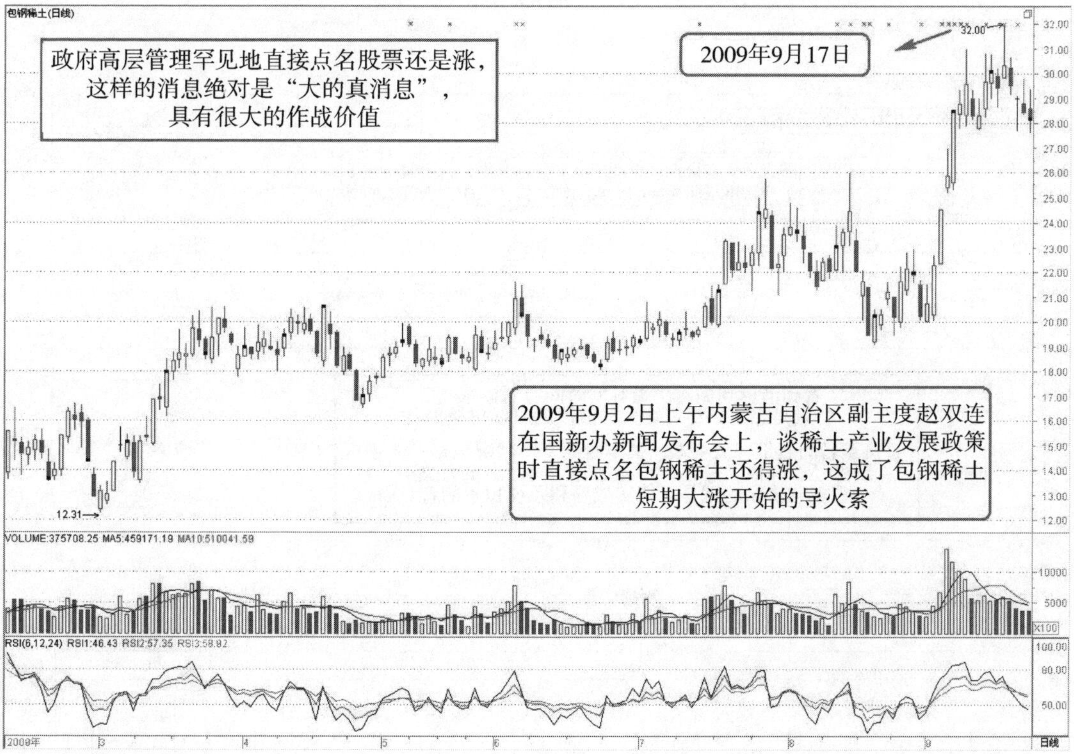


图 48

## 包钢稀土午后直线拉升 内蒙古副主席称股价还得涨

2009年09月02日 14:02 凤凰网财经 【大 中 小】 【打印】 共有评论1条

凤凰网财经讯 包钢稀土 早盘以20.30元低开，迅速探低20.05元后震荡走高，截至14：01，盘中最高价为21.41元，报21.25元，涨2.51%，换手4.01%。

官员直接点名还要涨的消息在下午未收盘前已经开始在网络四处蔓延

据中国经济网报道，在今天上午举行的国新办新闻发布会上，内蒙古自治区副主席赵双连介绍了自治区政府关于稀土产业发展政策的相关情况。

他说，稀土是稀有宝贝，也是内蒙古自治区最主要的战略资源。从现在来看，内蒙古的白云鄂博的稀土储量在中国占到75%左右，每年生产稀土氧化物是5万吨，出口只占到稀土氧化物的6%。

自治区的政策一是对稀土产业实施必要的宏观调控，正在组织以包钢稀土集团为龙头，通过重组、联合、兼并中国西部的稀土原料生产企业，从而形成一个可控资源总量、可控生产产量达到科学利用的经济体。赵双连说，现在整合工作基本完成，早上看了一下包钢稀土的股票还在涨，估计今天新闻发布之后还得涨。

图 49

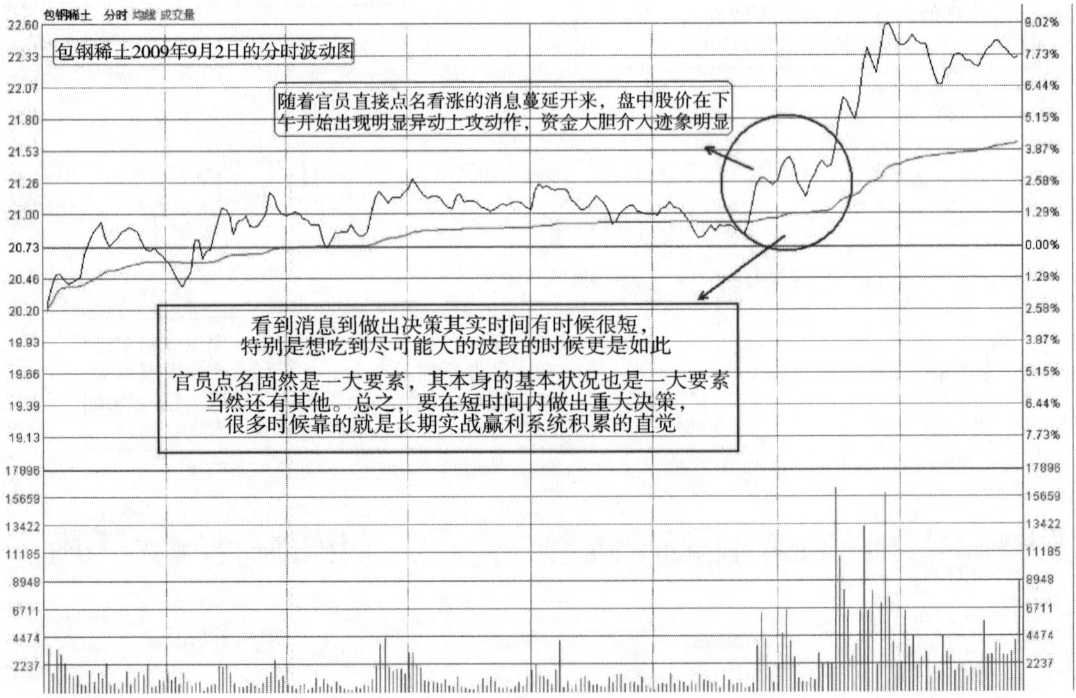


图 50

【最新简要】

| ★最新主要指标★ | 09-06-30 | 09-03-31 | 08-12-31 | 08-09-30 | 08-06-30 |
|---|---|---|---|---|---|
| 每股收益(元) | -0.0830 | -0.0980 | 0.2090 | 0.3490 | 0.3060 |
| 每股净资产(元) | 1.9530 | 1.9300 | 2.0290 | 2.1800 | 2.1360 |
| 净资产收益率(%) | -4.2600 | -5.0600 | 10.3260 | 16.0050 | 14.3300 |
| 总股本(亿股) | 8.0735 | 8.0735 | 8.0735 | 8.0735 | 8.0735 |
| 实际流通A股(亿股) | 4.9316 | 4.1285 | 4.1285 | 4.1285 | 4.1285 |
| 限售流通A股(亿股) | 3.1419 | 3.9450 | 3.9450 | 3.9450 | 3.9450 |

纯粹从市盈率角度短期去剖析其“本身的价值”显然在这里是不适用的

必须要看到其本身行业的特殊性，从更长期的角度用市盈率去衡量其“本身的价值”

图 51

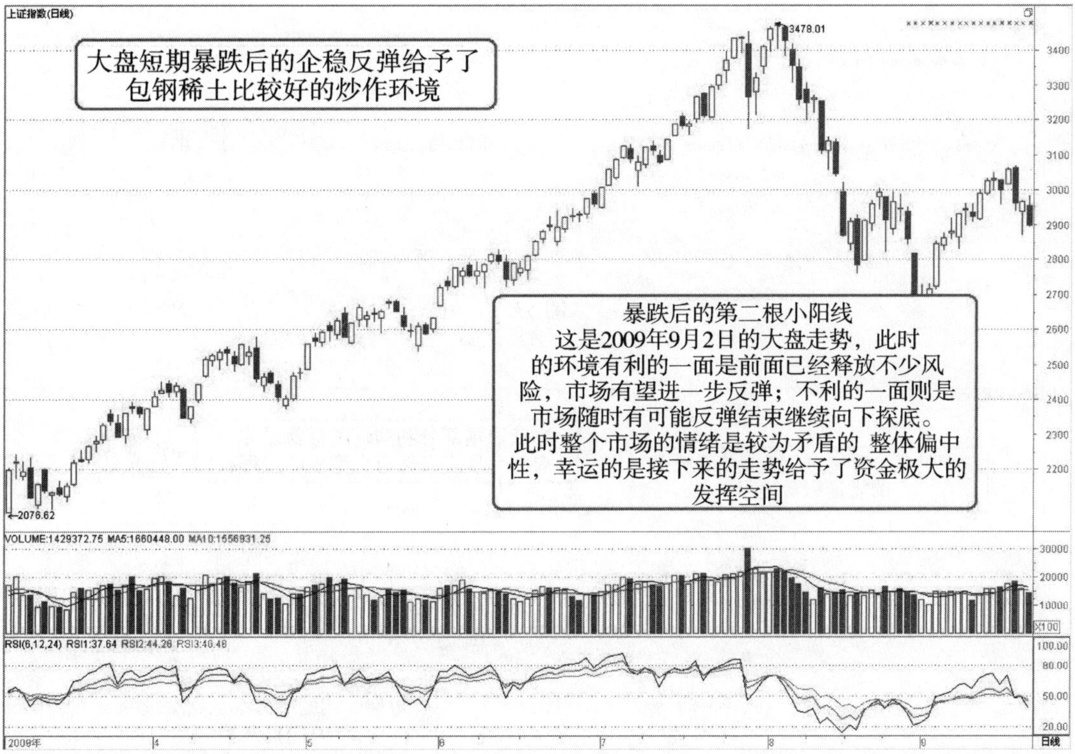


图 52

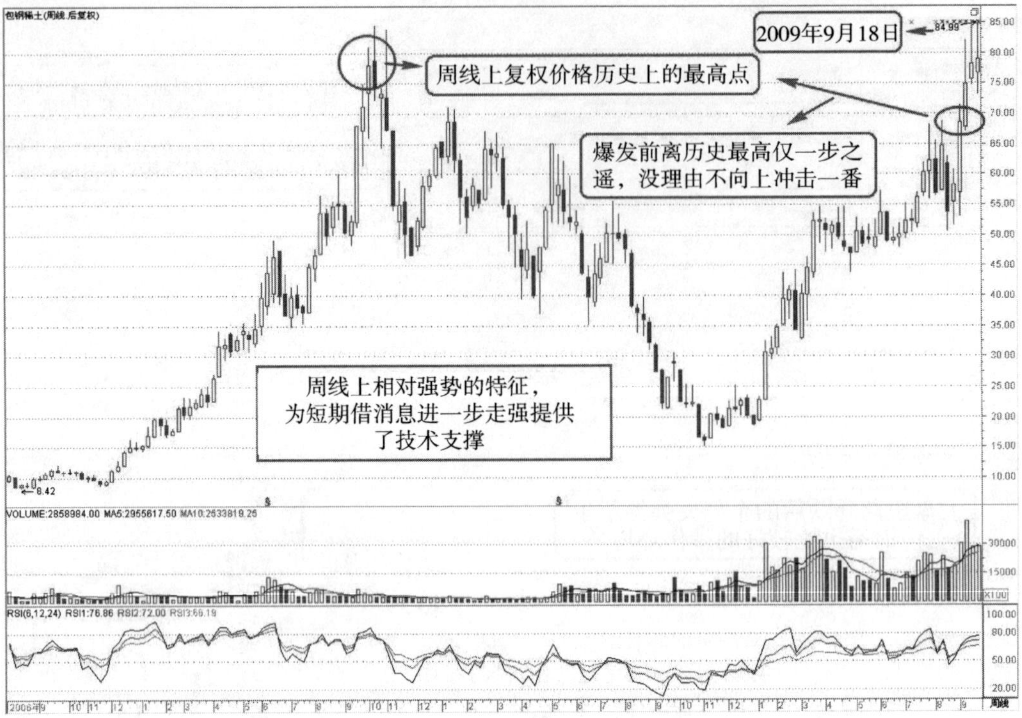
包钢稀土(周线,后复权)
2009年9月18日
周线上复权价格历史上的最高点
爆发前离历史最高仅一步之遥，没理由不向上冲击一番
周线上相对强势的特征，为短期借消息进一步走强提供了技术支撑

图 53

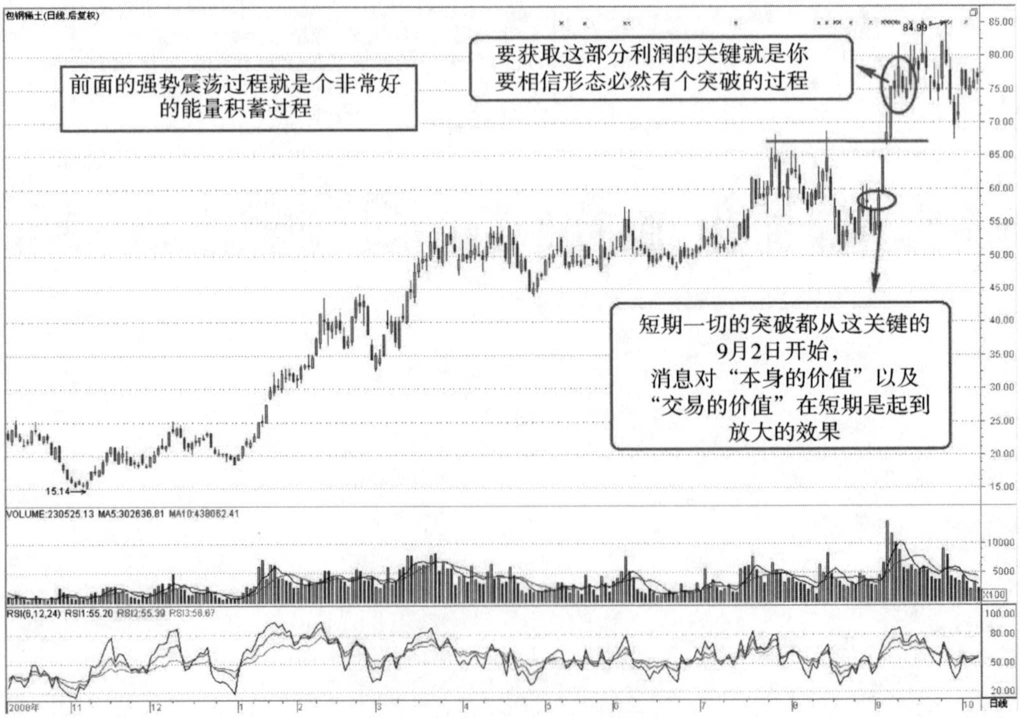
包钢稀土(日线,后复权)
前面的强势震荡过程就是个非常好的能量积蓄过程
要获取这部分利润的关键就是你要相信形态必然有个突破的过程
短期一切的突破都从这关键的9月2日开始，消息对“本身的价值”以及“交易的价值”在短期是起到放大的效果

图 54

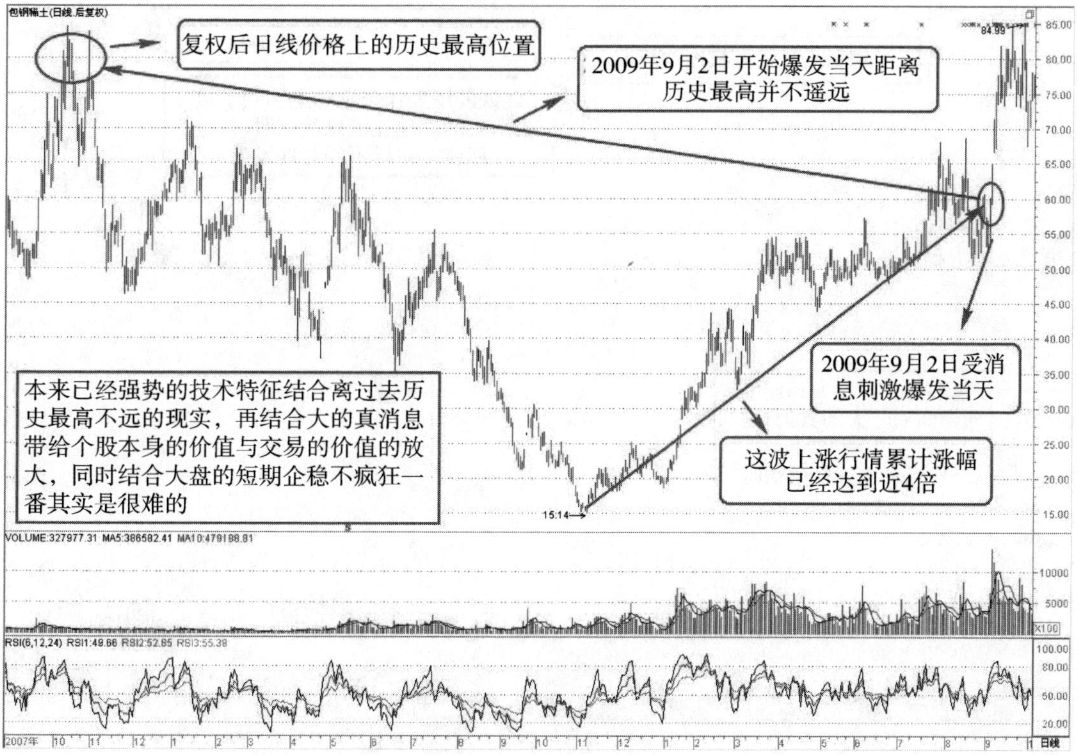
包钢稀土(日线,后复权)
复权后日线价格上的历史最高位置
2009年9月2日开始爆发当天距离
历史最高并不遥远
84.99
2009年9月2日受消
息刺激爆发当天
本来已经强势的技术特征结合离过去历史最高不远的现实，再结合大的真消息带给个股本身的价值与交易的价值的放大，同时结合大盘的短期企稳不疯狂一番其实是很难的
这波上涨行情累计涨幅
已经达到近4倍
15.14
VOLUME:327977.31 MA5:386582.41 MA10:479188.81
RSI(6,12,24) RSI1:49.66 RSI2:52.85 RSI3:55.38

图 55

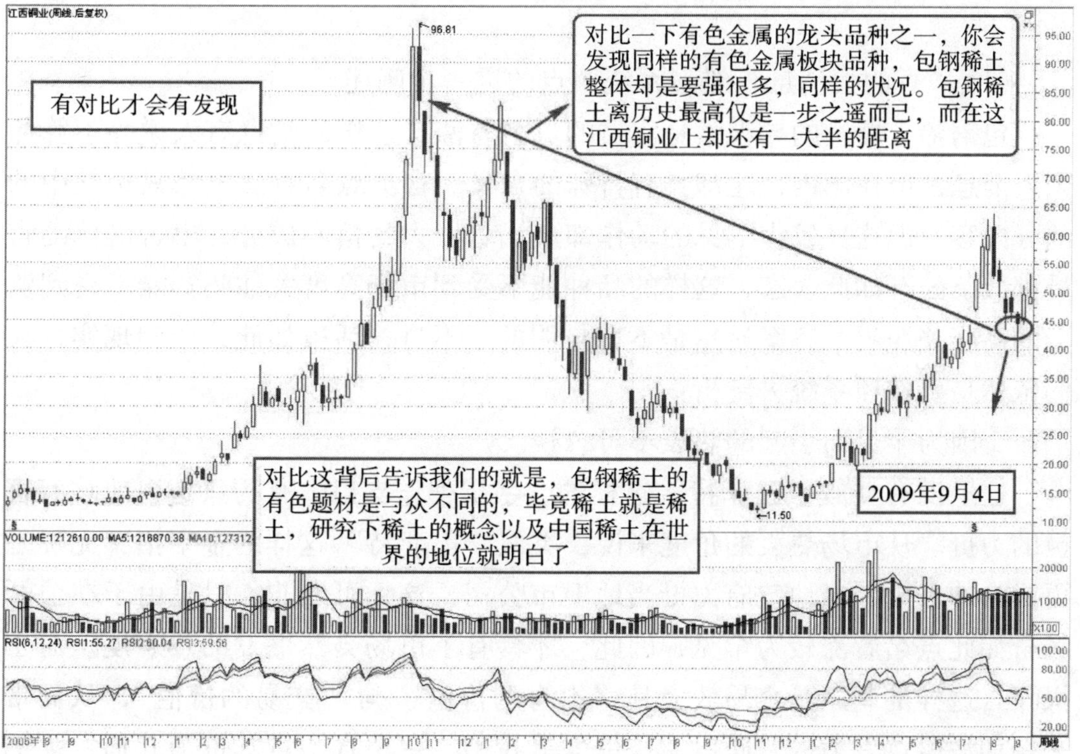
江西铜业(周线,后复权)
96.81
有对比才会有发现
对比一下有色金属的龙头品种之一，你会发现同样的有色金属板块品种，包钢稀土整体却是要强很多，同样的状况。包钢稀土离历史最高仅是一步之遥而已，而在这江西铜业上却还有一大半的距离
对比这背后告诉我们的就是，包钢稀土的有色题材是与众不同的，毕竟稀土就是稀土，研究下稀土的概念以及中国稀土在世界的地位就明白了
11.50
2009年9月4日
RSI(6,12,24) RSI1:55.27 RSI2:60.04 RSI3:59.56

图 56

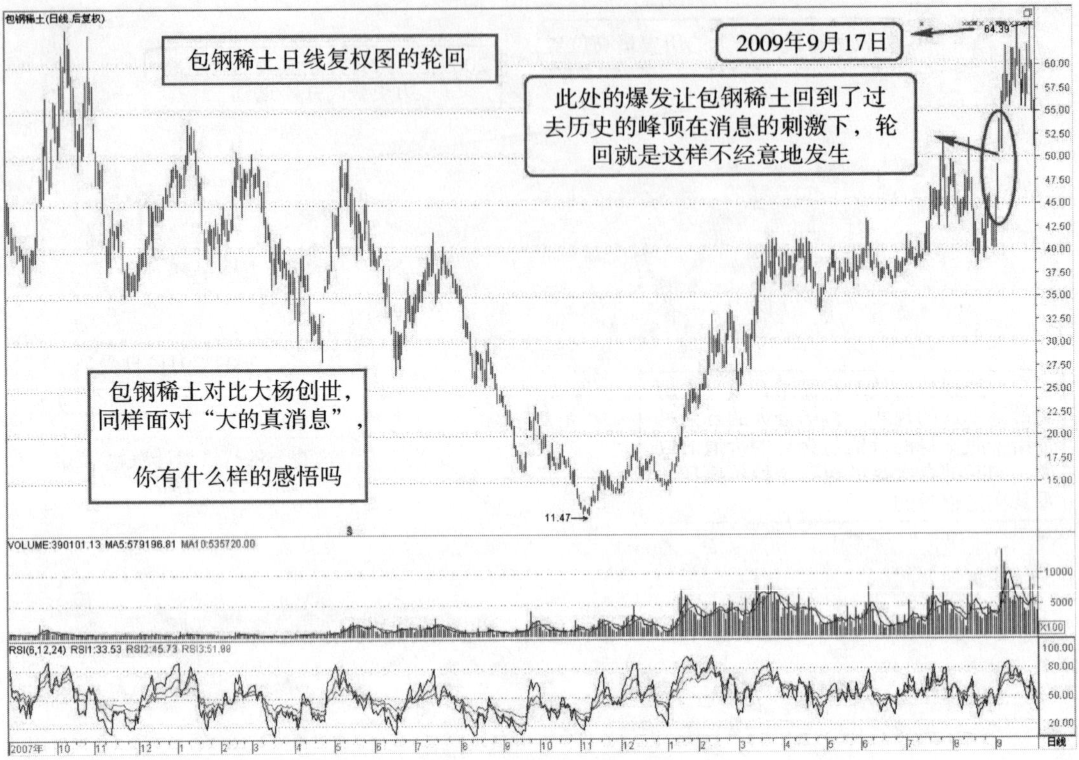


图 57

（1）“真的大消息”雏形系统 5 点的进一步阐述。

包钢稀土爆发的导火索是官员的点名看涨，这样的消息有人说并不算什么大消息，但在国内，这却具有特殊的含义。官员点名看涨虽然只是其中的部分内容，但这样较为罕见的动作却蕴涵着极大的信心成分，出言谨慎的官员都敢于公开如此表态，这样的品种能不受到市场高度关注吗？能不受到资金的高度关照吗？答案显然是不言自明的。不过，话虽如此，回到现实，我们依然是要按照系统去剖析：

①因为罕见而引起的热衷不可忽视。

这里没有类似“巴菲特”这样的金字招牌作支撑，有的只是当地政府官员的力挺。从市场热衷的角度来说，类似“巴菲特”这样的金字招牌无疑是更具有冲击力，当地政府力挺当地上市公司，这无可厚非，只是由于在公开场合如此点名看涨较为罕见，因此，才具有了市场突然爆发的热衷度。对于操作，这样的刺激是容易放大其“本身的价值”与“交易的价值”，从而带来短期波段爆发力的。所以，这里告诉我们，一个真消息其价值几何，关键就是要看其本身的罕见程度，官员点名看涨因其罕见所以也就具有了高度的价值，不可忽视。其实，我们不妨回想下过去朱镕基总理曾在记者招待会上点名凤凰卫视的吴小莉，在这罕见的直接点名动作后，吴小莉顿时成了热门人物，接下来发展更是顺风顺水，本质上，道理是一致的。

②“本身的价值”需要看其长期市盈率。

前面谈到要注意“本身的价值”在未爆发前有没有被大幅高估。在这里，包钢稀土2009年中期的业绩为亏损，短期动态市盈率无从计算；2008年业绩也仅为0.2090，未爆发前的股价为21元左右，过去静态市盈率超过100倍，这显然是个较为夸张的市盈率。因此，按照正常市盈率的角度来剖析，其“本身的价值”无疑是被大大高估了，这显然是非常不利于资金的疯狂炒作的。

只是，我们需要明白的是，包钢稀土隶属于有色金属板块，其业绩的波动跟有色金属的市场环境具有很大的联系，而且稀土作为有色金属中的稀有资源，其本身的战略地位也决定了其不能用简单的短期市盈率来剖析，至少需要用一种更长远的市盈率来剖析。也就是要展望三五年后有可能达到的动态市盈率，这才是关键。这点在这里就不详谈，但包钢稀土本身较为强势的运行，已经暗示其长期“本身的价值”是得到了各路资金的认同，至少作为稀土行业中的领头羊之一，具有不可比拟的特殊价值。

因此，其“本身的价值”是看上去高估，但实际却很难下定论的状况，这里不是一两句话就能道明的地方。不管如何，至少对比大杨创世这样的品种而言，其“本身的价值”带来的冲击力至少短期无法与之相比。

③“交易的价值”关键是看整体。

前面谈到要注意“交易的价值”在未爆发前够不够能量。而判断“交易的价值”的能量够不够，关键就是要看其流动性状况是否够充沛，而要判断出流动性状况是否够充沛，一要看大的市场环境，在这里特指大盘。二要看个股本身的技术状态。

在这里，大盘经历了大幅下跌后出现小幅反弹，有利一面是风险短期大大释放，不利的一面则是市场随时有可能再陷一城，人气处于较为中性的状态。关键就是小幅反弹后能否进一步反弹。理想状态是，实际波动过程中，是包钢稀土出现了进一步反弹的状况。在还没走出反弹行情前，要根据大盘的状况来做出判断，是需要一定勇气的。

从个股本身的技术状态看，包钢稀土日线上看是一个随时有可能突破向上的强势运行格局；周线上看则是一个离历史高点仅一步之遥的牛市状态；

综合来说，整体技术状态较为理想.

从大盘与个股的技术状态两者综合而言，其“交易的价值”整体是处于较为旺盛的状态，要进一步释放能量，缺少的是一个契机。因此，“真的大消息”的出现就是一个值得关注的契机。

④逐句解读是为了更深入去感触消息背后的东西。

前面谈到要注意重点解读真的大消息：请结合个股实际逐句解读。包钢稀土这里的消息就要看其消息的本身到底是如何？在这里也就是官员具体阐述的话语到底是什么？我们不妨把最关键的内容逐句解读一番：

我们第一个基本政策是对稀土产业实施必要的宏观调控，我们正在组织以包钢稀土集团为龙头，通过重组、联合、兼并中国西部的稀土原料生产企业，从而形成一个可控资源总量、可控生产产量达到科学利用的经济体。现在整合工作基本完成，早上我看了一下包钢稀土的股票还在涨，我估计今天新闻发布之后还得涨。

解读：“调控的同时以包钢稀土集团为龙头整合”，这里明确了包钢稀土集团的地位。这很重要，至少说明未来很多政策都是围绕着包钢稀土集团来展开的，是个中长期的题材支撑。“看了包钢稀土在涨同时认为新闻发布会后还得涨”，这里透露出来的含义就是当地管理层很重视包钢稀土在资本市场的表现，而且对其未来充满信心。如此罕见的直接点名看涨，是一种信心满满的自然流露。既然有政府官员如此具有信心，虽然不能说结果就一定是好的，但至少政策上对于包钢稀土在未来发展过程中是有极大保障作用的。最关键的是，作为稀土行业发展其本身就跟政策制定等联系非常紧密，因此，其中长期得到的益处将是非常明显与实在的，绝对是利好！

第二个基本政策是要合理调整稀土矿的生产结构。我们主要是采取开发中保护、保护中开发的原则，尽量减少稀土含量高的原矿生产，采取严格的分穿、分爆、分别运输、分别堆放的办法，把有效的稀土资源保存下来。

解读：“合理调整生产结构最终把有效的稀土资源保存下来”，这里的关键内容至少告诉我们管理层已经意识到稀土的战略价值，对上市公司只能说是未来经营环境进一步改善而已，对短期波动而言意义不是太大。

第三个基本政策，也是想告诉稀土界的朋友们，内蒙古控制稀土资源的目的是为了实现稀土产业化，主要是想通过适当地控制稀土资源，适度地减少出口，从而吸引国内外更多的稀土企业在稀土应用方面到内蒙古落户，我们绝不看眼前提高稀土价格这一点利益，我们的愿望是使内蒙古的包头成为中国的稀土谷、世界的稀土产业基地。

解读："控制稀土资源"背后的潜台词就是要让价格上涨，对于包钢稀土这样的企业而言，无疑是个实在的利好。一旦价格能够实现大幅上涨，企业本身的业绩大幅提升也就是顺理成章的事情，这对未来市盈率的变化是关键的。同时让"内蒙古的包头成为中国的稀土谷、世界的稀土产业基地"，这样的口号明确提出，对于包钢稀土的市场地位无疑是有巩固增强放大的效果，是个长期利好的思路。

第四个基本政策，我们正在和国家有关部门协商请示建立稀土储备制度，从而使稀土价格能够更加稳定。

解读：这点其实就是第三点的延伸，意义差不多，在此就不多加解读，总的来说，稀土的战略地位已经放在管理层眼前，包钢稀土在稀土领域龙头地位将有望进一步壮大加强，未来随着政策、价格等因素的支持，"基本的价值"出现积极的变化是可以期待的。"交易的价值"则有望在官员直接点名的影响下，媒体的广泛报道与关注下，短期出现极大的放大效果。

⑤决定关注度影响关键在于个股"交易的价值"以及"真的大消息"本身。

前面谈到要注意提前预估媒体对消息的关注度影响。包钢稀土媒体关注的要点首先最直接的就是官员直接点名看涨，其次才是稀土本身的特有价值。由于官员直接点名看涨较为罕见，同时其也是隶属市场的重要热点板块有色金属板块，广泛报道是很合情合理的，只是，其能量显然是不可能跟巴菲特这样的金字招牌相提并论的。其最大的优势就是个股本身"交易的价值"能量较为充沛，存在进一步释放能量上冲的需要，此时罕见的"真的大消息"可以成为进一步向上的导火索，完全具备借题发挥的资本。

其实，把握媒体对消息的关注度影响，就短期而言，关键就是要看个股本身"交易的价值"能量是否够充沛，同时就是这"真的大消息"是否具有借题发挥的价值与广泛报道的基础。

上面5点其实就是对前面大杨创世5点内容的进一步阐述和分析，本质其实一样，只是这里更进一步温故知新而已。系统的建立是需要不断反复总结和积累的，一时的印象或许能够带来一些收获，但最后能够真正吸收成为自己的武器关键是还是要靠自己反复的去体验。学习就是这样，一步一步，不断成长，直至质变！

（2）“雏形系统”重要的两个辅助工具。

在包钢稀土的例子中，我特地展示出了分时图的机会把握解读图以及其本身板块的其他个股的对比图。透过这幅图，是想告诉大家，在具体把握“真的大消息”过程中，别忽视两大点：

①时间就是金钱，直觉需要积累。

“真的大消息”出来的过程很多时候可能就是在盘中波动过程，此时，不同的资金对该消息的解读势必不一样，但不管如何，消息最终必然会有个充分体现的过程。是机会还是风险自己本身需要有个迅速的判断，尤其是在机会面前，盘中的波动有时候会突然急速拉升，稍微慢一步，你就可能要追高买进，如果当天没买进，等消息晚上充分消化后，第二天可能连让你买入的机会都没有，直接封死涨停，这样的例子其实是时有发生的。此时，时间就是金钱，就看你动作反应的速度是否够及时了。

当然，在做“急冲锋”过程中，最大的风险就是判断错误，最后市场解读的方向跟自己解读的方向相反。此时，时间也是金钱，只是这金钱就变成损失的金钱了。在这“时间就是金钱”的过程中，要成功的话，最关键就是要有良好的直觉，而这直觉的形成肯定不是一日之功，而是长期积累的过程，所以，只有那些真正下了苦功夫的人，在稍纵即逝机会来临的时候，其苦功夫体现出来的直觉也就具有了价值。这良好的直觉形成有点“台上三分钟、台下十年功”的味道。作为合格的操盘手，良好直觉的培养是非常关键的。

②有对比才有发现，有发现才有战机。

当“真的大消息”展现在眼前，但却有点拿不定主意是否介入的时候，请别忘记对比一下，此时主要是对比同行业的其他上市公司，看看其他上市公司的表现与自己目前面对的上市公司表现对比如何。通过这对比，主要是要发现目前面对的上市公司本身的“交易的价值”能量是否超越平均或一般，这很重要，只有充分认识到“交易的价值”是一个强者姿态，“真的大消息”对其才能起到“加速度”的效果。另外，只有通过这样的对比，你才能够更好去感知当下个股本身的未来。很多时候，不比不知道，一比吓一跳，而战机就往往蕴涵在其中。

对比最大的作用就是让自己对整个局势了解更为清晰，对自己当下选择标的有更全面的认识。当然，最关键的是，透过对比，会给予具体行动带来极大的推动作用。

总之，“时间就是金钱”与“有对比才有发现”，在具体把握“真的大消息”过程中，是个不容忽视的两个细节，在细节决定成败的今天，不妨就当成“雏形系统”重要的辅助工具来看待。

**小资料：包钢稀土“真的大消息”——2009 年 9 月 2 日政府官员新闻发布会谈及包钢稀土的全文**

中国政府网 9 月 2 日消息，国务院新闻办 9 月 2 日上午 10 时举行新闻发布会，内蒙古自治区副主席赵双连在回答记者提问时指出，稀土是稀有宝贝，也是内蒙古自治区最主要的战略资源。从现在来看，内蒙古的白云鄂博的稀土储量在中国占到 75% 左右，每年生产稀土氧化物是 5 万吨，出口只占到稀土氧化物的 6%。最近我们也知道，新闻媒体和网上对中国的稀土如何发展也在进行讨论，在这里想借此机会向新闻媒体朋友们进一步阐明内蒙古自治区政府关于稀土产业发展的政策。

我们的第一个基本政策是对稀土产业实施必要的宏观调控，我们正在组织以包钢稀土集团为龙头，通过重组、联合、兼并中国西部的稀土原料生产企业，从而形成一个可控资源总量、可控生产产量达到科学利用的经济体。现在整合工作基本完成，早上我看了一下包钢稀土的股票还在涨，我估计今天新闻发布之后还得涨。

第二个基本政策是要合理调整稀土矿的生产结构。我们主要是采取开发中保护、保护中开发的原则，尽量减少稀土含量高的原矿生产，采取严格的分穿、分爆、分别运输、分别堆放的办法，把有效的稀土资源保存下来。

第三个基本政策，也是想告诉稀土界的朋友们，内蒙古控制稀土资源的目的是为了实现稀土产业化，主要是想通过适当地控制稀土资源，适度地减少出口，从而吸引国内外更多的稀土企业在稀土应用方面到内蒙古落户，我们绝不看眼前提高稀土价格这一点利益，我们的愿望是使内蒙古的包头成为中国的稀土谷、世界的稀土产业基地。

第四个基本政策，我们正在和国家有关部门协商请示建立稀土储备制度，从而使稀土价格能够更加稳定。

## 三、温故知新

（1）“真的大消息”对“本身的价值”以及“交易的价值”的影响的基本原理：前者涉及市盈率，后者则涉及流动性。另外，在对“真的大消息”机会的把握上，心理素质务必要过关，这是基础。

（2）5 点注意构成研判“真的大消息”雏形系统：

①注意国内投资者对类似“巴菲特”等金字招牌的热衷。

②注意“本身的价值”在未爆发前有没大幅高估。

③注意“交易的价值”在未爆发前够不够能量。

④注意重点解读真的大消息：请结合个股实际逐句解读。

⑤注意提前预估媒体对消息的关注度影响。

（3）对“真的大消息”雏形系统的进一步阐述：

①因为罕见而引起的热衷不可忽视。

②“本身的价值”需要看其长期市盈率。

③“交易的价值”关键是看整体。

④逐句解读是为了更深入去感触消息背后的东西。

⑤决定关注度影响的关键在于个股“交易的价值”以及“真的大消息”本身。

（4）“雏形系统”重要的 2 个辅助工具：

①时间就是金钱，直觉需要积累。

②有对比才有发现，有发现才有战机。

（5）虽然这里仅仅是探讨了“真的大消息”的系统研判思路，但具体运用上，其实大可把范围放大。针对各种不同类型的消息，其实都可尝试运用，功夫到了最后，就是无招胜有招，一通百通，只不过，在这里，特别指出“真的大消息”，就是其具有非一般的重要意义。“本身的价值”以及“交易的价值”在消息面前有时候会发生变异，尤其是在“真的大消息”面前。我们研究它，就是让自己在面对市场变幻万千的过程中多一份淡定与自然。



## 四、课后习题

（1）“真的大消息”对“本身的价值”以及“交易的价值”影响的基本原理是什么？

（2）构成研判“真的大消息”雏形系统的 5 点注意是什么？对于“真的大消息”雏形系统 5 点的进一步阐述又该怎样理解？

（3）“雏形系统”2 个重要的辅助工具是什么，怎么理解？

（4）试着找出5个实战过程中受“真的大消息”影响的品种，对比阐述它们。

（5）能否谈谈你的学后感，如果有收获的话，看能否写出不少于800字的收获体会。

## 五、市场随笔

### 1. 不妨研究一下“水”

春天雨水特别多，而且有时候是又快又急又大，雨水充沛的季节就这样不经意地到来了。在炎热的夏天到来之前能先充分感受下雨水，真是别有一番味道，需要好好享受！

水乃生命之源，能够生活在有雨季的地方，同时又能欣赏到雨季的景象，我应该说是相当幸运的。有些地方是全年都较为干旱，如靠近沙漠的地方，中东地区就最为明显，那里可以说是“水贵如油”。而在我们这里呢，水往往是非常廉价的东西，甚至是如空气那样，虽然重要，但在生活中也几乎是可以忽略的东西。

最近一段时间发觉自己特别渴，或许是因为比较忙，脑力体力都消耗比较大；也或许是因为气候开始转热，不由地让身体里的水分蒸发比较厉害；反正呢，一天下来确实是喝了不少水，具体有多少，没仔细算，但感觉自己就是有一种不断想喝水的欲望。呵呵，当然，还没变成水桶。

水无常态，是一种液体，流动性很强，看似平静但里面又似乎蕴涵着无穷的力量。有时候，我们的市场也就如水一般，波动上没有固定的姿态。那分时图就如水的波动那样，有时候非常激烈，有时候又非常平静，激烈的时候固然是力量的体现，但当平静的时候则其实又在积蓄着力量，毕竟平静最终往往都会演变会激烈，只不过激烈的方向有所选择而已。这已经成了市场的规律。

来到这个市场，其实就如跟“水”打交道一般，呵呵，把握好水的特性，没事的时候多研究一下水的精彩，或许对我们在把握市场上能带来不小的启迪呢！你说呢，我想可以，我喜欢水！

### 2. 集中火力吃大波段

市场往往就是喜欢不按牌理出牌，这就如那些高手下棋一样，走着走着，就有一个出人意料的妙招。这其实也很好理解，如果这市场是大部分人都很容易看得懂，那么就不会有那么多的输家了。

很多人喜欢折腾，大跌后就出来，大涨后就追进，不过最终的结果是玩久了也不见得有多好的收益。道理也并不复杂，每一次都把握比较准确的概率对一般人而言，其实不高。因此，这也就注定了最终的收益并不会有多高的原因。我很喜欢吃大波段，这是熟悉我的投资者很清楚的，但并不代表我没有短线折腾的水平，这其实从过去我参加比赛两个月收益超过150%夺冠的事实已经可以说明问题。只不过，我认为，太过短线的折腾仅仅是适合于小打小闹，如果真的要做出点成绩来，那最好的选择还是吃大波段。这从我过去很多具体的思路或例子都可以体现出来，相信熟悉我的投资者也非常清楚。在此我强调吃大波段的重要性，就是想提醒那些容易心浮气躁的投资者，欲速则不达，越是短视往往最终的结果就越是失望，吃大波段的前提就是有大局观，眼界长远。

很多人也喜欢把资金分散到很多股票上去，美其名曰是“分散风险”。没错，这是分散风险的方式，但恰恰也是导致分散机会的结果，资金分成十份，每份一只股票，就算一只股票涨停了，对总市值的贡献也仅仅是百分之一而已，这显然不是大部分人介入这个市场所追求的最终结果。对于这样的操作思路，我本身是并不感冒的，我更欣赏的是集中火力放到一两个品种上去。当然，如果要集中资金都放到一两个品种里，这个时候要真正享受到总市值的大幅增大，最为关键的因素就在于选择的品种的机会能否最终很好体现出来，其实本质上就是涉及如何去把握的问题了，这就要看每个人对市场的理解与把握艺术了。不管如何，我认为过于“分散风险”的方式本身就是对自己不够自信的表现，来到这个市场，偶尔这样可以，但长期如此，那还不如把拿资金到存银行更为妥当一些。

### 3. 漫谈股市“火”的影响

市场在特定的时候，股市的表现会很“火”。“火”到深入到一般老百姓生活的方方面面，这难得一见的热潮会不断处于持续上升的过程中，至少我们从证券公司人头涌动有增无减的迹象中就可见一斑。另外，不论是电视或者是报纸，都会不约而同地提高了对股市的关注，加大报道力度，真的是哪里热就往哪里奔，市场化的运作手法也从中可以充分感受得到，这就是股市“火”带来的部分社会反映。最重要的是，这从中也可窥见我国经济的那种蓬勃生命力，可以说，这是值得欣喜的！

姑且不论股市究竟能“火”到什么时候，但就这种社会现实，我们不妨做进一步的跟踪和观察，慢慢地，我们应可以发现这给社会带来更多的是改变。当然，这有好的，肯定也有坏的，事物的发展都有双面性，只不过我们需要从宏观的角度来积极面对这种“热”。这也是中国不断崛起的一种表现，这种“热”不仅吸引的是国人的目光，而且已经开始逐步影响到全世界。对此，我想不少海外华人应深有体会。

股市“热”会引发一系列的连锁反应，不仅会带动电视报纸等媒体的发展，毕竟对媒体而言，有热点报道才能让自己的价值得到进一步的提升；同时，势必也会带动不少消费升级类的行业，如餐饮，衣服，家电，酒店等，毕竟股市热势必会使得不少人获取超常规的收益，而这收益则势必会促使不少人在生活中积极消费，比如会考虑吃好点，穿好点，用好点等等，这无疑是消费行业的福音。股市“热”这一虚拟经济会促进实体经济的发展，反过来，实体经济的发展则又会影响到股市这虚拟经济，从而形成良性循环，最终促使整体经济的持续向上发展！当然，这要把握好度的问题，而这更多需要从制度上调节。别过快，但也别突然掉下来，这无疑是对管理层更高智慧的考验！

另外，股市“热”也势必会带来一定的负面影响。比如有些人不顾一切不考虑风险地贷款炒股，也有些大学生则冒险把学费都拿来运作一下，还有一些人则因为股市把自己的生活规律打乱或者神经高度紧张，从而影响到工作或者自己的身体，这些都是目前客观存在的。正如刚才谈到的，事物的发展都具有两面性，这负面的因素是我们无法完全回避的，我们只能采取措施以正确的方式去面对。对于负面因素，关键在于良好的引导！

股市“火”了，这是现实，“火”是好事，至少比不“火”好，对于那些看到“火”就想着要“灭”，看到“灭”则又想着要“火”的思想而言，我认为是病态的，是不健康的。“火”了好，至少让我们的世界可以变得更精彩，呵呵，你说是吧，只不过在“火”的世界，我们依然要保持好自我，只有这样，才能在未来好好享受这个精彩的世界！

# 第三节　看透“价值”的“轮回”与“变异”

## 一、基本认识

（1）理解“价值”在这里的意义。

在这里，“价值”包含“本身的价值”以及“交易的价值”；“本身的价值”是内在价值，主要影响因素是市盈率；“交易的价值”是外在价值，其主要影响因素则是流动性。经济理论告诉我们，价格一般情况下都是围绕着价值波动，因此，价格的变化本质上就来自于“价值”的变化。我们研究价格的变化本质上就是研究“价值”的变化。

（2）理解“价值”的“轮回”与“变异”。

“价值”在变化的过程中，在我看来，有两点是需要研究的，那就是“轮回”与“变异”。

所谓“价值”的“轮回”，意思就是“价值”在不同的时期有时候会上演相似的“价值”，其基本原理就是“历史往往会重演”以及“事物的发展变化规律”。历史往往会重演是来源于技术分析的三大前提之一，至于事物的发展变化规律则是一种总结，我们都很清楚，事物要向前发展，难免会有曲折反复，这是不可避免的。有正就有负，事物的发展规律变化总是在正负交替中前进，在这过程中反复的状况就难以避免。

所谓“价值”的“变异”，意思就是“价值”在特定情况下，其内在于外在本质会发生前所未有的变化，彻底颠覆过去的“价值”观。具体在价格表现上，则可能是进入一个前所未有的新空间，这就是价值“变异”带来的结果。

其基本原理就是“事物发展的规律”以及“量变到最后必然引发质变”。“事物发展的规律”除了反复的状态以外，还有最终寻求新的突破，而这最终寻求新的突破就是这里谈到的“变异”。至于“量变到最后必然引发质变”，这其实就是“事物发展规律”的进一步阐述。任何事物都是处于不断变化之中，细微的变化累积到一定程度就会演变成巨大的变化。“水滴石穿”就是非常形象的体现，“价值”的波动也必然遵循这样的规律，因此，到了一定阶段，价值的“变异”也就成为必然了。

（3）面对“价值”的“轮回”与“变异”的态度。

不论市场也好，还是具体个股也好，“价值”总是在“轮回”与“变异”的过程中发展，期间引起的价格波动则是一种价值外在的表现形式。对于我们而言，要想在资本市场上有所成就，本质上就是要把握好“轮回”的轨迹以及捕捉好“变异”的时点。当然，真正要做到，那是一种理想状况，未必能够实现，但可以作为追求目标，现实更多是我们必须要看透“轮回”与“变异”，立足中长期，这样才能最终立于不败之地。

既然“市盈率”与“流动性”是影响“本身的价值”以及“交易的价值”的关键，而“价值”本身则包含“本身的价值”以及“交易的价值”，因此，可以说，“市盈率”与“流动性”就是影响价值的关键所在。结合“轮回”与“变异”，我们应该可以明白“市盈率”与“流动性”在“价值”“轮回”与“变异”过程中的重要性。

综上所述，面对价值的“轮回”与“变异”，我们要有树立立足中长期的思想，同时，需要明白“市盈率”与“流动性”重要性。

## 二、操盘论道

### 1. 指数“价值”的“轮回”与“变异”（图58～图62）

按顺序感知图剖析所带来的连续思维，这是我的一种真实研究思路，之后的文字剖析则是最后的思想升华。图58表达的是“轮回随处可见”；图59表达的是“开阔视野下的轮回与变异”；图60表达的是“时间以年为单位的轮回魔力”；图61表达的是“集合平均的内涵”；图62表达的是“轮回与变异的本质总结”。最后文字剖析所带来的思想升华则是“3+4”等于“7”的过程。

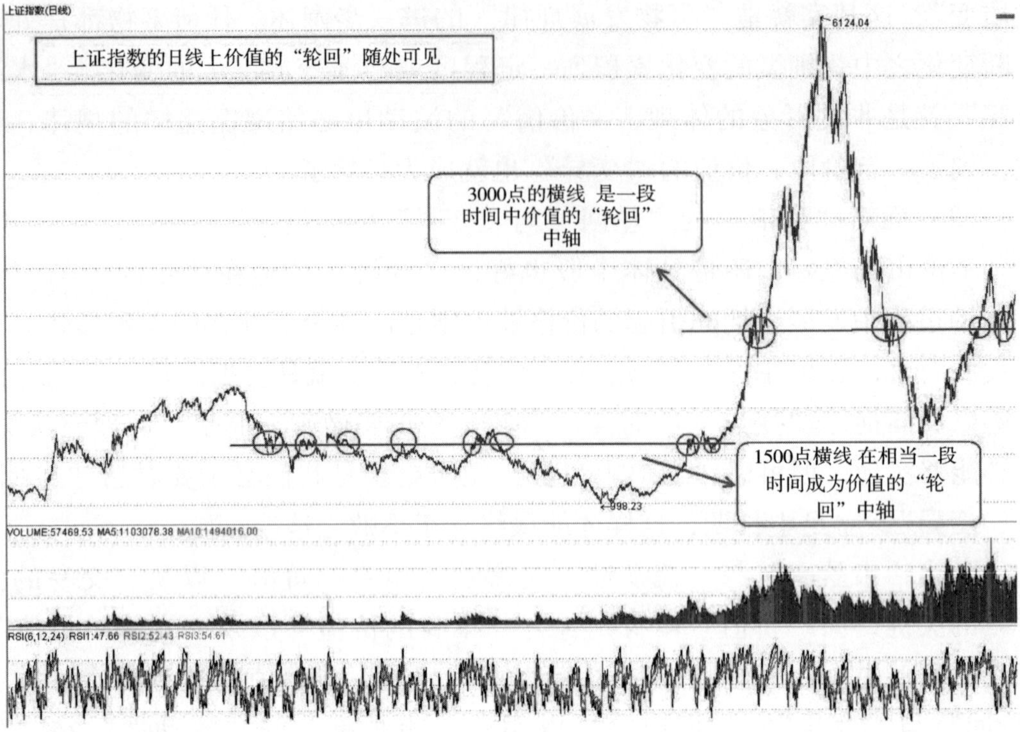
上证指数(日线)
上证指数的日线上价值的“轮回”随处可见
6124.04
3000点的横线 是一段时间中价值的“轮回”中轴
1500点横线 在相当一段时间成为价值的“轮回”中轴
998.23
VOLUME:57469.53 MA5:1103078.38 MA10:1494016.00
RSI(6,12,24) RSI1:47.66 RSI2:52.43 RSI3:54.61

图 58

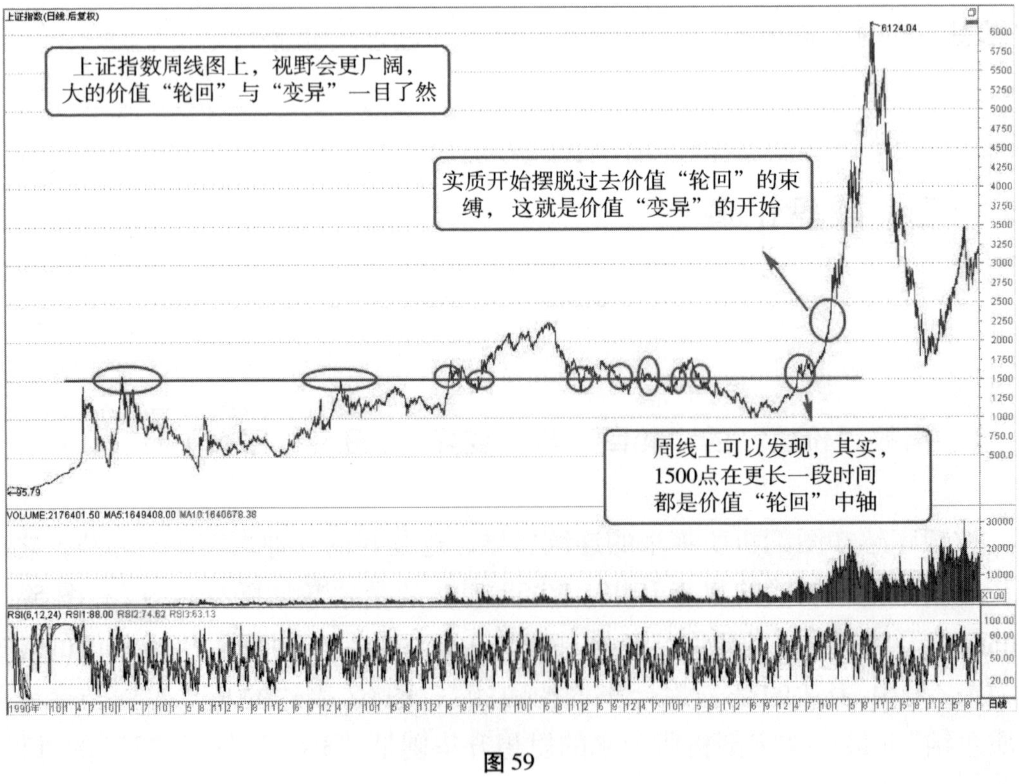
上证指数(日线,后复权)
上证指数周线图上，视野会更广阔，大的价值“轮回”与“变异”一目了然
6124.04
实质开始摆脱过去价值“轮回”的束缚，这就是价值“变异”的开始
周线上可以发现，其实，1500点在更长一段时间都是价值“轮回”中轴
95.79
VOLUME:2176401.50 MA5:1649408.00 MA10:1640678.38
RSI(6,12,24) RSI1:88.00 RSI2:74.82 RSI3:63.13

图 59

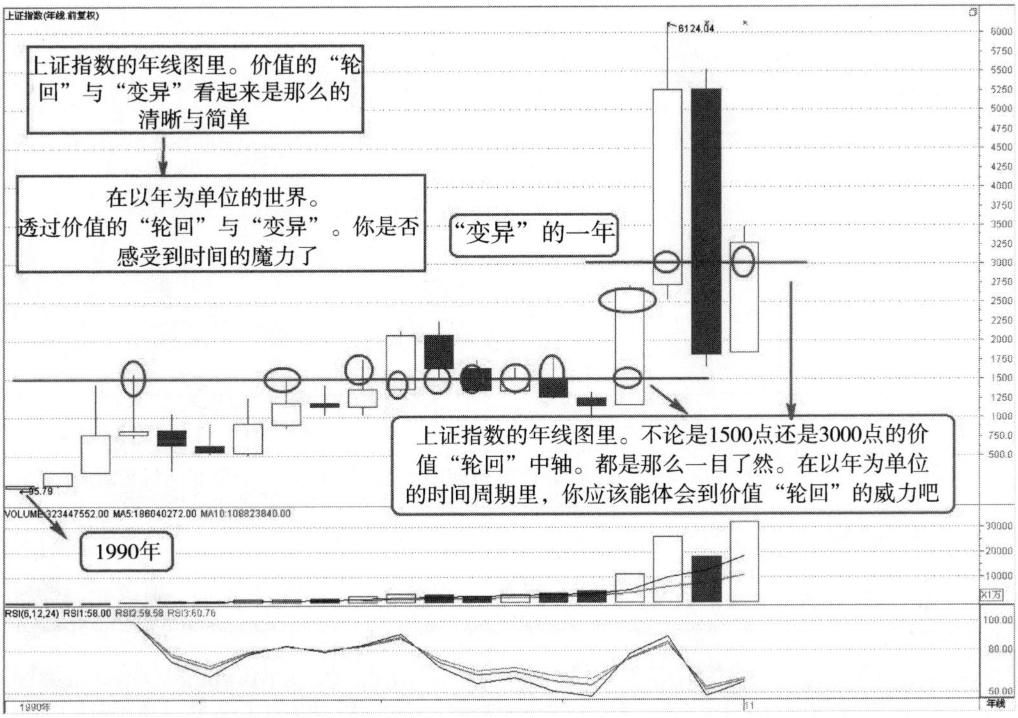
上证指数(年线 前复权)
上证指数的年线图里。价值的“轮回”与“变异”看起来是那么的清晰与简单
在以年为单位的世界。透过价值的“轮回”与“变异”。你是否感受到时间的魔力了
“变异”的一年
6124.04
上证指数的年线图里。不论是1500点还是3000点的价值“轮回”中轴。都是那么一目了然。在以年为单位的时间周期里，你应该能体会到价值“轮回”的威力吧
95.79
VOLUME:323447552.00 MA5:186040272.00 MA10:108823840.00
1990年
RSI(6,12,24) RSI1:58.00 RSI2:59.58 RSI3:60.76

图 60

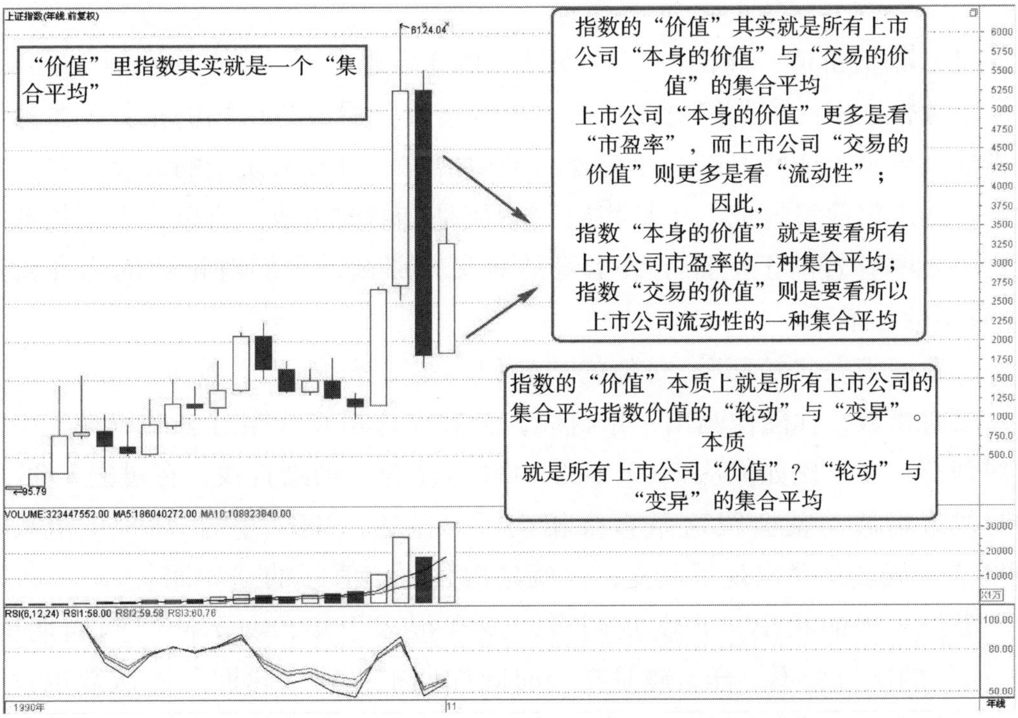
上证指数(年线 前复权)
“价值”里指数其实就是一个“集合平均”
6124.04
指数的“价值”其实就是所有上市公司“本身的价值”与“交易的价值”的集合平均
上市公司“本身的价值”更多是看“市盈率”，而上市公司“交易的价值”则更多是看“流动性”；
因此，
指数“本身的价值”就是要看所有上市公司市盈率的一种集合平均；
指数“交易的价值”则是要看所以上市公司流动性的一种集合平均
指数的“价值”本质上就是所有上市公司的集合平均指数价值的“轮动”与“变异”。
本质
就是所有上市公司“价值”？“轮动”与“变异”的集合平均
95.79
VOLUME:323447552.00 MA5:186040272.00 MA10:108823840.00
RSI(6,12,24) RSI1:58.00 RSI2:59.58 RSI3:60.76

图 61

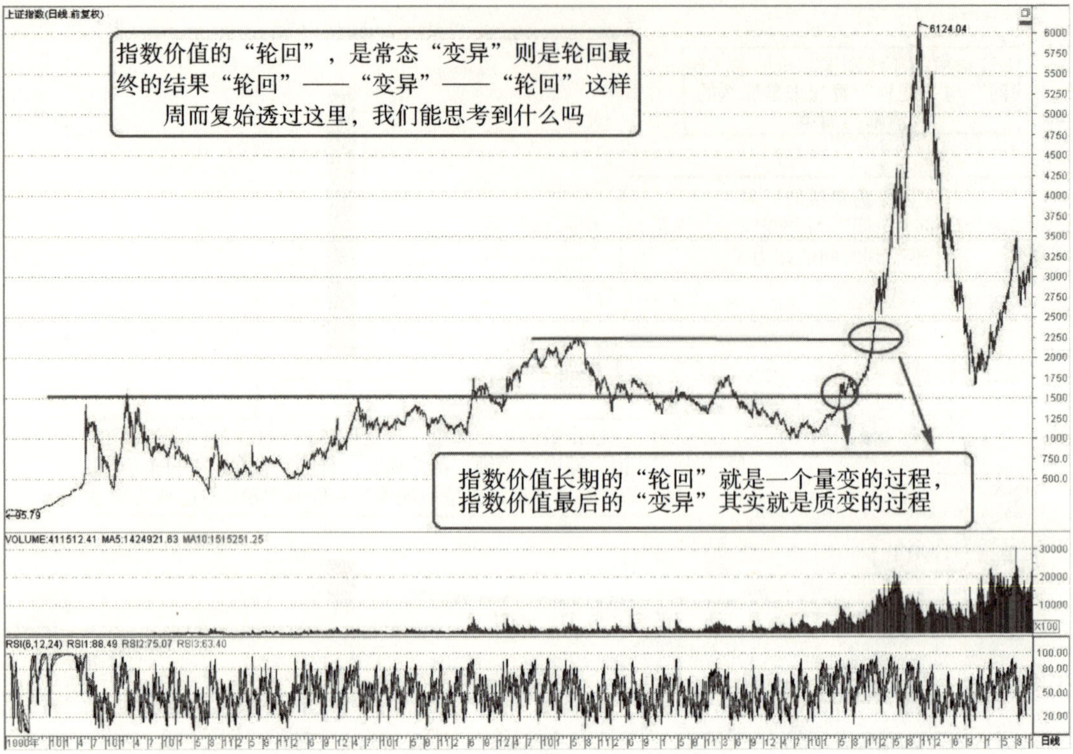


图 62

（1）指数价值“轮回”与“变异”的 3 点思考。

指数，在国内，我们更多是把“上证指数”看成是市场的指数，虽然上证指数仅仅是上证所上市企业集合的平均指数，但大家谈论的大盘点数，早就已经约定俗成般地把“上证指数”看成是市场的指数。所以，上证指数在投资者心中有着高于上证指数本身的意义，那么，我们对指数的研究就从“上证指数”着手：

①发展带来“轮回”，价值的“轮回”是必然。

面对指数，你随便画出一条直线，会发现这根直线跟过去的波动，很多时候都有相交。比如你从 2009 年的 3000 点作为中轴画直线，在过去 2008 年的时候市场波动就会跟这条直线相交了，显然，2009 年与 2008 年指数在 3000 点一线波动是出现了反复，这就是指数“价值”的“轮回”。

类似这样的状况，其实我们可以发现很多很多，在不同时间周期里，“轮回”的次数会不一样，越是在短时间周期里，其“轮回”的次数也就越频繁。如上面日线图到年线图的过程，一对比就明了了。在图形上，众多“轮回”的过程，其实是叫做波动的过程。市场只要有波动，就必然有“轮回”，千万别妄想跳出“轮回”。我们要知道，事物发展的根本就是在反复中不断成长或灭亡，指数“价值”的轮回其实也就从其“反复”中而来。

②指数价值的“轮回”与“变异”的本质。

事物的发展根本是在反复中不断成长或灭亡，“成长或灭亡”其实就是价值“变异”的体现。

由于世界的发展是呈现不断向前的态势，因此，就指数的长期发展态势而言，也必然是迎合这样的一种规律，毕竟指数代表的是社会企业发展的态势。

当然，就整体而言的，向前发展是必然，但针对局部而言，必然有与向前发展相反的状况，那就是灭亡，这所谓的局部其实就是整体市场中的部分。我们要知道，社会企业的发展是要伴随着新老交替轮回的状况，有新就有生，有老就有亡，轮回也就由此产生。

所以，指数大的方向长期而言向上发展是必然，但在这过程中，必然伴随着反复，轮回也就诞生了。当然，我们不能否认社会发展过程中，有时候会出现极端情况，那就是大多数企业突然面临灭亡的危机，此时，也就是资本市场价值变异成向下崩盘的状况。只是，在历史长河中，这样的状况不多见。毕竟置之死地而后生这样的“变异”只能发生在极端的社会发展波动过程中。

通过过去上证指数的波动，我们可以发现，大多时候，市场价值都在进行“轮回”，市场价值一旦“变异”往往就是更上一个台阶，向下的“变异”极其罕见。

③指数长期的价值“轮回”中要把握局部企业“变异”的机会。

时间在指数价值“轮回”与“变异”的过程中，占据着极其重要的地位。我们从上面指数长期波动的过程中，很容易发现，跨年底的轮回是司空见惯的，有时候，跨越超过 5 年以上的轮回也是非常正常。这就意味着什么呢？

这意味着如上面 2000 年的 1500 点在跨越 7 年后的 2007 年市场再次轮回到 1500 点，跨越 7 年的轮回，没有前进，只是反复，这样的现实并不奇怪。人生有几个 7 年呢？如果 7 年里你在事业上都原地踏步，那你将作何感想？

在面对未来的时候，状况已经发生这个事实并不能避免类似的轮回再次上演，因此，需要思考的是，在轮回中如何去把握市场的机会，或者具体而言，就是如何在市场轮回的过程中找到部分企业价值进入向上“变异”的状况，回避市场带来系统轮回风险，从而把握局部的企业“变异”机会。

总的来说，指数价值的“轮回”是个必然事件，而这轮回很多时候都是长周期的轮回。这点需要清醒的认识，具体操盘而言，面对长周期的轮回，只能去寻找这过程中局部轮回的机会，或者寻找这过程中可以摆脱市场轮回独立向上变异的品种机会。只有这样，才能长久生存。

（2）指数“价值”进一步的4点思考。

面对指数“价值”，其实我们需要更多的思考，下面是进一步思考的结果，大概4点：

①指数“价值”的关键看权重品种的“价值”。

指数的“价值”其实就是所有上市公司“本身的价值”与“交易的价值”的集合平均。这点我们不难理解，毕竟指数代表的是所有上市公司的综合平均反映。不过，通过这里，我想说的是，指数价值最终如何走，其实就看上市公司本身即可，而上市公司中则需要研究权重品种，毕竟指数的价值关键又在权重品种身上。因此，最终更多的是要看权重品种“本身的价值”与“交易的价值”波动状况。权重品种毕竟不是小盘股，抗风险能力较强的同时，机会展现的空间也相对有限。因此，指数“价值”为何很多时候都是较为反复，本质上就是影响指数价值的权重品种价值的波动导致的。

②“交易的价值”在市场价值中尤为关键。

指数价值的“轮回”是个常态，这点跟上市公司“本身的价值”以及其“交易的价值”波动有直接的关系，尤其是“交易的价值”，在这里的体现会更为突出。因为，上市公司“本身的价值”长期而言，随着社会的发展，只要其本身能够生存下去，整体呈现上升态势是大概率事件。不过，“交易的价值”则不然，影响其关键的流动性受人的心理影响非常大，而人的心理波动状况在很多时候都是极其反复的。因此，这就给上市公司的价值构成带来极大的“轮回”因子，从而最终影响到指数“价值”的“轮回”。因此，“交易的价值”，某个意义上来说，将很大程度上决定市场价值的状况。

③“轮回”是量变，“变异”是质变。

指数价值的每一次“轮回”都会让市场内在发生一些微妙的变化，而这些微妙的变化积累到一定程度时候，也就是轮回达到一定数量的时候，质变带来指数价值的“变异”也就展开了。所以，面对指数价值的“轮回”，我们要懂得去发现其内在的微妙变化到底是什么，目前处于什么样的一个状态，质变是否有可能在接下来产生。虽然质变最终有可能产生，但我们千万不要常常妄想质变，质变是需要积累，也就是需要时间的。因此，我们要把握市场价值向上的“变异”机会，必须懂得耐心等待。为何有人懂得休息反而容易做好股票呢，其实道理就在于此。懂得休息的人，很多时候也就回避了轮回的风险，而一旦再次动起来，就比较容易把握轮回的机会甚至碰到向上“变异”的机会。

④指数螺旋式上涨背后更多是反复。

“轮回”——“变异”——“轮回”，这是指数“价值”的变动状况，每一次“变异”带来的都是新的“轮回”。也就是告诉我们，当行情进入新的领域的时候，意味着新领域的“轮回”其实也已经悄然展开了。因此，妄想不断进行向上“变异”的人，其实很多时候是有点异想天开了，尤其是在指数价值这里。长期而言，指数虽然呈现螺旋式上涨的机会很大，但这背后却并不意味着一路上涨，更多的是一种上涨过后的反复，也就是不断“轮回”后才能有向上的“变异”。

上面 4 点是对指数价值的进一步思考的结果，很多东西其实就是在进一步思考过程中获取的。学习或具体操盘过程中，都是如此。在这里，也就是想通过这样的一种方式告诉大家这样的一种思路。

### 2. 各种上市公司价值的“轮回”与“变异”

按顺序感知图剖析所带来的连续思维，这是我的一种真实研究思路，之后的文字剖析则是最后的思想升华。图 63 与图 64 表达的是“中国石化不断轮回的过程体现”；图 65 与图 66 表达的是“深康佳的反复轮回”；图 67 与图 68 表达的是“精伦电子反复轮回带来的思考”；图 69 与图 70 表达的是“招商银行的升级轮回”；图 71 表达的是“江西铜业跟招商银行对比的升级轮回”；图 72 表达的是“云南白药非常态轮回”。最后文字剖析所带来的思想升华则是关于“轮回”与“变异”的 5 点注意，还有就是“轮回”的启迪。

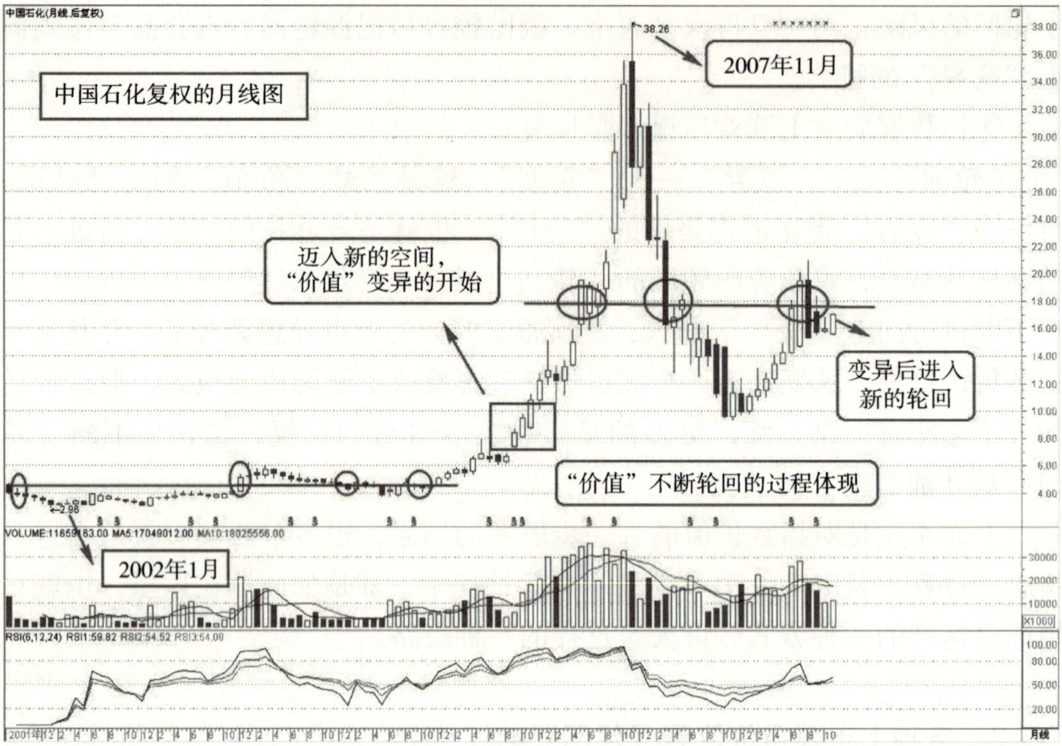
中国石化(月线,后复权)
38.26
2007年11月
中国石化复权的月线图
迈入新的空间，
“价值”变异的开始
变异后进入
新的轮回
“价值”不断轮回的过程体现
2002年1月
2.96
VOLUME:11659163.00 MA5:17049012.00 MA10:18025556.00
RSI(6,12,24) RSI1:59.82 RSI2:54.52 RSI3:54.00

图63

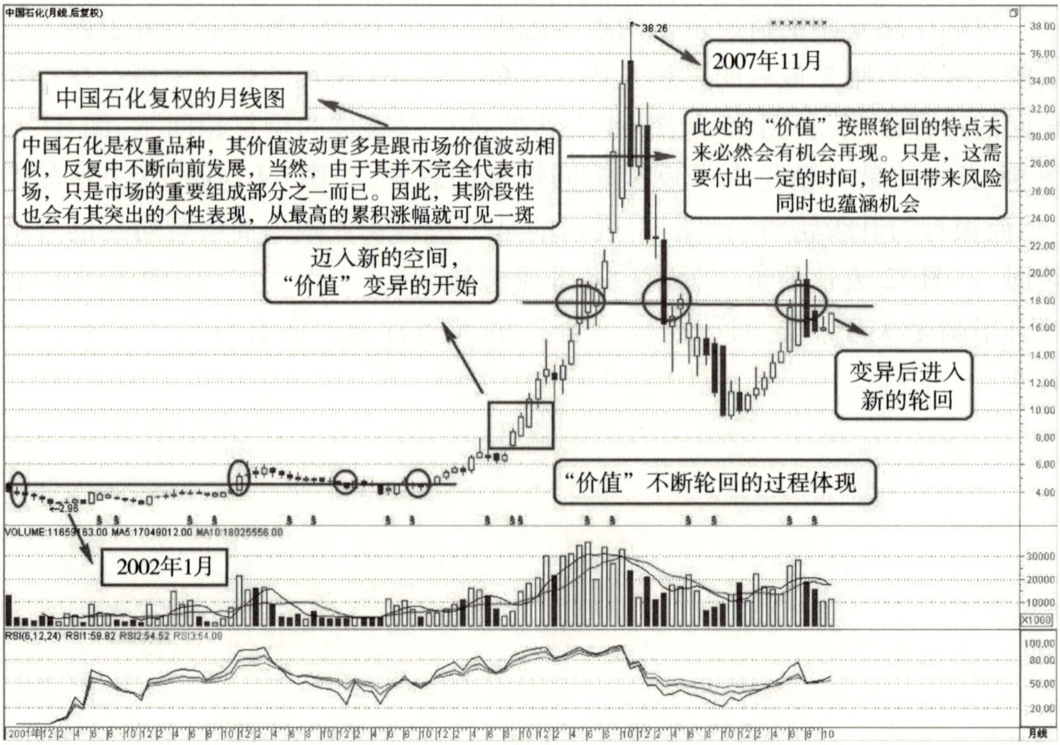
中国石化(月线,后复权)
38.26
2007年11月
中国石化复权的月线图
中国石化是权重品种，其价值波动更多是跟市场价值波动相似，反复中不断向前发展，当然，由于其并不完全代表市场，只是市场的重要组成部分之一而已。因此，其阶段性也会有其突出的个性表现，从最高的累积涨幅就可见一斑
此处的“价值”按照轮回的特点未来必然会有机会再现。只是，这需要付出一定的时间，轮回带来风险同时也蕴涵机会
迈入新的空间，
“价值”变异的开始
变异后进入
新的轮回
“价值”不断轮回的过程体现
2002年1月
2.96
VOLUME:11659163.00 MA5:17049012.00 MA10:18025556.00
RSI(6,12,24) RSI1:59.82 RSI2:54.52 RSI3:54.00

图64

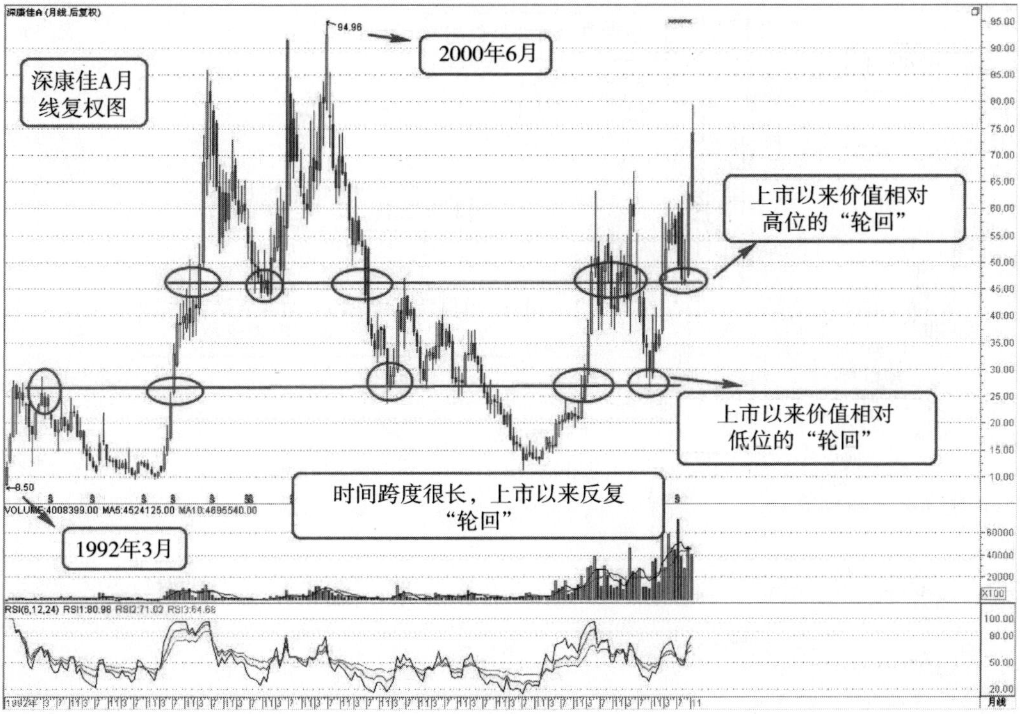
深康佳A月线复权图
2000年6月
上市以来价值相对高位的“轮回”
上市以来价值相对低位的“轮回”
时间跨度很长，上市以来反复“轮回”
1992年3月

图 65

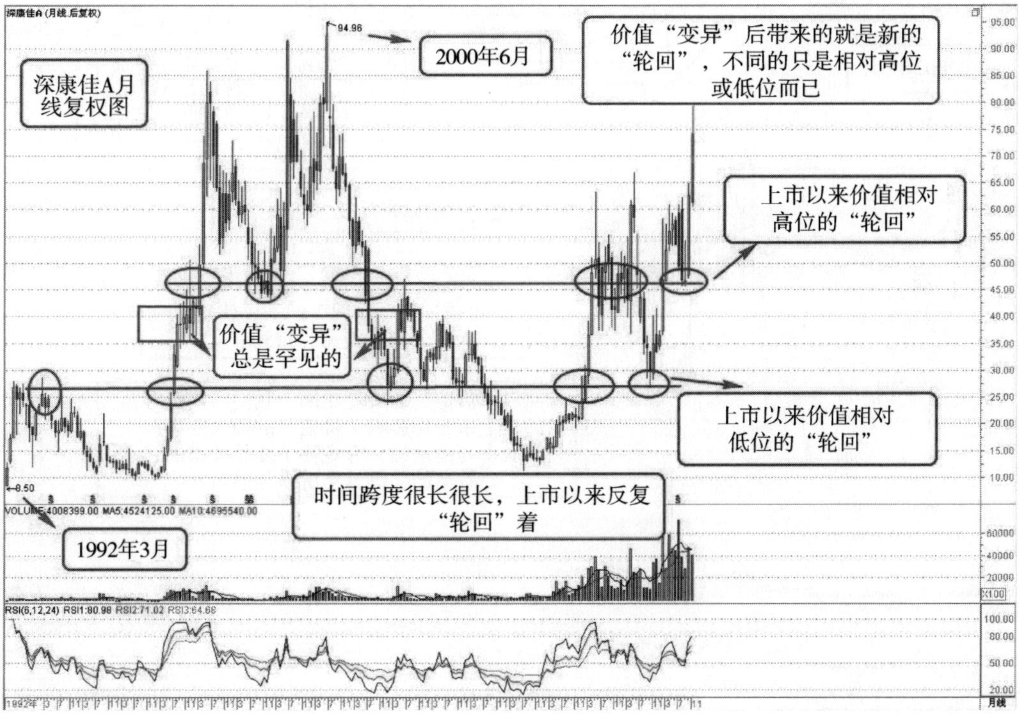
深康佳A月线复权图
2000年6月
价值“变异”后带来的就是新的“轮回”，不同的只是相对高位或低位而已
上市以来价值相对高位的“轮回”
价值“变异”总是罕见的
上市以来价值相对低位的“轮回”
时间跨度很长很长，上市以来反复“轮回”着
1992年3月

图 66

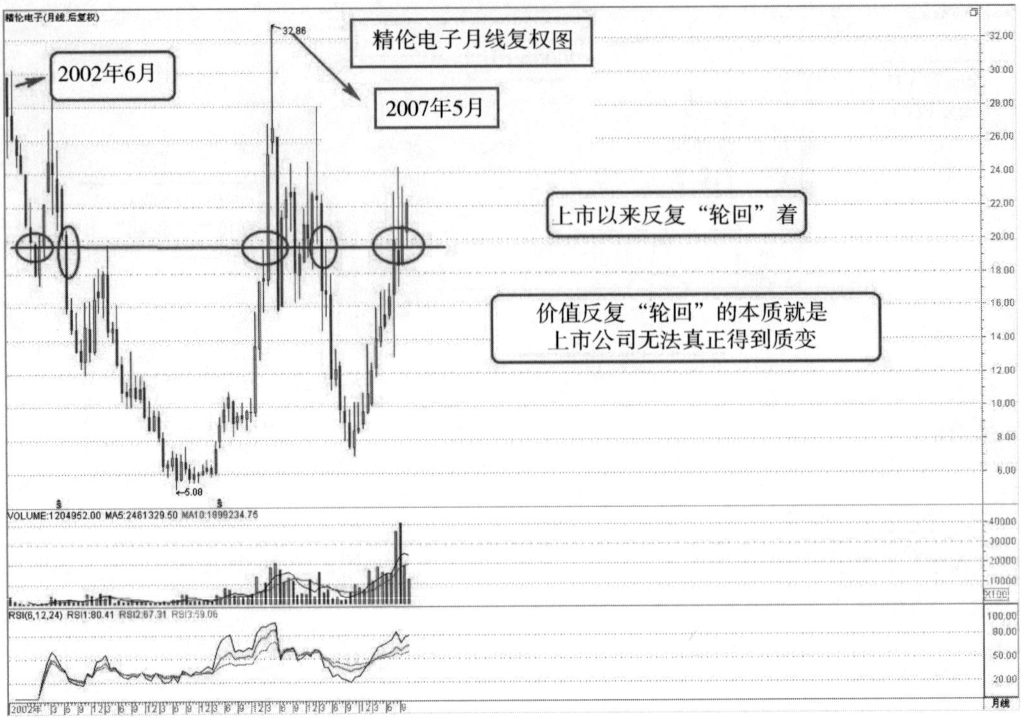
精伦电子(月线,后复权)
32.86
精伦电子月线复权图
2002年6月
2007年5月
上市以来反复“轮回”着
价值反复“轮回”的本质就是
上市公司无法真正得到质变
5.08
VOLUME:1204952.00 MA5:2461329.50 MA10:1999234.75
RSI(6,12,24) RSI1:80.41 RSI2:67.31 RSI3:59.06
月线

图 67

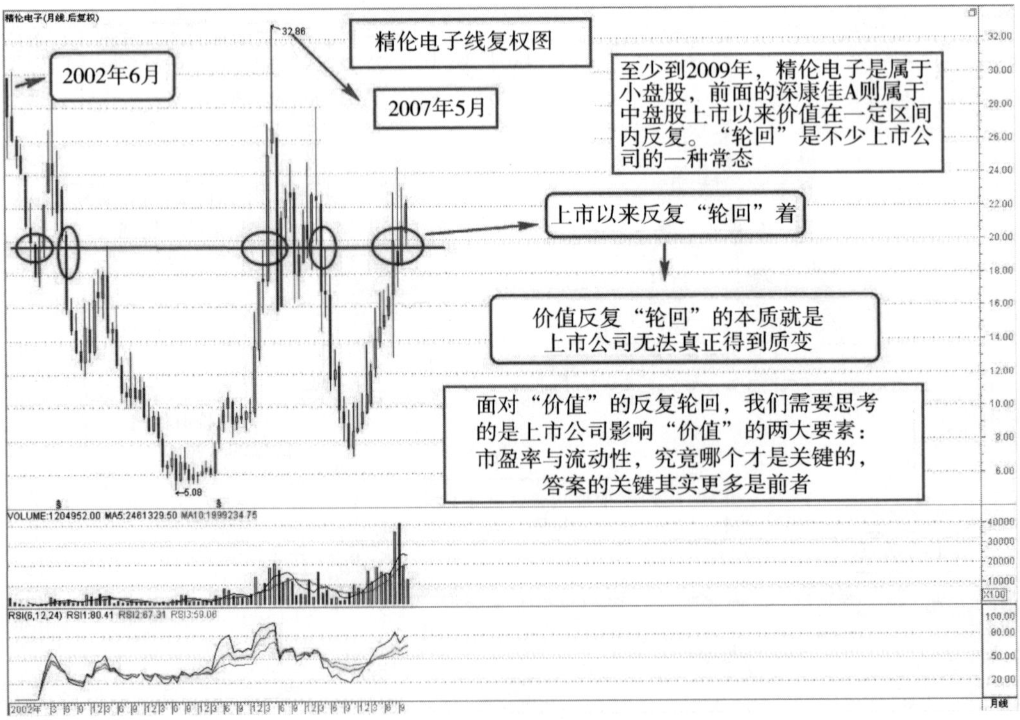
精伦电子(月线,后复权)
32.86
精伦电子线复权图
2002年6月
2007年5月
至少到2009年，精伦电子是属于小盘股，前面的深康佳A则属于中盘股上市以来价值在一定区间内反复。“轮回”是不少上市公司的一种常态
上市以来反复“轮回”着
价值反复“轮回”的本质就是
上市公司无法真正得到质变
面对“价值”的反复轮回，我们需要思考的是上市公司影响“价值”的两大要素：市盈率与流动性，究竟哪个才是关键的，答案的关键其实更多是前者
5.08
VOLUME:1204952.00 MA5:2461329.50 MA10:1999234.75
RSI(6,12,24) RSI1:80.41 RSI2:67.31 RSI3:59.06
月线

图 68

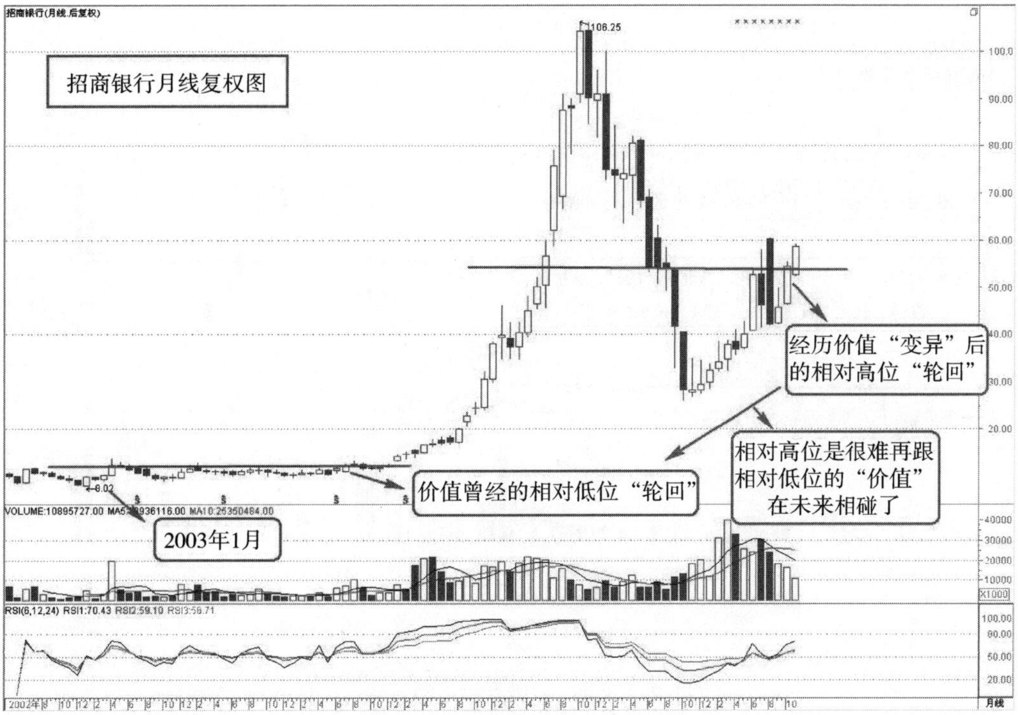
招商银行(月线,后复权)
招商银行月线复权图
108.25
8.02
经历价值"变异"后的相对高位"轮回"
价值曾经的相对低位"轮回"
相对高位是很难再跟相对低位的"价值"在未来相碰了
2003年1月
RSI(6,12,24) RSI1:70.43 RSI2:59.10 RSI3:56.71
月线

图 69

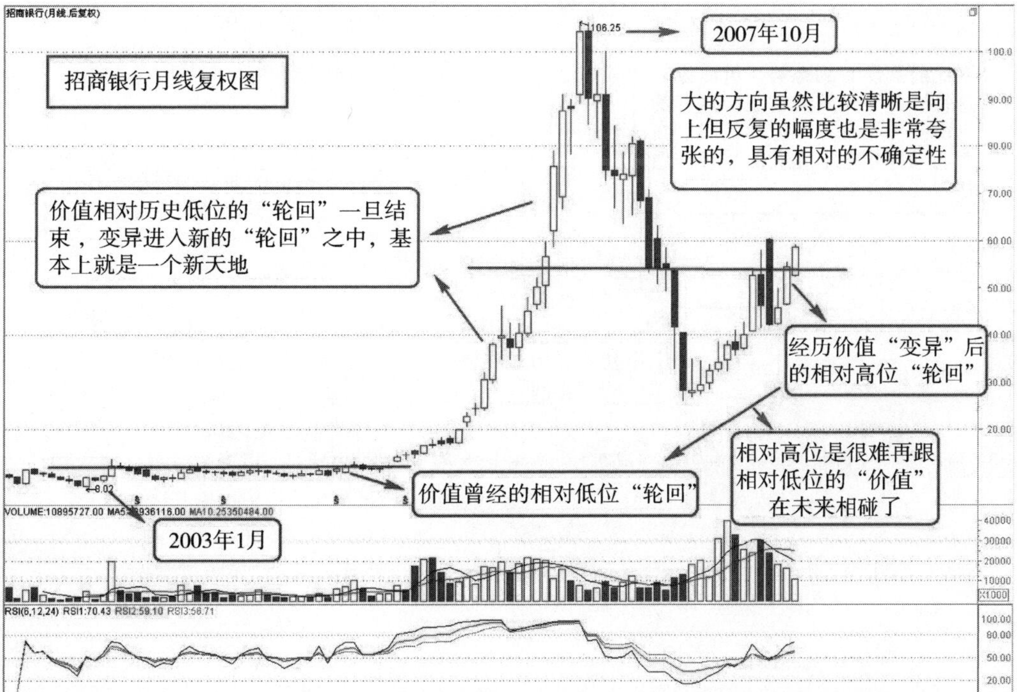
招商银行(月线,后复权)
108.25
2007年10月
招商银行月线复权图
大的方向虽然比较清晰是向上但反复的幅度也是非常夸张的，具有相对的不确定性
价值相对历史低位的"轮回"一旦结束，变异进入新的"轮回"之中，基本上就是一个新天地
经历价值"变异"后的相对高位"轮回"
价值曾经的相对低位"轮回"
相对高位是很难再跟相对低位的"价值"在未来相碰了
2003年1月
RSI(6,12,24) RSI1:70.43 RSI2:59.10 RSI3:56.71
月线

图 70

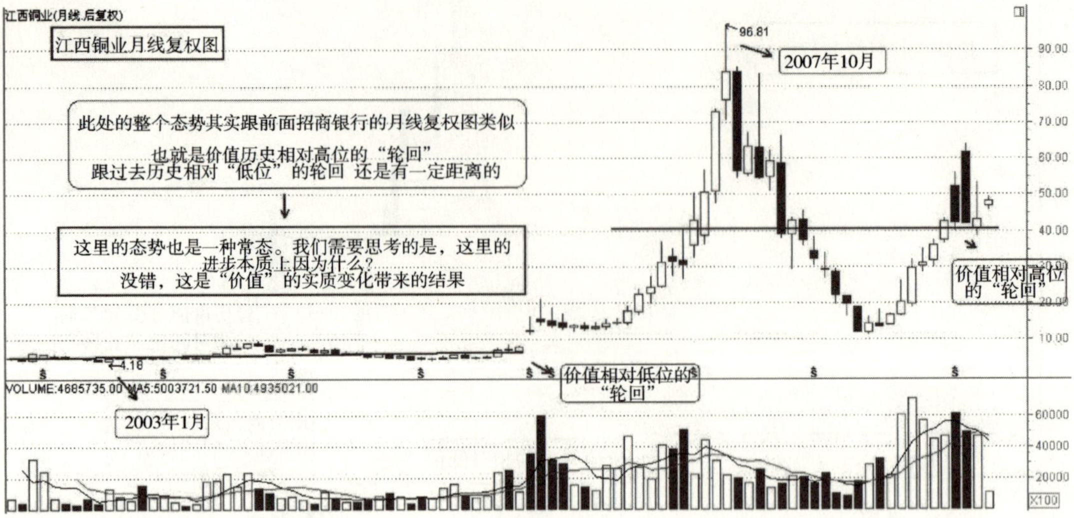


图 71

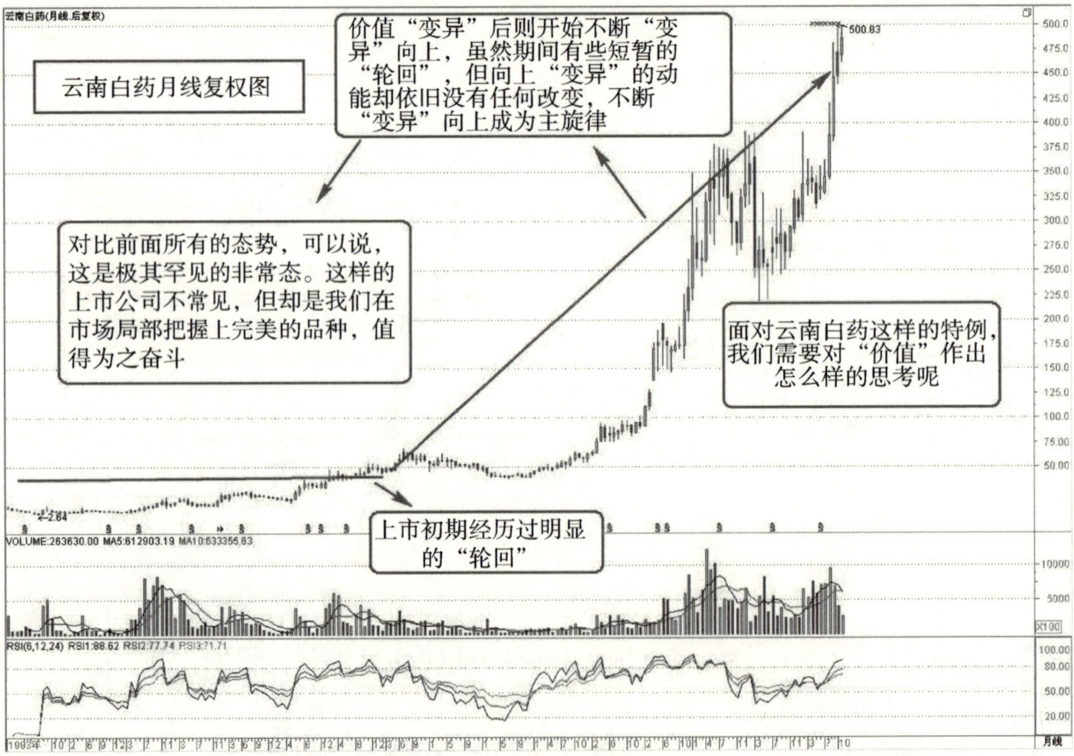


图 72

（1）上市公司“价值”的“轮回”与“变异”带来5点注意。

指数的“价值”是所有上市公司“价值”的“集合平均”，很多时候，波动剧烈有余，但却难免个性不足，我们看待指数的价值就犹如看待宏观面一样，比较清晰简单；至于上市公司的价值则犹如看待微观面一样，相对模糊复杂。这当然跟上市公司本身的包罗万象有关，那么，具体而言，我们需要注意些什么呢？

①从权重股价值波动看如何把握市场价值。

权重股是影响市场的关键因素，因此，关注市场价值波动大的方向，关键是看权重股的“价值”的波动状况即可。

从上面中国石化月线复权图的例子来看，我们可以发现，权重品种价值整体的波动脉络跟市场是基本吻合，只是阶段性，由于权重股本身作为上市公司而言所具有的个性，会使得其阶段性的脉冲波动会更剧烈与夸张。这就告诉我们，在具体把握其价值脉络的时候，一是要看市场的反影响，二则是要看其公司本身的状况。

②反复轮回的启迪。

就很多个股其价值走势长期而言，是一个反复轮回的状况，也就是说，长期下来，其似乎没有什么质的发展。这并不奇怪，很多上市公司本身就是周期性行业，价值的反复轮回是符合上市公司行业发展特征的。当然，这也符合资金流动性盛极而衰、衰极而盛的规律的。

我们都知道，“价值”包括“本身的价值”以及“交易的价值”，本身的价值关键是看市盈率，交易的价值关键则是看流动性。上市公司价值反复轮回的状况也从一个侧面告诉我们，“价值”很多时候并不会随着时间的推移而增长，原地踏步或是往后倒退都是极其正常的。

前面例子“价值”反复轮回谈到了精伦电子以及深康佳 A，一个代表小盘，一个代表中盘，这说明反复轮回涉及的范围还是比较广，是一个相对常态的状况。为什么很多时候，市场表现大起大落，不断反复，其实跟众多上市公司本身价值的表现是息息相关的。

③价值“轮回”升级版的思考。

价值的“轮回”虽然是一个常态，但对于这里的“轮回”，有些上市公司会由过去价值相对低位的“轮回”，发展成为目前价值相对高位的“轮回”，而目前价值相对高位的“轮回”跟过去价值相对低位的“轮回”很难再有交集。这可以说就是价值“轮回”向上发展的结果，属于价值“轮回”的升级版。

前面例子中涉及的招商银行以及江西铜业都是属于价值“轮回”的升级

版，这说明上市公司随着时间的推移，其“价值”比当初发生了明显的“质变”，此时价值的“轮回”是一种“变异”后的结果，这也代表其发展本身已经上了一个台阶。

“本身的价值”早已摆脱初期发展的状况，“交易的价值”则随着市场的波动依然会出现反复，综合起来，其“价值”的轮回也就难免了，只是，这是建立在过去相对低位“轮回”之上的相对高位“轮回”而已。

打个比方就好比我们人一样，过去做工人，业绩有起伏，随着个人事业的发展，现在是老板了，业绩同样有起伏，这两个起伏虽然都是起伏但基础跟环境是截然不同的。前面精伦电子以及深康佳A的例子换成这里的比喻，那就是从开始到现在其业绩都是建立在同样的工作岗位上，基础与环境依然如故的状况。试问，人不都是这样吗？确实有很多人要不就是永远稳定在一个岗位上；要不就是有所发展，但较为稳健，一个岗位可以待很长时间。这两者其实都是常态。

④价值“轮回”的非常态。

有常态就有非常态，任何事物都是对立统一的。没错，价值“轮回”这里的非常态就犹如前面云南白药的例子：除了上市初期一段时间经历过正常的价值“轮回”外，变异一旦开始后，其“轮回”的时间与频率就显得非常低了，价值“变异”的状态反倒是频频发生。看看其一路以来的“价值”表现的波动状态，用“惊艳”来形容一点都不过分。

这就好比一个人开始工作后，除了初期的岗位有个时间沉淀的过程，其余不断向上发展的岗位更多的都仅仅是做一个短暂的停留，不断向上，难以停歇。这样的发展轨迹，绝非一般人所能为，一旦成真，往往就会成为一个传奇。在资本市场上，类似云南白药这样不断蜕变不断向上发展的上市公司，其“本身的价值”没有太多争议，就连“交易的价值”这跟市场波动关系极大的“价值”，实际上也为其开辟了单独通道。

要发现这样的上市公司并不容易，不过一旦发现，也未必一定能抓住这样的机会？因此，我们需要思考的是：如何才能让自己的投资也成为传奇？

⑤“价值”的“轮回”犹如甩干机。

不论是权重股也好，非权重股也好，“价值”波动带来的市场反复，让我们认识到这市场的本质就是机会与风险共存向前的，有机会就有风险，这是真理。只是，就整体而言，是机会多还是风险多而已。

波段机会相当诱人，波段风险也相当残酷，上面的例子尤其是出于“轮回”状态最初级的品种，可以说，本质上就是相对投机的品种。轮回的升级版是具备了长期投资的价值，只是，其阶段轮回依然是相当折磨人；最理想的就是非常态的“轮回”，类似云南白药这样的品种可以说是所有投资者都期待拥有的品种，只是其太稀少，因此，这也就注定市场真正的大赢家只会是少数人。为何大部分投资者进来资本市场，最终的结果都不尽如人意呢？道理其实已经摆在我们眼前，面对“价值”常态的“轮回”试问有几个人能够真正在其中收获该收获的，回避该回避的呢？更多的都是在这“轮回”过程中被市场三振出局。

“价值”的“轮回”，就好像甩干机，不断转圈让大部分水都甩出去，真正能够最后依附在甩干机里的水分，那是相当微小的部分。当然，这也要看甩干机转圈的力度，剩下的大水分少，小水分才有存在的可能。市场的“价值”波动能小吗？冲着“交易的价值”这可能性就微乎其微了，更别谈“本身的价值”波动状态了。

总的来说，问题是上市公司“价值”的“轮回”在时间舞台上绽放的烟花火各有各的精彩，只是，这精彩背后有几个人能够真正抓住这精彩，这就另当别论了。精彩是展现出来了，能抓住的人最终则只会是少数。道理不复杂，就在于很多人都只想到了“轮回”的一面而已。切记，“轮回”的思路启迪我们：今天发生的未来未必不会再发生，让未来不再重演过去的根本就是让自己尽快“变异”吧。

（2）“轮回”的启迪：多想一步豁然开朗，一切都是相互联系相互影响。

我不知道人的生命有没有“轮回”，但我知道人的生存发展总是难免会有“轮回”的，“轮回”不仅表现在资本市场，在人的生活与发展中也比比皆是。

面对上面那么多“轮回”的例子，我们是否可以进一步想到，这不就是人内心“轮回”的反映吗？资本市场“轮回”的波动本质是由于人的交易变化带来的结果，而人的交易变化很大程度上又是跟人的生活与发展息息相关的。很容易发现，资本市场的“轮回”，跟人现实生活中的“轮回”只要想多一步，就可以联系起来，一旦联系起来，一切就豁然开朗。

这告诉我们什么呢？这告诉我们，不论做什么事，很多时候，其实想多一步，就可以豁然开朗。“轮回”并不可怕，可怕的是很多人连“轮回”的概念也没有。

当我们拥有“轮回”的概念后，是否一切都要进行“轮回”的操作呢，也就是多点波段策略呢？道理是这样没错，但事实上却很难做到，道理不复杂，就好像很多人都知道股票就是要高抛低吸一样，但实际上，却是说起来容易，做起来难。因此，很多中小“轮回”实际上是没有多大可操作性，真正具有操作性的是大“轮回”，所以，妄想把所有“轮回”都掌握在自己手中，那是不切实际的想法。真正可行的是，我们去看透大的“轮回”，做好大的波段即可。至于中小“轮回”，那就犹如云南白药向上变异过程中的“轮回”一样，那是短暂的，只要坚持和耐心，更大的光明必然就在前方。

要知道“轮回”最后必然是在前方，这其实就回到“价值”上来了，只有本质上真正具有向上“变异”价值的品种才是我们需要长期坚持的品种。要做到这点，最后就是要落实到上市公司“本身的价值”上来，同时也要落实在前面“看透成长性的秘密”这一节内容上去。

发现没有，很多东西不仅是相互联系也是相互影响的，上市公司“价值”如此，世界也是如此。

3. **总结**

按顺序感知图剖析所带来的连续思维，这是我的一种真实研究思路，之后的文字剖析则是最后的思想升华。图 73 表达的是“上证指数的轮回总结启迪”；图 74 表达的是“中国石化的轮回总结启迪”；图 75 表达的是“深康佳 A 的轮回总结启迪”；图 76 表达的是“招商银行的轮回总结启迪”；图 77 表达的是“云南白药的轮回总结启迪”。最后文字剖析所带来的思想升华则是最后的 3 点总结。

这里，我们把最后的图形做个对比总结，不妨对整体做个回顾与总结吧，虽然这里表述简单，但希望能够给人带来不简单的思考：

（1）指数“价值”仅仅是一种“集合平均”价值而已。

指数“价值”的“轮回”与“变异”有个不容忽视的因素，那就是其内在结构的变化带来成交量的大幅增长。

所谓内在结果的变化就是指上市公司逐年增长的态势，将这作为所有上市公司“集合平均”的指数，其内在必然是发生了微妙变化，具体反映在市场，那就是成交量不断地放大。1999 年，几十亿的日成交量已称得上天量，2009 年日成交量上千亿才能具备天量的基础，这是一个多么惊人的飞跃。

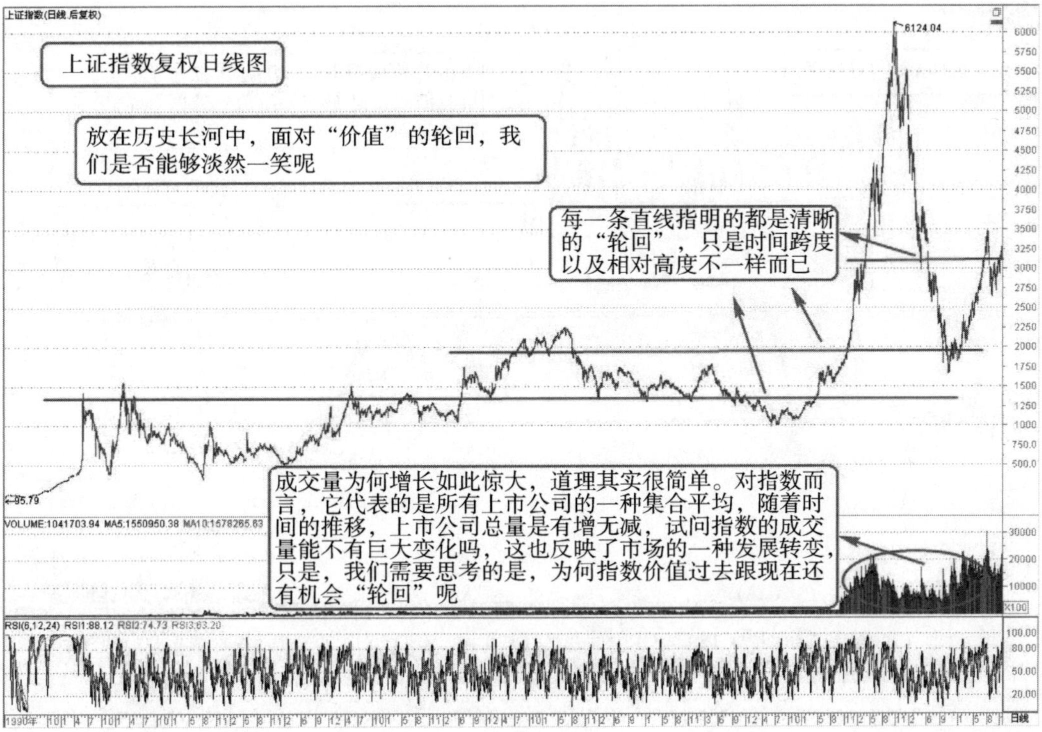
上证指数复权日线图
放在历史长河中，面对“价值”的轮回，我们是否能够淡然一笑呢
每一条直线指明的都是清晰的“轮回”，只是时间跨度以及相对高度不一样而已
成交量为何增长如此惊大，道理其实很简单。对指数而言，它代表的是所有上市公司的一种集合平均，随着时间的推移，上市公司总量是有增无减，试问指数的成交量能不有巨大变化吗，这也反映了市场的一种发展转变，只是，我们需要思考的是，为何指数价值过去跟现在还有机会“轮回”呢

图 73

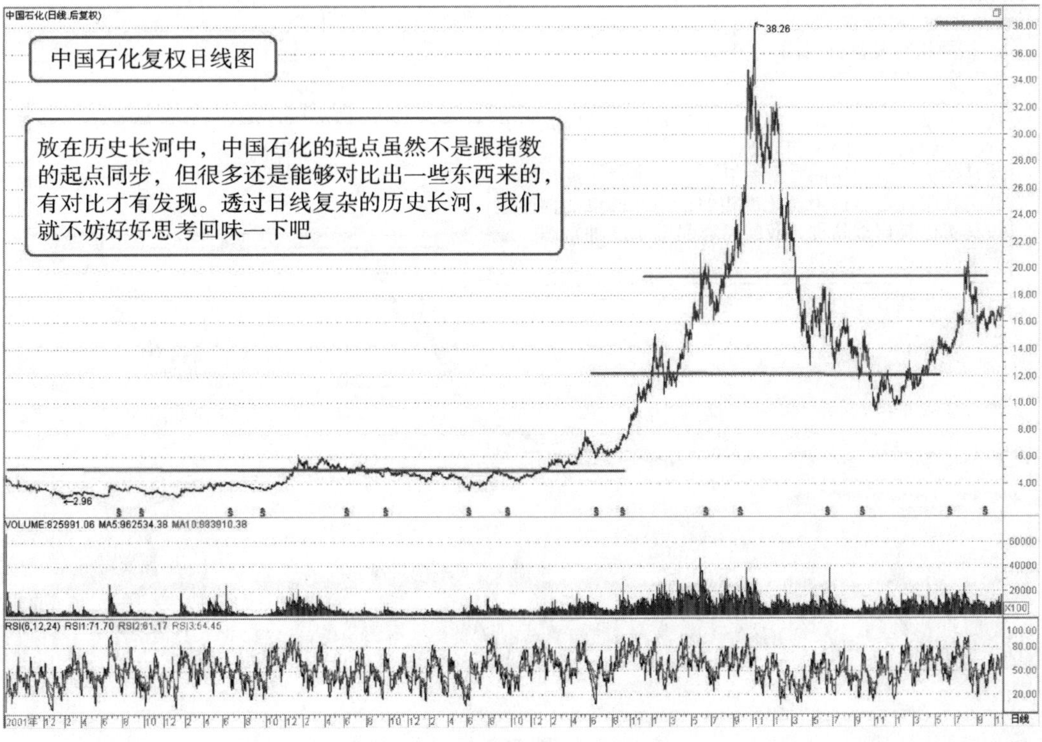
中国石化复权日线图
放在历史长河中，中国石化的起点虽然不是跟指数的起点同步，但很多还是能够对比出一些东西来的，有对比才有发现。透过日线复杂的历史长河，我们就不妨好好思考回味一下吧

图 74

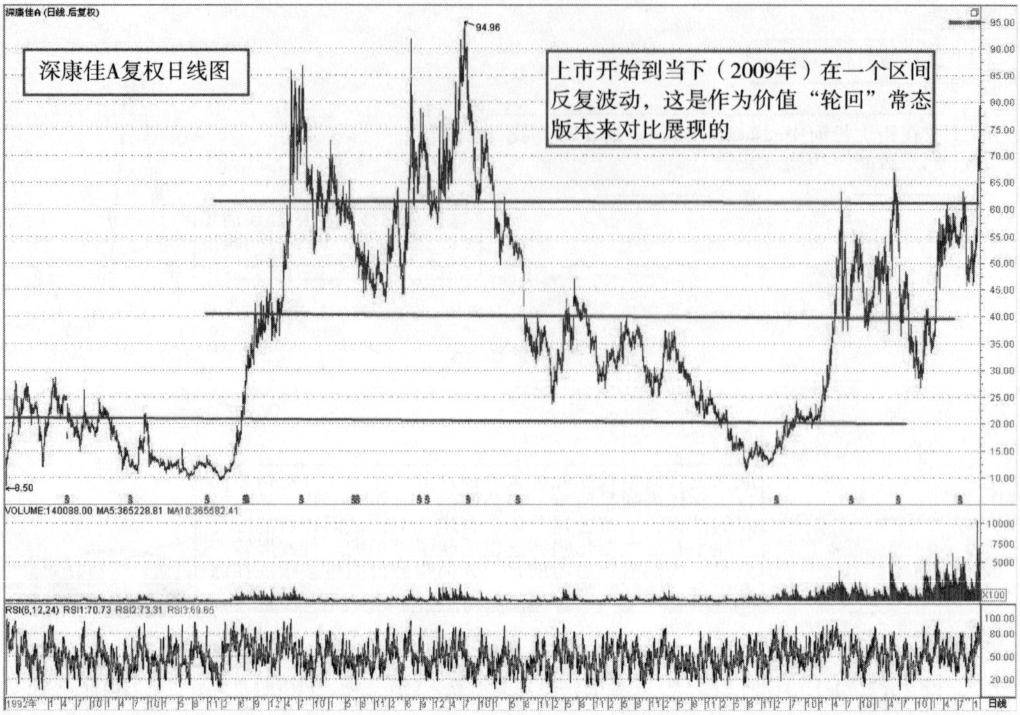
深康佳A(日线,后复权)
深康佳A复权日线图
上市开始到当下（2009年）在一个区间反复波动，这是作为价值“轮回”常态版本来对比展现的
94.96
VOLUME:140098.00 MA5:365228.81 MA10:365582.41
RSI(6,12,24) RSI1:70.73 RSI2:73.31 RSI3:69.65

图 75

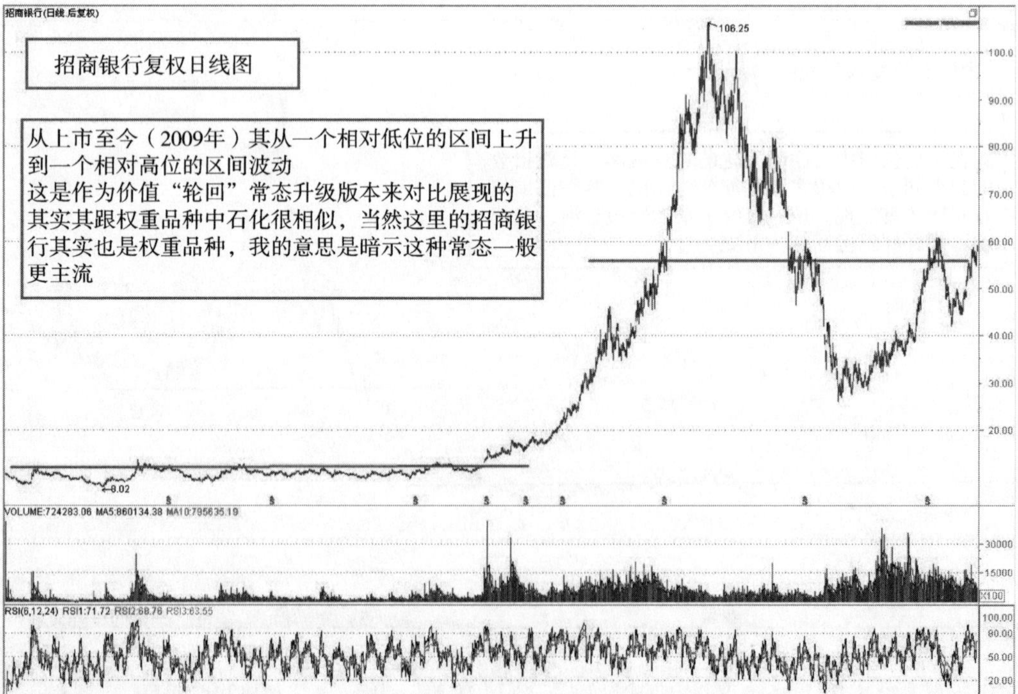
招商银行(日线,后复权)
招商银行复权日线图
从上市至今（2009年）其从一个相对低位的区间上升到一个相对高位的区间波动
这是作为价值“轮回”常态升级版本来对比展现的
其实其跟权重品种中石化很相似，当然这里的招商银行其实也是权重品种，我的意思是暗示这种常态一般更主流
106.25
VOLUME:724283.06 MA5:860134.38 MA10:795635.19
RSI(6,12,24) RSI1:71.72 RSI2:68.78 RSI3:63.55

图 76

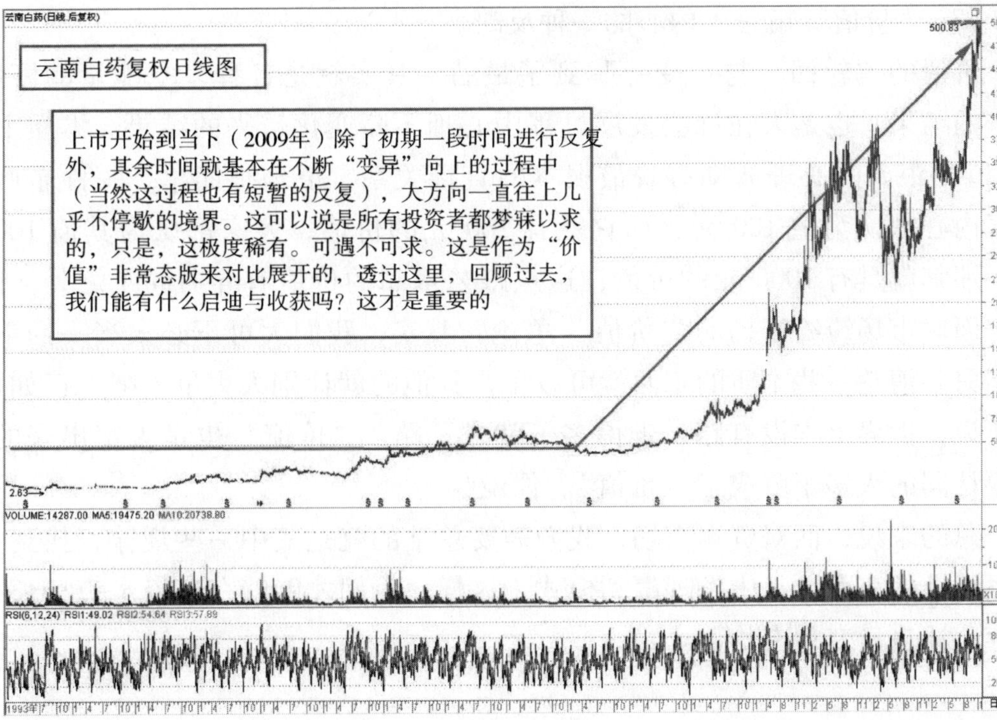


图 77

不过非常有意思的是，虽然指数内在发生着巨大的变化，但其“价值”的表现形式很多时候却没有因其内在的变化而发生着太大质的变化。究其内在原因，很大程度上是由于众多新上市公司“价值”能量此消彼长的平衡所致，毕竟，指数“价值”仅仅是一种“集合平均”的价值而已。

（2）让“四个代表”跟指数进行对比，从中去思考与发现收获。

日线图的繁杂很多时候很容易让人阶段性失去理性的，因此，面对上市公司本身价值的“轮回”与“变异”，局部波动过程中节奏一不小心就很有可能会让人发狂。看看前面的中国石化、深康佳 A、招商银行以及云南白药，每一个都代表着一种个性，中国石化是权重股代表（更多跟随市场但阶段性会有自我个性），深康佳 A 是“价值常态”代表（不断进行反复总是难以找到真正的质变），招商银行则是“价值常态升级”代表（虽然反复不断但反复的中心随着时间推移是有所抬高的），云南白药则是“价值非常态”代表（初期反复后机会更多不断变异向上，顺风顺水直冲云霄）。这四种个性中虽然并不能涵盖市场的所有，但却基本上涵盖了市场的大部分而且极具代表性。因此，通过上面四种代表性的品种跟指数进行对比，我们很容易就会发现很多值得思考的问题，获得一些有益的启迪。

(3)“价值”就是人内心的一种反映。

价值的“轮回”与“变异”到了最后，其实就是各种多空能量的博弈带来的结果，也是人在社会发展过程中心理不断变化带来的结果。本质上，“价值”跟人的心理波动有着最根本的直接关系。道理很简单，一件东西，大家内心都认为值 100 元，那它就有 100 元的价值；大家都认为其值 1000 元，那其就具有 1000 元的价值；这点跟艺术品的价值有异曲同工之处。因此，面对市场纷纷扬扬的“价值”争论，其实，我们大可不必太当一回事，我们只要清楚一些本质的东西就可以了，其他的就让别人去争论吧。正如鲁迅所说，世界上本没有路，走得多了就成了路。“价值”也是人定出来的，只要认同的人多了就成了“价值”。你说呢?

总的来说，面对资本市场，我们需要总结的就是其中一些规律，找到一些系统性的东西，从中发现赢利模式。这样，我们才能够在这资本市场长久生存，让自己变得有价值。

## 三、温故知新

(1) 理解“价值”：我们研究价格的变化本质上就是研究“价值”的变化。理解“价值”的“轮回”要注意“历史会重演”的真理，理解价值的“变异”则要注意“水滴石穿”的道理。面对价值的“轮回”与“变异”，我们要树立立足中长期的思想，同时，需要明白“市盈率”与“流动性”在这里的重要性。

(2) 指数价值“轮回”与“变异”的 3 点思考：

①发展带来“轮回”，价值的“轮回”是必然。

②指数价值的“轮回”与“变异”的本质。

③指数长期的价值“轮回”中要把握局部企业“变异”的机会。

总的来说，指数价值的“轮回”是个必然事件，而这轮回很多时候都是长周期的轮回，这点需要清醒的认识。具体操盘而言，面对长周期的轮回，只能去寻找这过程中局部轮回的机会，或者寻找这过程中可以摆脱市场轮回独立向上变异的品种机会。只有这样，才能长久生存。

（3）指数“价值”的进一步的4点思考：

①指数“价值”的关键看权重品种的“价值”。

②“交易的价值”在市场价值中尤为关键。

③“轮回”是量变，“变异”是质变。

④指数螺旋式上涨背后更多是反复。

上面4点是对指数价值的进一步思考，很多东西其实就是在进一步思考过程中获取的，学习或具体操盘过程中，都是如此。在这里，我也就是想通过这样一种方式告诉大家这样的一种思路。

（4）上市公司“价值”的“轮回”与“变异”带来5点注意：

①从权重股价值波动看市场价值如何把握。

②反复轮回的启迪。

③价值“轮回”升级版的思考。

④价值“轮回”的非常态。

⑤“价值”的“轮回”犹如甩干机。

总的来说，上市公司“价值”的“轮回”在时间舞台上绽放的烟花各有各的精彩。只是，这精彩背后有几个人真正能够抓住这精彩，这就另当别论了。精彩是展现出来了，能抓住的人最终则只会是少数，道理不复杂，就在于很多人都只想到了“轮回”的一面而已。切记，“轮回”的思路启迪我们：今天发生的，未来未必不会再发生，让未来不再重演过去的根本就是让自己“变异”。

（5）“轮回”的启迪：多想一步豁然开朗，一切都是相互联系相互影响。发现没有，很多东西不仅是相互联系也是相互影响的，上市公司“价值”如此，世界也是如此。

（6）最后的3点总结：

①指数“价值”仅仅是一种“集合平均”价值而已。

②让“四个代表”跟指数进行对比，从中去思考与发现收获。

③“价值”就是人内心的一种反映。

总的来说，面对资本市场，我们需要总结的就是其中的规律，找到一些系统性的东西，从中发现赢利模式。这样，我们才能够在这资本市场长久生存，让自己变得有价值。

（7）通过这节的“价值”研究，再结合前面的内容，在价值系统的建立上，希望能够起到较为完美句号的作用。“价值”仅仅是资本市场的沧海一粟，但却是不可或缺的，“价值”也是投资者讨论最多的研究最多的领域之一，仁者见仁，智者见智。没有最好，只有更好，“价值”如此。我们的思考与研究也是如此。但只要我们建立了系统，一切就都能够有不断深入的可能，这就是最大的武器，你说呢？

## 四、课后习题

（1）指数价值“轮回”与“变异”的7点思考是什么？

（2）上市公司“价值”的“轮回”与“变异”5点注意是什么？

（3）“四个代表”是什么？“轮回”带给你什么启迪？

（4）能否试着在市场找出符合“四个代表”的3个新品种，对比并简单说明之。

## 五、市场随笔

### 1. 输得起才有可能最终赢得一切

做私募，做到一定程度，会接触不少人，而这些人来自各行各业。虽然行业很多，但对钱的态度总结起来就两种：一种是患得患失，一种则是坦然处之。

患得患失的态度是非常不利于投资的。毕竟这个资本市场充满着风险，输不起的话，就不要来到这个市场，更是没有与人合作的基础。因此，面对患得患失的人，我的态度也很明确，那就是建议他最好远离这个市场，或者另请高明。

虽然我对自己在资本市场的把握能力充满自信，过去的成绩也多少证明了自己，但我不敢做出绝对成功的承诺，毕竟这个市场最大的风险就是不确定性。过去的成功只能代表过去，未来能否成功还需要自己的努力，最重要的是，这是个充满风险的市场，我并非神仙，我难以让自己永远都成功，出现一定的阶段性失败是完全有可能的。因此，对于输不起的资金，我也是“输不起”啊。

做我们这个行业的，客户有选择权，我们本身也有选择权，不是说有钱就一定可以合作，要想长久发展并很好地走下去，比较好的选择性是很有必要的，我们除了有资金的门槛外，更为重要的是对钱态度的门槛。

对钱坦然处之，是输得起的体现，这跟我们本身的理念是相吻合的，因此，合作基础也就具备了。我们深知，只有“输得起”，才具备“赢得起”的条件，才有可能最终赢得一切。

投资股票，不是有个理念叫做“心态决定一切”吗？事实确实如此。有好的心态并不一定就意味着能够获取最终的成功，但至少，这是获取最终成功的一个重要条件。纵观其他行业，何尝不是如此。

很有意思的是，我们发现，越是有钱的人，或者说越是在某一行业取得相当成就的人，其本身的心态就越是较为坦然。当然，这不是绝对，但具有相当的普遍性，这也正好验证了“心态决定一切”在其他行业中的有效性。

这也很好地从一个侧面解释散户为何容易输，其实就是心态问题，对金钱患得患失的态度。在这个充分博弈的市场，从心态上一开始就已经成为相对弱势的群体，再加上其他因素，试问能不容易输吗？这个世界就是如此，现实而残酷。

这其实已经很好地告诉大家，要想成为市场的赢家，至少，从一开始，你必须在心态上要成为相对强势的群体。也只有这样，胜算才会大一点，再加上其他努力的因素，成功才有可能最终降临。你说呢？

我们是要走长久之路，要把投资当作一项终生的事业。因此，必须要保持好的心态，欲速则不达，好好努力，最终才会有真正成功的一天。路还远，一切都还只是刚刚开始！

### 2. 不确定性与熊牛操作之别

资本市场的魅力就在于不确定性。

为何具有不确定性特点，这跟博弈有直接联系，更跟很多事情的本质往往不是如表面所看那么简单有关。

当爆发金融危机，大环境异常严峻之时，任何大动作刺激经济政策的背后，都是未来仍有一段黑暗期要走的征兆。换句话说，资本市场往往会在刺激经济政策出台后先抑后扬，反复探底，期间伴随着经济进一步恶化消息的出台，市场不时会演绎出恐慌性跳水的好戏。

大部分人容易受情绪所感染，也是比较短视的。当一个政策具有利好效应之时，往往都会把注意力集中在短期影响，把心思放到好的方面，而忽略了大格局，大环境。这时候，如果市场本身已经提前消化了消息的话，那么，往往就有可能出现“利好出尽是利空”的走势。

大环境向下，每一次利好带来的刺激，都只能看作是反弹。当然，相反，如果大环境向上，每一次利空带来的刺激，也都只能是看做回抽而已。

大趋势的判断很重要，大的趋势看懂了，那么，很多小的浪花也就可以坦然地去面对了。

要特别注意的是，在牛市中，调整往往都会以短时间内急剧大幅下跌一次性完成。相反，在熊市中，反弹也往往都会以短时间内急剧大幅上扬一次性完成。

为何如此，从心理层面去分析，道理也不复杂。在牛市运行过程中，由于市场常以连续稳步上扬的姿态展开，对于很多获利丰厚的投资者而言，一旦有风吹草动的跳水，就很容易引发羊群效应式的卖出，从而导致急剧的调整，具有比较强的脉冲式杀伤力。也正是如此，在牛市运行过程中，这样的调整就很容易被一些投资者看成是转折点。但实际上，对于那些看透大趋势的做多投资者而言，无疑则是对空头投资者最好的洗盘方式，也是坚定做多的投资者进一步加仓的机会。

相反，在熊市运行过程中，由于市场常以连续下跌的姿态展开，对于很多亏损累累的投资者而言，一旦有风吹草动的反攻，就很容易引发羊群效应式的买进补仓行为，从而导致急剧的上扬，具有比较强的脉冲式冲击力。也正是因为如此，在熊市运行过程中，这样的上扬也就很容易被一些投资者看成是转折点，但实际上，对于那些看透大趋势的做空投资者而言，无疑则是对多头投资者最好的诱多方式，也是坚定做空的投资者进一步卖出的机会。

综合上面两种环境下的特点，我们可以发现，在牛市运行格局中，要想更好地获取收益，就是要坚定做大波段的思路，否则随时有可能被市场的急剧调整给洗掉。另外，在熊市运行格局中，要想获取收益，就要学会打游击战，市场一旦有风吹草动，采取跟随动作，快进快出做反弹的思路来面对。有时候，由于熊市的反弹会显得比较有冲击力，阶段性的机会并不会比牛市相同时间内的机会小。当然，由于熊市大的方向是向下，对于资金比较庞大的投资者而言，要耐得住寂寞是最重要的。熊市反弹的可操作性更多的是针对那些比较容易转向的资金，也就是那些中小资金，毕竟一旦反弹结束，更猛烈的下跌还是会到来的，大资金进去容易但出来难，没有必要为了一时的反弹快感而把自己给毁灭了。熊市，最终比的是谁能够更好地活下来！

### 3. 别那么世俗

或许你很牛，或许你身份很高贵，或许你觉得你自己不是普通人，但在这里，我要说的是：

别把自己看得太高，说穿了，自己也是个要吃喝拉撒的人，不就是头上的头衔比一般人看起来牛一点而已嘛，不管如何，终究是个凡人而已！

想到了就要去做，就算那是个好像不太吻合身份的苦力活，有时候做做又何妨，有必要把自己摆到太高的位置吗？不累吗？

身边其实有很多普通身份的亲戚或朋友，他们是非常需要你的帮助，举手之劳能帮则帮。有些东西就算要你亲力亲为，那又如何，没什么么的，别摆什么架子，越摆会让你越少朋友！

不管你是谁，都是凡人。如果每天都伪装着自己，处处以为自己高人一等，这样，不仅让你累，更让你失去很多情感的东西。人活到那份上，最后，得到什么，除了钱可能就没什么了！

每个人来到这世界，我深信都是上天有所安排的，做什么工作其实都不可耻，只是上天安排任务有所区别而已。扫地工与巴菲特其实没有什么尊卑之分，都是上天的子民，只是安排的任务不同而已。如果你带着世俗的眼光去看待这世界，那么，最终的结果就是你真的很世俗。

当然，我们都生活在世俗的世界，如果要做到没有一点世俗的污染，那是不现实的，除非你是神，可惜这世界没有神。虽然每个生活在世俗世界的人都不可避免受到污染，但这并不意味着每个人都很世俗，因为程度可以差别很大。我们要尽量做到是那种受污染程度最低的人，要做到这点，多沉淀自己，常去跟大自然接触，让自己觉得自己真的很渺小，最重要的是，要懂得跟人换位思考，那么，或许，身上的世俗污染会少很多。让自己内心一直存有那么一分童真的天地，世俗再怎么污染，想必都有限。

有句话，叫做“人在江湖身不由己”，这个世界，就是这样。只是，我们也需要明白一句话，那就是“路是自己走出来的”，选择什么样的路或许将决定你最终身不由己的程度。一开始，请好好选择，“懂得选择，更要懂得放弃”，一点也没错。

### 4. 回顾过去展望未来，看新生代

外行的人看热闹，内行的人看门道。

2007 年与 2008 年这两年的资本市场是个值得载入史册的两年，牛熊两重“年”，波动异常剧烈，非常精彩，也非常悲壮。对大部分人而言，悲喜交加的味道确实不好受，不过“热闹”的这两年已经过去，现在回顾一下，其中“门道”倒是值得好好品味。

中国的资本市场是个相对不完善的市场，就股票市场而言，其单边的运行态势就注定了运作其中的资金必定要更懂得休息才能生存。国外的股票市场由于有股指期货的存在，在一定程度上平衡了多空的力量，也让多空双方不论往哪一个方面进行运作，都有让资金成功增值的机会。

尽管中国的股票市场仍在完善之中，可喜的是，在商品期货市场，中国这方面已经可以说完全跟国际接轨，除了在涨跌停制度上跟国外仍有差别，其余基本没有太大不同，这也给予了中国商品期货市场很强的生命力。目前，其发展态势，确实是在暗暗积蓄能量，最终大飞跃的时机相信要等到股指期货真正推出的那一天。中国资本市场的蜕变或许就是要从股指期货正式推出那一天开始。

风险与机会总是相互陪伴的，股指期货内在风险与机会就如目前的商品期货内在风险与机会并无太大差别，一个月内赔光或翻倍都不是什么太稀奇的事情。中国人的赌性向来就比外国人大，因此，一旦把股指期货这具有更大群众基础高风险高机会品种推出的话，市场波动会如何剧烈，说真的，谁的心里都没有谱。只是，可以肯定，那里将会诞生一些神话级别的赚钱英雄，与此同时的是，也会埋葬无数的无闻或有闻的群体。那是一个胜者为王，败者为寇的赤裸裸的世界。

现今的世界是个不设防的世界，互联网的无国界特征，使得信息能够高度地快速传递，美国刚刚发生的一件大事，很可能就在几秒后被中国的网民

所知晓，这就是互联网的力量。

近两年，世界资本市场虽然有喜有悲，但有一个共同点就都是波动异常剧烈。纵观资本市场的发展历史，这样波动剧烈持续的市场并不多见，由于波动的本质由人心理因素决定，因此，有一点可以肯定，在这其中，互联网的“功劳”应不可埋没，正是有“它”，世界之间心理情绪相互影响的速度才变得有史以来最为快捷！

中国经过改革开放三十年的发展，已经取得了翻天覆地的变化，这个变化速度已经远超一般人心理所能想象的境地。从过去打电话还要用手摇的时代，一下子迈入了拇指轻轻按就可以连通世界的境地，这确实超乎一般人的想象空间。过去还是农民，现在却成了大富豪，这样的例子，在中国也是举不胜举。人的物质环境的巨大变化，我们可以看得一清二楚，但心理层面的变化呢？我们却不能真正很好地去了解，在我看来，这本身就已经可以反映出中国人心理层面的变化已经远远滞后于物质层面的变化。

这带来的后果，其实已经可以从大起大落的经济，大起大落的资本市场充分反映出来。人类到了现在，尤其是类似中国这些发展中国家，已经到了空前的浮躁阶段。这是危机，但能否让这危机转化为机遇呢？

我认为，关键在于看新生代的力量能否承担起这份责任，能否承接得起未来世界的发展。很庆幸，新生代都是处于中国改革开放后的新生儿，这些新生儿，有一个共同点，那就是都没有改革开放前那种历史思想包袱，相对比较轻松。换句话说，这是新的人类，具备完全接受新生事物的能力，只是目前这个世界正处于新老交替的阶段，因此，动荡是不可避免的。道理不复杂，过去老一代的思想毕竟容易受过去的因素所左右，要有很大、不受约束的突破有点不切实际。因此，当巨大的物质与过去心理的落后反差出现后，随之而来的就是不安、迷茫，而新生代由于对目前的世界也缺乏足够的眼力去看透，或者目前的物质层面的世界太过繁杂，以至于没有单纯统一的追求目标。因此，浮躁、盲目也就构成了这一代大部分人的特征。综合起来，就是不安、迷茫、浮躁、盲目相互交织，老一代有问题，新一代也有问题，问题的重叠效应带来的就是剧烈动荡。

心灵上的宁静或许就是现在最为需要的，这对于老一代也好，新一代也好，都显得那么的迫切。《心灵鸡汤》这书的畅销背后显然是迎合了目前人类背后这深层次的问题。

回到资本市场，在目前变幻无常过程中，或许回归过去就是一种人类内心世界的渴求，这也就造就了目前资本市场百年一遇的经济危机。或许人类内在的潜意识就是希望通过这危机让社会有机会回到过去，不过物质生活已经存在，很难说让它回归过去。那么，资本市场其特有的虚拟性，也就迎和了这种心理渴求。

说起来，显得有点不可思议，但世界不就是如此吗？君不见，奥巴马这位年轻的黑人已经站上了美国最高的政治舞台，这不就是一种新老交替的强烈信号吗？其引领的美国未来何去何从，在一定程度上，将会极大影响到未来世界。不管如何，有一点却是肯定的，那就是新生代的能力正开始逐渐被世界所认同，而且正逐渐开始占据更多老一代的领地，这是世界发展的积极信号。虽然这信号不足以就此证明未来的世界将会重新进入繁荣，但却让我们看到了光明。

时间，是这一轮危机与机遇博弈过程中最为关键的因素之一，世界每天都在急剧发生着的大小事推动着这个世界。但剩下给新生代决定的时间或许就要定格在2009年。一上一下剧烈波动后的2009年，将聚焦着全人类有史以来更多的目光，凶或吉，2010年将能够知道大答案。现在要做的，就是好好积蓄能量，等待下一个新生代大规模地站上历史舞台！

# 附录 吴国平的“价值”

每个人都有属于他自己的成长之路
罗马只有一个
但条条道路通罗马
通过他人的成长之路
或许可以为你的成长带来启迪
或许更可以让你明白
原来这个世界是那么的精彩
世界很精彩 学会去欣赏
愿与你共分享我的私募成长之路

## 一、年轻的“80后”

我，吴国平，1980年7月出生于广东梅州兴宁市，客家人（比较能够吃苦耐劳，呵呵，自夸了），狮子座（比较大气，有一定王者风范，呵呵，更是夸张了）。毕业于广东金融学院。我是一个“80后”的私募基金经理，追求第一，过去在业内不论是对市场的理解还是把握上都具有相当的水平，再加上各种知名报刊或电视媒体的“宠爱”，在中国的资本市场，多少还是具有一定的影响力吧。

我过去写了不少文章，没看过我真人的读者，大部分都认为我至少是30多岁甚至40岁以上年龄段的成熟男人。其实，那时候我很不好意思地跟他们说，我只有20多岁，而且还长着一个娃娃脸呢。呵呵，不过，现在脸上倒是留了大胡子，样子终于比以前成熟多了，这也让人看上去不至于太惊讶。

对于“80后”的我来说，能够在这个市场有目前的成就，无疑是比较幸运的。当然，这幸运的背后也是有汗水和专注在里面的。我一直都坚信一点：没有人能够随随便便成功。就像做股票一样，没有人能够非常轻松就成为最后的大赢家。当然，有些人看起来可能很轻松，但那背后的艰辛或许就只有他自己才知道了。

对于大多数人来说，或许都会有一种惊讶，甚至疑惑的看法，毕竟就我的年龄看来，我对市场的理解与把握难以有今天的成就，但这却是事实。我只能说，这更多是跟自己过去的经历有关，毕竟自己从高中时代就已经开始接触这个市场了。最重要的是，我是个比较喜欢思考与总结的人。或许，这是今天我能够取得成就的一大重要因素吧。

时代在进步，也在发展，看看外国顶级投资大师，哪一个投资大师不具有传奇色彩呢？哪个不是在他年轻的时候就开始崭露锋芒的？像巴菲特，我的偶像之一，刚刚开始崭露锋芒的时候，也就26岁！因此，我并不值得骄傲，再说，现在“80后”比我优秀的人还是大有人在的。

随着时代的发展，很多做IT的CEO，或者是搞文学创作的知名作家，甚至是不少传统行业的企业家，你看，有多少人他们的年龄都是不到30岁，“80后”的一代正在逐步成为这个时代的主力军，这是不可否认的事实。我不过是一个在资本市场上把握住了一定机遇的“80后”而已。

当然，我也非常希望成为未来资本市场的绝对主力军，就如我的梦想：成为中国未来的巴菲特，虽然还有一定的距离，但我会一直走下去的，能否成功，也只能让时间来证明一切了。




## 二、我的学业：兴宁一中

我就读的中学是“兴宁一中”，算是我们当地最好的重点中学。我能进去里面读书，是有点曲折的。小学升初中，我报考兴宁一中，自己努力了，但最终却还是差那么0.5分。父母都是生意人，为了能让我读个好中学，花了点钱，找了关系最终也让我进去了，按照当时我们那的话来说我就是“二价生”。这其实是大部分生意人父母对孩子学习的支持方式。

那时的我，面对此很无奈，但也只能接受，内心虽然极度抗拒，但也暗暗发誓定要为父母争点气，别再在向高中进军的时候，又再次变成“二价生”。初中时候，我确实比较努力，但也算曲折，毕竟自己天生比较贪玩，那时候街边的电子游戏风靡一时，自己难免走火入魔，为之疯狂了一段时间，学业也确实受到一定程度的影响，不过很快地就回到了奋斗状态。这我不得不感激当时的班主任“水桶伯伯”和当时那漂亮的英语老师，正是他们对我的细心教导与“讥讽”的刺激，尤其是“讥讽”的刺激，基本上是起到了决定性的牵回头效果。

当然，另外，还有一个重要原因，那就是我跟父母达成了金钱激励的君子协定：如果我完全靠自己努力上了重点高中的话，那么，那些他们原准备要让我成为“二价生”而花的钱就全部归我所有。在精神刺激与物质鼓励的双重影响下，最终我成功了，如愿以偿完全靠自己努力跳级到兴宁一中高中部。这里，我想告诉现在的家长，要想孩子努力，精神与物质两者是需要很好地来结合起来的。

虽然成功了，但现在回想那时奋斗的情景，有段时间每天晚上都是安排几个小时至凌晨甚至更晚来温习功课。同时，双休日的时候，强制自己从早到晚劳逸结合来温习功课，反正，自己的时间基本上就是用在看书、读书，真的会让人不由地佩服。我也不知道自己那时是哪里来的毅力，现在想想，或许正是那时候学习的锻炼，才造就了自己日后出来社会后的毅力奋斗吧。

那样的经历，已经很好地告诉我，要让人看得起自己，没有其他什么路，只有奋斗。让自己的命运完全掌握在自己手中，没有奋斗，一切都是空话。这个社会你不得不承认，就是那么的现实！

## 三、我的学业：转折

上了高中后，我心态上显得有所松懈，在高一高二的时候，我基本上是把初中积蓄的不少能量都充分释放出来，再加上因为初中升高中成功后带来的物质鼓励：有好几万元（我看父母开心，抓住机会叫他们多给了点），动作就显得比较大起来了，因为我迫切地想吸取一些更多非学习类的经验，谁叫我是生长在生意人之家呢，不把这些钱具体运用起来怎会甘休。

那时候，我不仅重拾起我初中曾经一度为之疯狂的邮票生意，而且把物质鼓励的资金大批量地去批发一些邮票，然后倒手卖给家乡邮票市场街边的一些小摊口。为何我能成为批发商呢？原因并不复杂，说白了，我就是抓住了“信息不对称”这一商机。我进货的渠道是通过邮局从上海的大邮票商拿货，价格比起他们在广州批发市场进货的价格还要低，而这个渠道刚好是他们所不了解的。我不仅批发给他们，同时自己也摆了地摊、搞零售，毕竟零售的利润空间更大，虽然累，但却非常开心。我非常开心不仅是因为赚了点钱，最重要的是自己收获了难得的体验，积累了一些经验。

其实，回到我们股市的话，现在不少人能够做得比较好，何尝不是因为其研究比较多，抓住了“信息不对称”这一机会呢？当然，这里的信息是指公开信息，不是所谓的内幕信息，举个简单例子，如一只股票在相对低位刚公布其良好的业绩与高比例送配，开盘的时候场外资金开始疯狂吸纳筹码，但对于不少急于出局的人而言，可能就没有看到这样的利好消息，而在拉升阶段卖出了，这不就是抓住信息不对称吗？买的人抓住不少卖的人“信息不对称”这点来操作。

之后，我又看准了学生用的书籍市场，去批发市场进货，然后卖给周围的同学，包括一些别班的同学。那时候，我的想法很简单，第一，去买书来卖，至少让自己对书变得更有兴趣，这对学习是有好处的，双赢。第二，通过买卖书籍，可以让我了解另一个市场，最重要的是也可以借此结识更多的同学，感觉挺好的。做这个，可以说，比买卖邮票更累，毕竟书的重量远比邮票重，有时候，订购数量多的话，自己提着几十本书搬来搬去，像搬运工一样，在夏天的时候，汗流浃背是不可避免的。不过看着同学买到便宜书那开心的笑容，我自己非常有成就感，用“累并快乐着”来形容最恰当不过了。只是，最终由于因为买卖经验不足，导致留下不少存货，一结算，钱倒没赚多少，存货倒是赚到了。

那时候的我，高一高二课外表现是比较活跃的，买卖邮票，买卖书籍，忙得不亦乐乎，学业则在中间水平凑合着过去了。对比初中，我转变还是比较大的。这里，其实告诉大家，孩子在高中阶段的时候，往往都是转变比较大的，不论是身体还是思想，要如何去引导并让他充分发挥自己的能量，这很重要，很感谢那时父母的“无为而治”。当然啦，我不否认是自己比较懂事才让他们愿意“无为而治”。

## 四、“好”朋友

叛逆中拥有好朋友。

每个人都有一个不一样的成长环境，我父母都是个体户，俗点说就是做生意的，在兴宁做布匹批发生意。你说做得是否成功，听我爸说，至少在当地那个布匹市场他不敢说第一的话，但也至少敢说第二的了，呵呵，估计是有牛皮的成分。

从小到大，我是看着我爸从小生意做起来的，刚开始做衣服零售时，我们家住的房子也就是一套不到100平方米的小房子；之后做得有点起色了，就扩张了，多买了一栋楼，下面一楼商铺，上面2~5楼全部作为住宅（全家搬到有6楼高的房子里住，从1~6都是自己家的，感觉确实不一样），应当说那时候在我们那县城有这样实力的个体户还是不多的。下面商铺继续卖衣服，批发兼零售，加上原来其他地方经营的零售店，算是2家了，感觉他们是更忙了。之后，也不知道是具体哪年了，他们决定把全部精力放到批发市场里去，于是就把零售生意逐步缩小，再在布匹批发市场的地方买了2间连在一起的店铺。听我爸说，真正赚大钱的时候是在那个“批发布匹时代”，“零售批发衣服”时代只不过是积累第一桶金而已。

可以说，我就是在我父母生意从小到大过程中熏陶成长起来的，伴随着这样的成长经历，我的内心是受到相当感染的。小时候，我就已经给自己的未来定了个目标，那就是长大后一定要比爸爸更成功、更厉害。其实，家里人也正是这样经常提醒我的：“你呀，要争气，现在家里生活环境比一般人虽然好不少，但这可都是血汗钱啊，我们本身没什么文化，你要好好读书，以后长大了可不要只懂得挥霍，保不住我们的成果啊，希望你比我们做得更成功。”老一辈的生意人往往都是这样跟孩子说的。

说真的，听多了类似这样的话，有时候是很反感的。我想大部分在生意家庭中成长的人，在少年时代都会有一个叛逆期，家里期望越是大，自己就越是不当一回事，而且有时候还反着做，比如叫你好好读书，自己可能就刻意不好好读书，把时间都花在玩游戏机、看漫画书身上。我也不例外。

呵呵，少年时代的我也确实是经历过这样的叛逆期，不过幸亏自己还能够基本做到学习与玩要两不误而且也还算比较懂事，没有误入歧途，在大是大非面前还是有一定辨别力，最终没有成为败家子。其实，之所以能够比较好地度过童年，关键就是自己结交了不少好朋友。那个时期结交的朋友，基本上都是那些比较懂事爱学习、不会在社会上四处游荡的人。正所谓物以类聚，学好三年，学坏三分钟，那个阶段能够拥有那些朋友是很重要的。那个时候一起玩到大的朋友能够维持到现在的，也就成了死党，很幸运，我还有好几个。人哪，往往都是这样，小时候童年在一起过来的朋友，往往才是真正能够一起走到老的朋友，在我看来童年成长的关键，就是看你结交了什么样的“好”朋友。

## 五、“街头霸王”

我过去玩游戏机曾经是“街头霸王”，在那个时代，凡是我那街边的游戏厅，只要有不错的游戏，肯定就有我的身影，而且我玩游戏的水平也确实不错，不论是格斗类、飞机类，还是其他，基本上都是一个币不“打爆机”不罢休的。曾几何时，真的是达到了天天废寝忘食的境界，眼镜的度数也就是在那个时候开始急速上升，成为近视眼大军的成员之一。家里人是坚决反对我玩游戏机的，特别是父亲，一旦发现就是暴力处置。记得过去自己也不知道有多少次是被父亲发现后暴打一番的，不过痛后依然抵挡不住游戏机的诱惑，总是千方百计走进去，被发现一次就被打哭一次，然后又再去一次，如此反复循环，就好像现在很多股民一样，根本不会吸取亏损的教训，总是抵挡不住这个市场的诱惑。说真的，我刚开始确实很不理解，也很叛逆，但慢慢地，我才发现，玩游戏确实是要把握好一个度的，游戏固然有趣，但世界那么大，还有更多有趣有意义的事情等待着我去挖掘与把握呢。毕竟，游戏嘛，说到底，只是在当时能够感受到刺激，感受到快乐，但那毕竟不是真实的，偶尔放松一下可以，但沉浸其中，不就等于否认了现实世界吗？要知道，我们可是生活在现实世界的呀！

说真的，玩游戏有利也有弊，弊在于可能“玩物丧志”，“利”则在于激发人的想象力与反应能力。你要知道，游戏可是天马行空的，不激发人的想象力才怪，至于在操作上，很多时候就是要考验你的反应能力，要知道往往稍微不慎，就可能“game over”，能不提升你的反应能力吗！

没有自制力的人，是不适宜玩游戏的，因为一部好的游戏，是很容易让人沉迷进去的！要让自己变得更有自制力，最好的办法那就是一次玩个够，让自己产生厌倦情绪，慢慢地，自制力或许就不期然来临了，这跟我自己以前治疗晕车症类似，那就是一次性一天到晚都坐车逛，最终吐到没东西可以吐，最后就质变了，不再晕车了。玩游戏，可以适量，但别沉迷，人活着总不能只是玩游戏吧，多没意思！

## 六、漫画

看漫画是我从小到大不变的爱好。小的时候，由于家庭生活条件还过得去，再加上父母做生意也比较忙，因此，几乎只要我提出较为合理的要钱理由，基本上就不会有拒绝的时候。记得过去我最常用的要钱理由就是买书。买书，看起来很冠冕堂皇，但这书却有相当的考究，我并非买什么文学书，或者教科辅导书。在未接触股票市场之时，买得最多的往往都是那些漫画书，不夸张地说，过去在《七龙珠》、《圣斗士》、《足球小子》风行的时代，没有多少漫画书是能够逃脱我收藏的。一直到现在，我也非常爱看漫画，唯一跟过去不同的是从看书转换成在网上直接看动漫了，谁让这个世界变得如此之快。在里面，我总能找到快乐与轻松，同时让我的想象力得到充分地扩展，《火影忍者》不是现在很流行吗？这是我喜欢看且一直跟踪的动漫片，呵呵。动漫的世界，天天都精彩，我就喜欢！

虽然漫画有无限精彩，但也要懂得选择，毕竟在任何一个领域都会有参差不齐的现象，要看就要看比较好或者最好的。从童年时代的《三毛流浪记》、《蓝精灵》等，到少年时代的《七龙珠》、《圣斗士》等，再到现在的《火影忍者》等，这些优秀作品，无一不是我的“精神食粮”，也正是有了它们，才让我的内心世界能够有更多的精彩。或许，有人会觉得从小到大看漫画书是一种幼稚的体现，但在我眼中，这至少是一种可以很好保留童心的方式。保持着童心，不仅可以让自己多一份快乐，更是可以激发更多的想象与激情，让自己永远年轻，何乐而不为？

建议那些不让孩子看漫画书的投资者，不妨多一分宽容，您或许不知道，在漫画的世界里，孩子可以找到什么，孩子可以收获什么，那些东西都远不是一般方式所能获得的，只有深入其中才能有所得，有所获。不过，有一点却是要严格把好关，那就是漫画书的选择，这非常重要。多从那些具有健康题材的且充满乐趣的作品去寻找，不管如何，至少我从小到大的经历告诉我，看漫画书对我而言具有较大的积极影响！另外，看漫画需要把握好看的度，毕竟这就如玩游戏机一样，过了就会变质。其实什么都一样，就如读书，如果一天到晚都在读书，这样死读书的方式，培养出来的人肯定是不健康的，不是有句话叫“劳逸结合”吗？读书玩耍两不误才是最棒的，也才是最有利成长的！看漫画也是如此，要有所节制，懂得分配时间，别走火入魔，太沉浸漫画世界而不能回归现实就不行了。

## 七、周星驰

在现在的国内电影中，我最为欣赏的莫过于周星驰的喜剧片了，从小到大他的片子都是我的最爱，只是现在他的产量很少了，更多的只能是回味他过去的片子。

看他的片子是一种享受：不仅是享受欢乐，而且欢乐过后从中能有所启迪与回味。总的来说，那是在一种轻松中收获的味道。他可以说是我的偶像，也是我崇拜的明星，为何？说真的，一时半会也很难说个全，或许在他身上，我多少能找到自己的影子吧。

反正，看他的片子，每次都能引起我的欢声笑语，也不觉得会厌倦，至于其他片子，说真的，很少有看了一次后再看还很有感觉的。在我心中，能让人百看不厌的片子，也就只有他才能做到了。

他是中国喜剧界独一无二的巨星，他开创的周式喜剧成就至今也还没人能够超越。不过，正是这样的一个人物，过去也曾跑过龙套，从最低层一步步走到今天，这过程，是我所敬佩的，也是他令我崇拜的重要原因之一。

另外，我总是能够从他那嘻嘻哈哈的背后感觉到那种隐藏的严肃，他很多东西都是深藏不露，做事力求完美，他不断向上奋斗的精神与独特的内涵把我深深吸引住了，征服了我，成为在影视界我唯一的偶像。在我的成长过程中，虽然我们没有见过面，但我感觉，很多时候，他就在我身边，我沮丧的时候，看看他的片子，一切都能够烟消云散。我成长遇到挫折的时候，我总能想到他那从小到大的传奇，那传奇激励着我排除万难向前进，某种程度上他已经成为我精神上的朋友与老师了。

人活着，能够有一个偶像影响到自己，并让自己最终成才，是一件幸运的事。正如周星驰在他成长过程中，也有影响他成长的偶像李小龙一样，希望天下的孩子都有激励自己不断成长的偶像。

## 八、与股票第一次亲密接触

很多人问我如何接触到股票的，可以说非常偶然，这是在我读高中的那个活跃阶段发生的。有一次，当我在看报纸的过程中（家里订了《羊城晚报》），不经意多留意了下股票财经版，并对那刊登出来的股票每日行情数据产生了好奇。通过两天的观察，我发现其中有一只股票的标注价格，第一天是3.5元，一天后就变成了近4元。换句话说，第一天跟第二天的价格变动居然接近10%！

那时我想，如果是10万元买进，第二天不就变成11万元了吗？一年365天，天天10%，这是一种何等的暴利啊！（后来才明白那是一种非常幼稚的想法，不过虽然幼稚但不能否认的是，一天有10%也确实是暴利了）一下子，短期巨大的价格变动带来的暴利就成了致命诱惑。人往往都是如此，兴趣的诞生可能就在于那一瞬间，人命运的转变也往往在于偶然。

要知道，在这之前，我接触最多的是邮票市场，虽然当时邮票市场的表现是相当火暴，但这往往也是需要一段的时间才能够充分反映出价格的波动。没想到在股市，一两天的时间价格波动就如此剧烈。最重要的是，这个市场看起来似乎比邮票市场更大，毕竟报纸都用专门的版面来刊登，就足以说明其巨大的影响力了。就这样，我开始疯狂迷上了股票，开始真正踏入我的证券生涯。

回顾过去，我与资本市场的缘分还真的要感激那时候的报纸，那份家里过去一直订的《羊城晚报》。人在成长的时候就是这样，生命中总有些东西是值得你好好感激的，一切看似偶然但又必然。

# 九、理解与熟悉股票市场

偶然接触了股票后，直觉已告诉我这市场的无穷潜力，也下定决心要好好去研究这市场。我一直都有个习惯，对自己感兴趣的东西，事先都会有个较为全面的调查研究。过去买卖邮票的时候，写过可行性报告给父母；买卖书籍，也有过深思熟虑，只不过有时候行动比思考还要快点而已。

在研究股票的过程中，很快地，我就发现，股票有很多，每天价格波动也千变万化，有涨10%的，但同时也有跌10%的，巨大的利润面前也伴随着巨大的风险。不过，我也很清楚，既然有这样一个机会与风险并存的市场，那就意味着只要你对这个市场把握得好，那么你就有可能成为那个收获巨大的人，非常具有挑战性。在这个世界，任何行业往往都是伴随着机会与风险的，事物都是两面性的，高风险背后是大机会，只不过，有本事的人会成功，能把握住大机会。

我的性格是比较好强的，一直都认为人家能够做到的，自己也不会比其他人差。因此，有时候，往往疯狂起来就有那么一股牛劲。而过去在学校卖书、去邮票市场倒卖邮票，这些成功体验，已经让我感受到自己在对机会的把握上是具有一定天赋的。因此，对一件事情，只要我想去实现，信心就会异常充沛。在这里，也从一个侧面告诉大家，人的自信心是需要建立在各种成功案例上的，哪怕是小的成功，但对于培养自信心而言，却也是非常重要的。因此从小让孩子多锻炼，遇到挫折帮助他度过让他感受成功，对孩子的未来的成长无疑是具有重要意义的，我自己的经历就是这样告诉我的。

在这里，我想说的是，有时候直觉是非常重要的，相信很多人都有这样的体会，只不过直觉出现了，有些人没把握住而已，究其原因，本质上可能是不够勇气与执著。对于自己认定的东西，就要果断勇敢地去研究它，把握它，我想，这应是通往成功的必要条件。在发现了股票市场的巨大魅力后，直觉早就已经告诉我，这是一个比其他一般行业要具有更多机会的市场，自己应该有机会在里面干出一番事业来。我一定要好好去了解它，好好去熟悉它，能够走到今天，固然跟自信有关，但跟那时候自己的执著与勇气也少不了关系。

## 十、坚定信念

为了让自己更熟悉证券市场，我想到了书，因为书是最好的老师。我开始四处寻找关于股票的书籍，凡是与股票有关的东西，我都变得非常地有兴趣，包括各种报刊与电视新闻。要想有所成绩，前期我就需要好好地进行学习与研究才行，当时，我就是抱着这样的简单信念进入的。一开始，只要是关于股票的书籍或报刊我就肯定会去买。买来后，也不管三七二十一，先看了再说，虽然有不少是看不懂的，但先看那些我能够看得懂的部分。

慢慢地，我了解到股票世界里那么多不同行业的上市公司，统统都汇聚在一个市场里，研究它们，就等于是研究了整个经济，而且研究得好并投资得当，才可以赚钱。智力游戏嘛，真的是有趣极了。

同时，我开始去了解什么是技术分析，也慢慢明白技术分析的方法多如牛毛，前人总结的经验是如此丰富，让我叹为观止的同时也让我再次感受到这市场之大之深。最致命的是，技术分析是讲究“仁者见仁，智者见智”的，能否掌握好并运用到实践中去抓住机会还要“因人而异”，这种“挑战性”的诱惑更是让我不能自拔，疯狂“潜”了进去！

最后，我发现这个市场是一个相当具有群众基础的市场，这跟邮票的群众基础相比显然是高了好几个层次。有巨大的群众基础才能让市场真正壮大起来，机会也才能体现得更为充分，这点跟传统生意的状况倒是挺一致的。有巨大的群众基础，那么就一定有未来，这也更坚定了我要在这里好好做出点成绩来的信念！

## 十一、我的“初体验”

股票市场，光有理论还不行，更重要的是实践，就好像游泳一样，没有真正游过，你很难体会到游泳的真正味道，这道理，那时的我很清楚。门槛多高？怎么实践？这些成了我当时要了解的信息，很快地，我发现，进入门槛其实并不高，几千上万元都可以，对于成长在生意家庭的我来说，这根本就不是问题。

原本，我只依靠自己积累的资金也完全可以介入进去（父母因为我顺利进入高中给了我不少金钱鼓励），只是，那时的我把那些钱都基本投入邮票里去了，另外，最主要的是，我想把邮票资金与股票资金分开来，这算另一个项目。既然是新的一个项目，那么就要重新申请，而且作为新的尝试，也必须让父母认同才是。说真的，那时的我虽然有时会表现得比较叛逆，但更多时候，我还是比较懂事的，知道作为一个孩子的原则。或许很多人会误解，认为在生意家庭成长的孩子，家庭环境比较好，或多或少会因家里人的宠爱，一般都会比较容易走进歧途，成为败家子。确实，有部分是那样，但也不能够一捧子打死，世界上没有父母是希望自己孩子学坏的，败家子更多的是一些外在环境造成的。这里，我想说的是，这并非所有，只要引导好，生意家庭一样也能光耀家族。

由于父母本身对我还是比较严厉，很多事情，我也明白必须要让父母同意才行，在这里，告诉大家，孩子成长的时候父母确实不能够过度宠爱。

为了让父母同意，并尽快给我这个新项目资金，我跟过去写邮票投资可行性报告一样，花了不少心思，写了好几页现在看来比较幼稚的股票投资可行性报告，认真地拿过去给他们看。父母看后，从几页纸就大概明白了我的态度（毕竟是花心思了），很快地，他们答应了，按照我的意思给了一万元。为何那么爽快，他们后来跟我说的是，一万元拿给我去体验下可以，毕竟钱不多，输光了也没关系。最重要的是，不能扼杀我的兴趣，只要不是拿钱去乱花，那是可以接受的。

真的，后来才明白，像我父母那样“深明大义”的人确实不多，很多父母可能都会把孩子兴趣扼杀在初期阶段，反正读好书是最重要的，其他都坚决反对。父母虽然当时也非常认同“读好书是最重要的”这一理念，但对于其他只要不太影响学业并且是比较有益的锻炼，都是非常支持的。正是这点区别，才让我幸运地有了“初体验”。

## 十二、心跳的感觉

一万元资金到位了，可以进入实质操作阶段，我的心情固然是非常兴奋的，只是，在高兴之余我也深知这第一炮非常重要，一定要成功，否则，就不能够向父母证明什么。由于自己的性格比较好强，虽然在父母眼中，这一万元资金的操作就算失败了也无所谓，但在我眼中，这仗非常重要，我是抱着非常非常认真的态度去面对这一万元资金的。

由于我对这一万元的高度重视，也刚好把握住了当时牛市的机会，我很快就把一万元变成了近一万五千元，这让一开始随便给我点钱玩的父母不由得大吃了一惊。我证明了自己，也超出了自己的预期，追求更大成功的想法也就油然而生了。于是，我趁热打铁，要求他们大幅提高投资额度，我想要的资金是要让他们也引起重视的资金。要知道，那时投资的那一万元资金对我来说早已缺乏吸引力，毕竟自己过去玩邮票的资金都已超过十万元，用一万元来玩很大程度上也只是为了真实体验实践感觉而已。或许父母是看到了我那实在令人惊叹的成就，我要求追加资金的要求一提出，也没有太多理由拒绝，继续爽快答应了，追加了二十万元资金，他们也想开始玩真的了。后来，我父母告诉我，那一万元也是属于投石问路而已，追加二十万元虽然有点冒险但值得。父母都是这样，只要孩子真的有点能力，就算要投资大点冒险点，只要能做到，基本上不会不答应的。

这样，我的资金就提高到二十几万元了，已经突破我过去所有玩的资金上限，这时候，做起股票来，我才真正开始有心跳的感觉，而这也正是我想要的。




## 十三、私募基金雏形

我心跳加快，操作起来就更为兴奋，但同时也更为紧张，只是，那时候的我，结合好的行情环境，加上幸运女神很眷顾，很快地，通过自己的积极运作，再加上父母之后不断追加资金，我的运作资金最高曾达到一百多万元。对于当时还在读高中的我来说，手中运作上百万元的资金，就算放到现在，这也应是比较少有的经历了。正是有了这些经历，才让自己对这个市场更早熟，对自己之后的成长无疑是起了不可替代的作用。很多人其实都是这样，成长为什么样的人，这很大程度上都跟他小时候的特殊成长经历有关。

年纪不大，我就开始进出中户室与大户室，使得自己显得特别与众不同，再加上较为出色地把握市场水平，让自己运作家里资金达到上百万元的同时，口碑也开始传了出去。于是，很快地，身边就吸引了不少愿意跟随我运作的资金，这部分资金来源都是亲朋好友或是较为熟悉的股民朋友，反正我买什么，他们也就买什么，自己开始越玩越大了，这就是我刚开始的私募基金雏形了。

## 十四、放弃与选择

一进军股市就尝到甜头，让那时候的我有点忘乎所以，以至于把学业也完全抛弃在一边，最终居然有了不读书好好炒股票的想法，那时候我才高二。

这念头一诞生，便反馈到父母那里去，我的理由看起来非常充分：读好书不就是为了最终找份好工作，找份好工作不就是为赚钱，现在我已经有能力在股市赚到钱，而且这是远超一般工作的钱，完全可以不读书，就专心炒股票。

这遭受到父母极其强烈的反对，道理非常鲜明与坚决：我们不缺你现在赚的那些钱，读好书是让你可以在未来走得更远，现在这些钱我们根本不需要！让你尝试炒股只是为了让你多份体验，如果你执意不读书的话，我们将收回所有的投资，这样你也就没得玩了！

一下子，当时的我就好像被父母重重地击打了一下，很不理解，也很痛苦，干脆就跟父母抗争到底：不管他们怎么做，就是不读书。

幸好，我头脑还是懂得冷静，脑子里的念头闪过后就开始进入沉思反省的阶段，毕竟我很清楚父母是肯定想让孩子更好的，而不是更坏。同时，更幸运的是，我的父母，尤其是母亲，很懂得跟我谈心，让我慢慢接受他们的想法，认识到不读好书的路可能走不远。最重要的是，如果不读书，我的人生道路可能就变得不完整，没有大学生活的体验。

经过反复的思索，我最终还是强制自己沉下心来，好好读书，考个大学，去体验大学的生活，让自己的学习之路能够走得更远。现在，回想过去，真的非常感谢父母，能够那么鲜明而坚决是地制止我。如果不是那样的话，现在的我，能否写出目前这样的文章，都是成问题的。就好像小时候，总是感觉站在讲台上演讲是非常难的一件事情，甚至有点不可思议，但现在，感觉应付自如。这就是书读多了，比以前进步了。这，其实告诉我们一个很简单的道理，那就是有时候要懂得看到更远，不要因短期的利益而舍弃了真正的未来。人来到这世上不容易，既然来了，那就要好好地活着，让自己的生命真正精彩起来！

## 十五、股票书籍

回顾过去，小时候确实花了不少时间在玩游戏机与看漫画书上，这也是造成我近视眼的两大主要因素。呵呵，不论是玩游戏机还是看漫画书，时间长了都是相当耗费眼力的，只是，那时的我，不懂得节制，一玩或一看就没日没夜，没办法，这是很难避免的阶段。

在此，我还是衷心希望那些目前还在玩游戏或看漫画的弟弟妹妹们，可要多注意一下休息，掌握好节奏，注意眼睛的劳逸结合，否则你的眼镜度数高峰时的上升速度可是比股票还要猛烈的呀！

接触股票市场后，股票书籍慢慢就成了我的另一个最爱。做任何事情都会有个成长的过程，选择股票书籍也是如此。在选择股票书籍的过程中，我发现自己有这样的历程：刚开始是疯狂购买，见股票书籍就买，这是初级阶段；慢慢地则有选择地购买和阅读，这是次级阶段；最后则基本上很难找到让自己心仪的书籍，买得越来越少，只是反复阅读那些自己认为经典的书籍，这是高级阶段；最后的最后，发现自己结合实践后，逐步演变成有自己的心得体会，能够写出一些自己参悟出来的道理了，这就已经开始进入“无阶段”了。

我认为，每个到这个市场潜心学习的人，都有可能会经历如上所说的过程，每个阶段都代表着不一样的层次，而到了“无阶段”，去选择书籍的时候，则更多的是带着欣赏的眼光去看了：这本书不错，这里写得真经典，值得学习，好。不过，如果这样来阐述可能会更精彩。不管如何，欣赏的就买回去看看。这就是现在我选择书籍的心态了，虽然不敢说自己目前的层次有多高，但也达到一定境界了吧。

## 十六、以退为进




我接受父母的决定，让自己从不读书的心态中走出来，强制自己沉下心来继续读完高中的课程。初期显然是需要付出异常的毅力与坚持的，因此，为了达到专心读书的效果，我在一段时间里，基本上没去证券公司，而那私募基金的雏形，则又逐渐退化成为只是自己父母的资金在市场里沉浸着做中线的状态。做出这样的选择其实是痛苦的，但那时候的我，已经想到，相比未来，现在这点舍弃，根本算不了什么。人生，有时候就是需要退一步才能更上一层楼的。

很快地，就到了选择大学的阶段。选择也是非常折磨人的，过去是按文理科专业来选择，理科的物理与文科的政治都是我比较拿手的，一度有点犹豫，不知从何下手？不过，当发现金融类学校一般只是招收政治类文科生的时候，我毅然决定，就是文科了！在选择专业与大学上，父母自始至终都是非常尊重我的意愿，在他们的脑海中，只要我能够顺利上大学延续学业就是很好的事情了，其他并不重要。面对人生选择的时候，在做出关键决定之时，不妨跟自己的兴趣紧密结合起来，放远点去看，不要现在什么专业好就选择什么专业。要知道，人生之路是靠自己走出来的。我记得，那时计算机是最热的，也是最好的，文科是相对冷门的，只不过，对于我而言，我在文科中能找到自己的天地，其他并不重要。

很幸运地，我最终走进了现在的广东金融学院，那是一所金融类的专业学校，可以说是如愿以偿了。虽然那时候没有完全证券类的专业，但只要是金融类的，就已经非常满足了，要知道，金融的范围远比证券要大。毕竟我是在商业氛围浓厚的家庭走出来的，对于其他经营商业等领域，兴趣能不浓厚吗？只不过我的最爱是证券而已，不管如何，金融领域，就是我的天地所在。

每个刚上大学的新生，往往都有个释放高中压力的放松期，我也不例外，我不仅要释放高中的学业压力，更是要释放那潜藏在心中对股市的那股激情。很快地，我恢复了昔日高中阶段曾经一度疯狂的样子，把自己对股市的那份天赋与热情在身边的同学中充分展现出来。刚上大学初期，行情也还是不错，机会也比较容易把握，我比一般人显得突出一些，也吸引了一些同学跟着我炒股票，在同学间，不经意地，笑谈中“股神”一词就冠在了我头上。

## 十七、质变

人都是如此，当一切都变得比较顺利的时候，胜利往往就容易冲晕头脑，失败也就不期而遇了，我也不例外。

那时，我刚上大学，由于自己把能量充分释放，初期行情也还过得去，一切都显得非常得心应手，根本就没有太多考虑到风险的问题。当 2001 年 2000 多点阶段性历史高位逐步向我走来的时候，我根本就没有太多觉察其中的风险，就算有风险意识，那也是处于非常初级的风险意识水平，那是认准风险充其量也就顶多回调 10%、20% 的风险意识。调整不期而遇的时候，总是认为将很快又会创新高，对股票，更是没有 10 多元可以跌到 2 元多这样的风险概念。

或许上天就是要给予我一些磨难让我成长吧，在最为疯狂的时候，上天无情地给我一个最致命打击。2001 年 2245 点开始的那波熊市，最终让我充分感受到了什么是真正的风险。本来还硕果累累，很快地就回到了成本线上，没有太多盈余，这时候，我周围的同学都因压力增大，有点输不起，感受到市场波动的风险性后，纷纷开始保本出局。我却还在坚守，正是自己的过于坚守，对于当时的风险没有太大警觉，才导致了最终 2 元多跌到 1 元多来收拾自己悲惨结局的状况。

很清晰地记得，父母看着自己的血汗钱亏得不成样子，都默默地哭了，当然，他们没有在我面前掉泪，而是强装坚强，一直强调着钱财乃身外物，怕进一步伤害到我的心。当时，自己知道他们哭了，却还在我面前故作坚强。我的心，真的是如刀割，深深感受到自己真是太对不起父母，也暗暗发誓，有生之年，一定要让如此爱我的父母，开心地笑起来，一定要为他们争口气！很幸运地，自己现在做到了。

回首过去，在股市成长过程中，最大的伤害其实就是从高处摔下来的时候，在市场2245点高处猛烈暴跌下来的时候，这不仅仅是资金上的亏损，更主要的是理念的“亏损”。有一句话，没有经历过熊市的人，是很难在这个市场上成长起来，之前见过熊市，但没有真正体会，那次身在其中的经历可以说是对我的全面洗礼。

自己没能躲过2245点见顶后的暴跌行情，这是我在过去市场中所经历过的最为致命的打击，也正是有了那次惨痛的教训，我才真正明白一些本质的东西。这是较为惨痛的教训，我在整个过程当中充分感受到了失败，也深刻认识到自己的不足之处。痛定思痛，在之后市场开始进入熊市的过程中，慢慢地，我开始沉静下来，让自己有一个全面审视自己的机会，开始暂时离开市场，好好去充实自己。在这个市场，要提高自己，武装自己，我觉得，沉下心来让自己有一段时间完全跳开股市的环境，这是很重要的。很多人，尤其是目前的一些大学生，或许认为过去1000点到6000点行情太诱惑人了，只是让自己沉浸在实际的操作中，而忽略了自身内在的提高，这是非常短视的做法，最终的结果，因小失大是很难避免的。

过去，如果我没有痛定思痛，并开始沉静下来，同时不管外面的股市如何波动，不管市值如何起伏，让自己成为一个中长线投资者，如果不彻底先跳出来，好好潜心去研究深层次股市的话，那么，自己就不可能有后来的质变。回顾过去，那时，图书馆成了我平时最常去的地方，疯狂地去研究相关书籍，看得明白的就让自己更明白，看不懂的就慢慢让自己变得看得懂，看起来复杂就让它慢慢变得看起来简单，那是一段非常美好的回忆。真的，当时，我确实做到沉下心来，不断看，更是不断地去总结做笔记，让研究的东西由厚开始变薄起来。现在回想起来，如果没有当时的疯狂研究，从而让自己有个质变过程，为此而打下比较好的基础，就不可能有我今天所取得的一切成绩。

## 十八、近朱者赤

教育，在一个人的成长路上，是不可或缺的。我不否认自己过去也是一个非常厌倦应试教育的人，成绩向来也不是最优秀的，因为我很清楚自己不是有考试天赋的人，但是我却非常赞同人是需要自我提升的，人需要不断充电来提高自己的水平，只不过，我是把所有的精力放在自己所感兴趣的领域中了而已。在此，我建议已经做家长的父母，在对孩子的教育上，不妨多一份对孩子的尊重，让孩子有精力充分释放自己兴趣的机会。在这点上，我是非常感谢父母的。

应试教育往往是填鸭式的教育，到现在为止，也是争议不断，不过却也一直被大家所接受着。既然被接受，那么就肯定有其存在的道理。这跟股市很多股票走势一样，很多人感觉有点不可思议，但背后往往都是有其存在的合理性。对于填鸭式教育，我也是深有体会，从小学到高中，那么多的填鸭教育，虽然有些回过头去看，似乎没有什么实质用武之地，但谁都不能否认的是，那至少是锻炼了我们的思维、思考能力，学习能力，否则大学能进一步提升自己吗？最重要的是，如果没有过去的基础教育，现在很多成语或者基本的几何、数学分析，都会成为我们相当大的问题。从这个角度去看，其存在是非常合理且必要的。我对这是有一份感激之情的。

当然，在我基础教育的学习成长过程中，我认为有一点也是非常关键的，那就是学习上身边朋友的状况。在此，很庆幸自己过去身边不少朋友都是相对比较优秀的人，共同点都是不会学坏的那种，虽然有些成绩也不怎么样，正所谓近朱者赤，也就让自己至少不会学坏。至于成绩方面，自己的自尊心比较强，而且家里有时候具有的“法西斯”式逼迫学习法还多少有点威力，我学习上也并没有落下太多，至少还能保持中上水平。不论是小学、初中或者高中，整体上只要我想学好点，都往往能够起到不错的效果。

身边有什么样的朋友，就有可能决定你成为什么样的人。我过去那帮学习上不错，家教也比较严，不会整天沉迷于玩乐之中的朋友，确实在很大程度影响了当时我。至少，非常清楚的是，自己一定要不断锻炼自己，不断充实，不断让自己更好地成长，这样才能最终达到自己的目标与理想，成就一番事业。

我家庭环境是经商的，家教比较严，结交的朋友都是相对比较优秀（共同点都是不会学坏的那种，虽然有些成绩也不怎么样），这三点其实就已经可以简单总结一下我大学前的基本成长状况了。

## 十九、图书馆与社团活动

回顾过去，大学是我开始充分释放自己，全身心投入到自己喜欢领域上去研究的日子。我喜欢经济、金融、证券这一类，我虽然大学学的是国际金融，但说真的，大部分内容显得有些过时，而且不少还特别理论化，真让我头疼，兴趣真的是提不起来。因此，在大学里，面对功课，“及格万岁”就成了我的口号，不过几乎每个学期印象中都有那么一两门重修。呵呵，在大学里，我功课上的水平可以说是几乎降至“下下”阶段，不过也随它去了，我的精力更多都花到在图书馆里去寻找喜欢的领域来学习，同时，我也非常积极地参与了学校的社团活动。

大学的图书馆可以说是最好的学习场所，在里面，我们可以找到很多自己需要的书籍，可以说，这是大学里的一大宝库。为了让自己可以得到进一步的提升，我几乎把所有关于证券市场的书籍都翻读了一遍。翻读了很多国内和国外这相关方面的书，我再结合自己的实战体会进行摸索与总结。在大学里面，为了能够让自己得到更多锻炼与体验，我在疯狂吸取图书馆里营养的同时，也加入了学校关于金融类的社团，在里面不仅参加了很多活动，也策划了很多活动，可以说是得到了极大的锻炼与体验。由于自己表现突出再加上在金融这块确实具有不少过人之处，最终成为学校金融学会负责人，成了我在学校社团锻炼较为成功的最好注解。可以说，在学校图书馆的积极“修炼”与学校金融社团的锻炼与体验，成为我再次质变的必要前提条件。

总之，大学里，在我看来，一是图书馆的存在非常重要，能够让我找到我想要的书，有机会充分吸取自己想要的营养；二是学校各种各样的社团存在非常重要，能够让自己在喜欢的社团里，找到一批志同道合的朋友，一起在学校里干出点名堂。最重要的是，只要你有社团涉及领域的才华，那么，你就有充分施展自己的机会。很幸运，我在金融学会里，找到了一片属于自己的天空，而且在里面也很大胆、很积极地充分把握住了每一次展示自己的机会，从而让自己在大学这个社团里各方面的能力都得到了极大的锻炼。在金融学会里，我最终成为了该学会的负责人，这也算是自己在这里面确实是混出点样子的最好体现吧！在此，真的很感谢上大学后的学校生活，那是一个令我再次成长不可或缺的环节！

## 二十、创业失败

几乎每个在校大学生，在还没有真正出来社会的时候，尤其是在学校里有那么点突出个性的同学，都会有一种志存高远、眼高手低的状况，总是自以为是，妄想着一步登天。我是比较有个性的，因此，我也不例外。

出来社会，我曾经拿家里几十万资金创过业，不过却失败了。自己失败的一个最大原因：就是因为对一个行业不熟悉，只是凭着激情贸然去做一些事情。

那时候，我再次反思，问自己，一直以来最熟悉、最有兴趣、最热爱的到底是什么？其实，根本不用思索，我就已经找到了答案，没错，就是资本市场。

在资本市场我跌倒过，但自己不能因为跌倒过就不敢去面对它，虽然做生意最终的目的也是为了能够更好地回到资本市场。与其那样，还不如一开始就介入这个领域，哪怕是从最底层开始做起。那时候的我，也考虑过不从最底层做起，毕竟自己一路以来已经积蓄了一定的经验与基础，凭着自己的家庭环境，完全可以站在一个相对比较好的起点来展开。

不过，我已经决定不那样做了，前期的熊市已经让家里损失惨重，创业失败则更是雪上加霜。父母对我已经非常支持了，就算自己再怎么厚脸皮，也绝对不能再依靠家庭环境来让自己有个好的起点，一切都应靠自己，也一定要靠自己！

于是，我开始了四处疯狂找工作的过程。记得当时，为了排队进招聘会投简历，我排了足足有三个多小时，进去后，人太多，最终也能够投了两份简历，三个多小时就是为了那么两份简历。我想，其实大学毕业生都应有过这样的体会，确实是很辛酸的。不过，更辛酸的还在后头，当自认为自己不错的背景下，可那些用人单位却一直没有看中自己，这感觉没有伯乐，老天刻意折磨自己的味道，才是真正的辛酸。

还算幸运，我最终还是找到了一个投资公司。工作嘛，是最低层次的，基本工资一个月也就是600元，其余就看我自己的表现。不过，工作基本上都是在办公室待着，不时接接电话，跟一些公司客户进行沟通，同时帮上司打打杂之类的。不管如何，至少是进来了，那时候，我可开心了，毕竟这是一份完全靠自己找来的工作。记得第一个月拿到那微薄工资的时候，我心里的那种开心劲是很难用言语来形容的。

## 二十一、工资的跳级

虽然，我那时候做的是很基本的工作，可以说自己的很多能量并没有完全发挥出来，但一开始，奢望越多，可能也就失望越多，或许正是自己那时候那种比较谦虚平和而且敢于接受一切考验的心态，才让自己能够有个“好”的开始吧。当然，我深知，这仅仅是一个阶段，并不是终点，我在这里工作，可以让自己更好地全方位地认识这个市场，同时，也可以对自己那背后一直有在运作的资金可以更为专注起来，另外，更能让自己在工作上积蓄更好的能量，进行下一次飞跃。

我很卖力也很认真地工作着，充分地体验着，工作经验飞速增长着。由于是那种打杂并需要很好跟人沟通的工作，一方面是锻炼了打杂的能力，另一方面则是让我的白话有了质的飞跃（广州这边大部分人还是说白话的）。时间过得很快，两三个月很快就过去了，自己也越来越轻松、越来越游刃有余了。这时候，机会也被我等来了，有一家我心仪已久的知名投资公司要招研究员。

我欣然过去应聘，过程很有意思，是老总接见了我，我先是自我介绍了一番，当然，我不会说自己从小以来所运作过的资金，只是说自己有一定实际操作经验，因为，我觉得如果那样的话，会让人觉得我追求的目标可能太高了，这并不利于让老总接受我。同时，我也介绍了自己前份工作的工作经验，来到这里，是想追求一个更好的平台来发展。老总没有说太多，只是稍微多了解了我在那投资公司的工作经验，接下来就是给我直接的考验了。（在这里，我想说的是，在一般情况下，工作经验都是很多单位非常重视的，远比一般的什么专业啊，什么学历呀，什么过去学校的成绩啊，有更重要的意义，这也就可以解释为何不少老总都喜欢有点工作经验的人。因此，建议那些刚出来社会的大学生，一开始别想着太高层次的工作，眼高手低最终可能就是什么都没有，相反，能够先在一个自己能够进去的层次相对比较低的地方，积累一定的工作经验。那么，至少，未来你要找到真正向往的工作，筹码就高了很多了，而且这点工作经验有时候可能是非常关键的。）

直接的考验是什么？那就是让我在一个小时内写出一千多字的文章，关于市场任何方面都可以，但是必须是完全属于自己的分析观点。真的是没想到，不过心中却暗暗窃喜，因为，平时我就有写看市场文章的习惯，而且从高中以来，肚子里也确实积累了不少东西，我欣然接受了，然后让自己冷静下来，整理好思路。很快地，任务完成，看看时间，只是过了40分钟左右。当提前完成任务，并把完全属于自己的分析观点呈现给老总看的时候，我发现，他眼中是多少有点惊讶的。

第二天，我就接到了来自该公司老总接受我进去工作的电话，电话中还谈道，初期三个月试用期的工资只是1800元而已，不过以后工资会逐步增加，还有奖金等，听他的话语，是深怕我嫌少而已。呵呵，要知道，在这份工作之前我的工资可才只是600元啊。我强制自己的喜悦，跟很多人在面试时说到待遇时的答法一样，什么钱不是最重要的，关键是什么平台，非常感谢等之类的话。

600元到1800元的转折就这样来临了。自己之所以能够把握住这次转折，关键有两点，一是自己具备了一定的工作经验，才能够让人对我产生一定的兴趣。二是自己肚子里确实有料，考验来临，自己能够把握得住。试想，如果不是自己平时有积累，能够比较好地完成那有点突然的考验，结果肯定是不会有转折的。

# 二十二、很有勇气

自从变成研究员后，我基本上就能够全身心投入到资本市场上来了，精力也更为专注了，效率也就变得更高了。凭着自己的功底，加上自己的努力，很快地，我就在新投资公司里奠定了重要地位。这里，我想谈个经验，那就是在具体开始工作的过程中，请不要在乎自己的付出，因为这个世界很公平，只有自己不计回报地付出，才能有更大的收获。回想过去，很多时候，我都是加班加点超额来圆满完成工作任务的。毕竟，自己早就经历过上百万的资金运作，这几千元的工资，对那时的我来说，早就不会达到什么心动的状态。对工作的超常付出，说白了，就是想让自己更好地成长，多点经历，多点经验，为未来更大的发展做准备。

当你不计回报地付出很多后，机会也就自然会变得更多，一切也就会变得比较顺利起来，人生有时候就是这样。很快地，我从研究员成为了分析员。之后，我又顺利地抓住了一个机会，那就是去到杭州分公司发展。在那里，我有了一个充分展示自己的平台，毕竟最大的老总不在那边，平时没有太多的拘束，再加上自己能力出众，为公司创造了相当的业绩。很快地，在杭州分公司，我就具备了相当的话语权，几乎就是成为了那里的第二把手，第一把手是分公司老总，月收入则已经突破万元。

很感谢自己过去一路走过来，能够得到不少伯乐的欣赏，让我打下了坚实的基础，也为自己以后真正跳出来，成为私募基金经理，提供了可能。为了保证他人的隐私，我在此不能透露更多的关于他们的个人信息。不过，在我的内心，一直都心存这一份感激。

当我最终选择跳出来之时，说真的，那时候是需要勇气的，那等于又是一次创业一样，面临着相当大的风险。另外，毕竟自己在公司里已经达到了相当水平的收入与地位。按照正常人的理解，再跳出来，这是相当不理智的。是的，没错，当时，就连我家里人也很难理解，不过，我知道自己追求的目标是什么，那就是成为这个市场的投资家。那么，我就需要自己去开拓完全属于自己的天空。当然，促使自己最终跳出来的因素，除了自己追求目标的因素以外，也有自己难以适应公司内部难以避免的钩心斗角氛围有关。有些人，为了自身的利益可能会选择伤害他人。我比较喜欢单纯一点的世界。最终，跳出来则成为了我必需的选择，虽然有点留恋，但却非常坚定，虽然知道有风险，但却相信自己！

## 二十三、路还长

电脑已经成为我生活中必不可缺的一部分，网络则更是与电脑紧密联系在一起的分子。没有网络与电脑，我真不敢相信世界会变得怎么样，我的生活将会变得如何。但有一点可以确定的是，现在的我与它们确实是形影不离。以至于现在的我，除了签字或记录点重要的信息时需要我用用笔以外，其余我都是用电脑与网络。

因此，为了让自己别被电脑与网络绑得太紧，有时候，我需要去放松心情。去看看大自然，感受那种世界的原生态，好好回归一下自然，陶冶一下情操，这也确实是人生一大乐事。对于在资本市场浸泡的我来说，对于运作私募基金的我来说，有时候确实需要大自然这样的“刺激”，有很多想法，很可能都会在享受大自然的过程中得到启发。

我跳出来后能有今天的成绩，是幸运的，正是我们的国家提供了这样一个让我充分展示自己的舞台，我才有机会脱颖而出。面对过去，我有失败，有成功，总的来说，至少还在资本市场活着，这是需要感谢上天的。

过去我浮躁过，也因此而受到过挫折，不过，试问这市场有几个人可以顺风顺水走完的呢？人都是会有起伏的，就好像资本市场的股票波动一样，人最终也是会走向生命的终点的。

只是在这起伏的过程中，在这走向生命终点的过程中，自己是否要去完成属于自己的使命，让生命显得更有价值呢？我觉得只要有能力都应该这样去做。

过去的成绩都会随风而去，未来的路依然漫长，我曾想过要走出中国，融入世界，让世界明白中国年轻一代崛起的力量。我也曾经说过要做中国的巴菲特。不过至少到目前来看，这更多也仅仅是一个口号而已，所以，未来真的是有很长很长的路要走。

不管未来将面临多大的风浪，我想，只要自己追求过，努力过，一切就将无悔。路都是要靠自己走出来的，而光明之路往往都是曲折的。

# 后记一

## 吴国平转型新开始的自白

2016年5月，当我剃掉胡子的时候，其实已经暗示自己要面对新的开始、新的未来；当我站在北京私募国中岛发布会讲台上的时候，其实则已经确定要转型了；当我现在忙着梳理好自己私募国中岛的商业模式，准备第一轮融资的时候，则已经意味着自己已经在转型路上前行了。

一直以来，市场人士都知道我是一位基金经理，直接面对市场博弈。没错，这是我过去的主要角色，现在呢，要转变了，投资不是没有了，而是所占据的比例大幅度降低。比如过去我手中有10个亿，那么，可能8到9个亿是在我手上操盘的；现在呢，如果资金依然是10个亿，我最多拿1到2个亿操盘，剩下的资金会交给培养出来的基金经理手上，我更多的是充当一种协助的角色。我会转型为基金经理的导师、私募国中岛平台的设计师和运作者。

这对我来说，我想是一种水到渠成吧。这样的念头，其实很早就有，也一直在做，同时取得了一些成果。比如我公司的基金经理其实就是我这个导师一路带出来的，现在都可以独当一面，外派威海、参股私募公司的两位弟子陈波和陈旭，就是突出的例子。公司内部还有彭钦海，也是个出色的基金经理，风格相当稳健。这三位可以说是三大干将，从大概2010年熊市开始，一路磨炼成长起来的。

过去授课的时候，点拨的学生保持一定联系的也还有几十位，当然，他们没在我公司内跟随一起前行，他们在各自的地方自我成长。当然，贴身跟随在公司的学生虽然数量不多（目前大概5位左右），但也蛮有潜力。如果说三大弟子是第一批学生，这后面的就算是第二批学生了。看着他们成长，我也越发明白，一个稳健的平台对他们是多么重要的事情。

我公司目前的平台只是一个层次，现在我要打造的是整个行业的平台，这无疑更上了一个台阶，这样，我也才能把很多打造优秀人才的理念和方法更好地展现和推广出去，最终成就更多人，同时也最终成就自己。

跟过去做股票的区别，主要是这次面对的更多的是人，过去面对的更多的是股票。找到有潜力的人，跟找到有潜力的股票，很多逻辑是相似的。

这次转型的底气在于过去这个行业丰富的经历。历经几次牛熊，失败过也成功过，什么滋味都尝试过，可以说，我是最了解这市场的人之一。另外，自己一直也在培养人才，在推动金融文化方面沉淀了相当多的内容，可以说是推动资产管理和金融文化完美结合与健康发展的第一人吧。

不论横向还是纵向，我都有相当的核心竞争力，所以，转型做金融文化推广，也是相当具有竞争力的事情。人生嘛，总要不断向前，不断创新，投资是我一辈子坚守的事情，只是投资的模式改变了，从投资股票到投资人、打造平台、整合行业资源，最终一定能为这行业带来一种新气象，自己也乐在其中。为什么不遵从自己的内心，坚定地迈向新的未来呢？

我一直觉得，自己在资本市场一定具有非凡的价值，现在我更清楚地觉得，这非凡的价值对于我，不仅仅是资产管理的增值，更在于如何更好地去推动行业的资产管理增值，如何更好地让金融文化融入行业里，所以，我这最亲民的私募孵化和最干货的供应平台也就横空出世了。

我最终落地去做了这些事情，而且，此刻我如此坚定，感到由衷的高兴。不论未来如何，至少我遵从了内心，希望你也跟随我一起前行，为这个平台的精彩未来而努力！

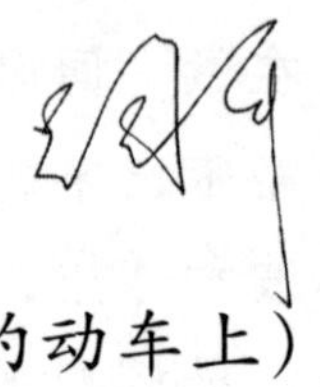

（2016 年 5 月 27 日下午，杭州回广州的动车上）

# 后记二

## 我为什么是私募国中岛一定成功的核心竞争力

我是谁？我是吴国平。

看完简介，你应该知道，我蛮有特点，从千点牛市而来，经历几波牛熊，对行业生态相当熟悉，不仅对资产管理有相当丰富的经验，对金融文化则有其他私募所不可比拟的沉淀，这点是很明显的唯一性。

操盘规模和操盘业绩虽然目前算不上业内第一梯队，但结合目前拥有的优秀弟子和本身所沉淀的操盘能力来看，未来，那是迟早的事情。本身有巨大潜力，同时金融文化又有唯一性，你说，如果是股票，这不是很有机会成长为未来私募行业最牛的股票吗？你懂的。

做平台是需要整合资源的能力和天马行空的思维的，看看马云就知道了。在资本市场里长久折腾，是将资产管理和金融文化完美结合并推动发展的第一人，你说整合资源能力会差吗？天马行空的思维，这点，看看我昔日专栏的文章，还有长久跟随在我身边的小伙伴，包括很多媒体朋友，应该完全举双手双脚赞成才是。所以，两者我都具备，而且相当优秀，那么我做平台，做私募行业的平台、金融文化的平台、资本和金融文化相结合的平台，你说我会差吗？

这不是我一时的冲动，其实两年前，券商都还没有私募孵化平台的时候，我就有了，只是那时候时机不是很成熟，自己的思路也没现在那么清晰，也就搁置在那放着，自己也没真正当回事去做。现在，则是一种内心油然发出的情感，感觉这不仅是为了事业，还是一种使命。你想，如果做好了，对于私募行业，对于资本市场，难道不是一件非常有意义的事情吗？

两年前我有了这样的想法，那时候我没有落地认真去做，其实也是在等待市场是否有更合适的人去做。现在，两年时间过去了，我发现这个市场依然还处在混沌状态，没有真正有能力的人去做好这件事，你说，我此时不站出来，还什么时候站出来呢？

当然，这两年里，我确实也做了一些孵化的事情，比如在威海参股公司，就是一种孵化模式。当然，我是对自己多年跟随的弟子进行一种孵化，而且成功了。现在那家公司运作良好，等发行产品后，会是阳光私募大军里一支不容忽视的力量。

我还对一些多年跟随的弟子也进行了孵化，不过只是在公司基金管理层面上给予他们一定的机会，让他们可以更快地成长起来。走到现在，他们现在也是完全可以独当一面的大将。还有不少业内同行在地下私募转变为阳光私募过程中，也确实来找过我，请教我在资本市场成长的方式，现在，我也确实看到他们有些最终成长起来。为朋友在私募成长路上给点意见，其实早有之。还有更多的就是那些曾经上过我培训课程的学生，想走上私募之路的有一大群，都希望我能带带他们，原来没当回事，也没那么多时间，关注的重点也没在这里，所以有不少就搁置在那了。现在，完全不一样了，我真的从内心油然而发要去做好这个平台，这样我不是可以真正帮助到更多人吗？凭着过去的积累和沉淀，真要做好做大，舍我其谁嘛！

一切都是新的开始……

（2016 年 5 月 27 日下午，杭州回广州动车上）